政治秩序与行政效能

南京国民政府时期
公文制度研究

袁晓川 —— 著

社会科学文献出版社
SOCIAL SCIENCES ACADEMIC PRESS (CHINA)

本书系教育部人文社会科学研究青年基金项目"南京国民政府时期公文制度的演化路径研究"（18YJC870024）、中国博士后科学基金第 61 批面上资助项目（2017M612251）成果

序

公文之起源甚早。许同莘在其传世名作《公牍学史》中曾指出："公牍之起也，自生民知治其群始也。"著名历史学家傅振伦则将其追溯至我国最早的历史文献汇编《尚书》，并称其所载典、谟、训、诰、誓、命之文"与教、令皆古之公文也"。故此，有学者认为公牍之学"关系国计民生利害者，至深且巨"。也因此，作为一种政治工具和政治符号，王朝政府的更新换代，也常常伴随以公文体系的重建。民国时代，亦不例外。

袁晓川博士最初从事信息管理专业的学习及图书情报服务的研究实践，理论基础较扎实，且有一定相关研究成果。2011 年秋进入山东大学历史文化学院攻读中国近现代史专业博士学位，为便于发挥其既有专业特长，我们商定以民国时期的公文制度为其学位论文研究方向，尝试透过公文制度的变化，管窥民国政治史、社会史和思想文化史的变迁。以此为指导，晓川博士一方面努力补充相关历史知识，另一方面广泛搜集相关学术成果和文献资料，特别是中国第二历史档案馆馆藏原始未刊文献，在此基础上，数易其稿，完成了博士学位论文的撰写和答辩工作，并获得了答辩委员会的充分肯定。

毕业后，晓川博士在教育部人文社会科学研究青年基金和中国博士后科学基金的支持下，不断进行修改完善，终有今日之所成。整体上看，这是一部成功之作。

首先，它使我们看到，文书体系的重建是个重要的政治问题。南京临时政府成立后，临时大总统孙中山即以"公文以敏迅为归，事权以分任为主"为指导思想，命令所属制定颁布了新的"公文程式"，通令各部及所属执行，并就其使用方法及意义，亲自做指导、解释。袁世凯上台后，适应其强化专制统治特别是复辟帝制的需要，密集出台一系列法律法规。他先是在 1912 年 11 月以教令第一号名义颁布实施了《公文书程式令》，1914 年 5 月又以"大总统令"名义，同步制定颁布实施《大总统公文程式令》、《大总统府政事堂公文程式令》和《大总统公布官署公文程式令》。当然，随着其帝制活动的失败，他又不得不修改上述条令，特别是取消与帝制相关的内容。待其去世后，继任大总统黎元洪又立即颁布实施新的《公文程式》，进一步修订或废除各种具有封建色彩的文种与体例。

南京国民政府建立后，更是高度重视公文制度的构建。其最高领导人蒋介石曾为此三令五申，如 1934 年 8 月他致电中央政治会议，要求废除一切斜枝旁出之行文办法；1938 年 6 月他手令要求绝戒冗长，特别是严格删节各种浮词泛论、公文套语等；1942 年 5 月，他发布公文改良指令，要求设法减除各级政府填造表册，使其有时间从事实际工作；1945 年 3 月，他在相关会议上强调，力求程式简化，明文确定行文层次；等等。据此，国民政府发起一系列公文制度革新运动，如其成立初期由教育部、内政部开展的公文革新运动，1933 年在全国范围内开展的文书档案改革运动，1947 年发动的文书处理竞赛运动，等等。在此基础上，国民政府从上而下制定了一系列新的文书规范。特别是在中央层面，适应急剧变动的政治局势与政治体制，在 1927 年 8 月、1928 年 6 月、1928 年 11 月和 1942 年 6 月，先后四次开展《公文程式条例》的修订工作。

其次，它使我们看到，文书体系的重建是个重要的社会文化问题。它体现的是官民关系的重构过程、书写文化的重构过程和新的学科体系的建构过程，因而备受社会各界关注。

一方面，许多重要思想家、学者都曾关注和参与其中，如启蒙思想家梁启超，哲学家胡适，政治学家陈之迈，法学家郭卫，教育学家蒋梦麟、梅思平，文学家郁达夫，语言学家黎锦熙，历史学家傅振伦，等等。众多新式媒体也积极关注和参与。各级各类政府公报自不例外，各类大众媒体如《申报》《东方杂志》《国闻周报》《大公报》《益世报》《观察》等有大量的新闻报道或评论。各类专业媒体也刊载过大量的专题思考，政治类如《中央党务月刊》《中央周报》《行政与训练月刊》《行政效率》《行政研究》《地方行政》《新公务员》《中兴周刊》等，经济类如《实业季刊》《盐务月报》

《新经济》《钱业月报》等，军事类如《抗战与交通》《军事杂志》《军政旬刊》，教育类如《师大月刊》《交大季刊》《进修半月刊》《清华周刊》，文艺类如《文艺杂志》《新月》《汗血周刊》《大亚画报》《今日画报》，等等。

另一方面，作为一门新兴学科，文书学研究所取得的专业成果引人注目。除了大量期刊论文外，中华书局、商务印书馆、大东书局、大光明书局、开明书店、正中书局、法学编译社、乐华图书公司、广陵书社、开明书店等众多出版机构还编辑出版了各类相关图书200余种，其中有的是实用工具书，有的是大中学教科书，有的是专业学术著作，其中不乏经典之作，如徐望之《公牍通论》（商务印书馆，1931）、陈国琛《文书之简化与管理》（台湾新生报社，1946）、许同莘《公牍学史》（商务印书馆，1947）、傅振伦《公文档案管理法》（文通书局，1947）、金寒英《公文新范》（中华书局，1947）等等。

再次，它使我们看到，国民政府时代的文书体系重建既取得了一定成就，也存在难以克服的痼疾。

就前者而言，它初步构建起了一套反映时代政治特点的公文制度。例如，它制定实施的《中国国民党中央党部公文程式》《人民团体与党部往来程式》《蒙藏公文程式》等新规范，反映了其努力探索党政双轨、官民一体、多民族国家的新政治体制建设的各种尝试；它吸纳五四以来新文化运动的部分成果，制定了《暂行公文革新办法》等新规范，推动白话文使用、分段标点，对帝制时代繁杂多样的公文用语进行规范与简化；它借鉴欧美和日本行政管理实践中的一些有效经验，积极贯彻"分层负责制"的指导思想，初步形成了公文分级处理和分层稽催机制，提高了公文处理效率。这些尝试与努力是符合社会发展趋势的。

就后者而言，有些历史问题在国民政府时期再次发生。例如，就如何处理政府与商会之间的关系，清末新政时期双方间曾发生过"行文章程之争"。迫于压力，晚清政府曾专门制定《商务总、分会与地方官衙门行文章程》，确定以"平行文"的形式体现双方的平等关系和政府对商会力量的重视。但是，南京国民政府建立后，随着新《商会法》的制定实施，政府加强了对商会的控制，特别是1936年，其在"剿匪"区内施行分区设署制度，导致了县以下商会与所在区署发生相互行文中的程序之争，并引发了一场全国性的商会抵制官方行文程式的运动。最终，南京国民政府不得不以妥协而平息事件。此类问题的重复发生，其深层原因值得人们重视。有些问题始终未能根除，就在南京国民政府崩溃前夕，各种批评仍声浪迭起。例如有人撰文指出，"现在政治的神经——公文——便套在这个套子里，永远也不能翻身，弄得整个政治局面，神经麻木，半身不遂，好像害神经病一样"，[①]"今日的有些公文，似乎已由白话回到文言，标点符号用的很少。而'等因奉此'的老调，仍是不脱"；[②] 有人分析指出，"稍重要的事情便须有许多公文的旅行，浪费了许多人力物力财力及时间"；[③] 等等。

以上种种都说明了文书体系重建的重要性与复杂性，也说明了其所承载之历史意义的多样性与丰富性。对此，晓川博士在书中都有比较系统的把握和呈现。其中，尤需强调者：

（1）部分史实考证之翔实，在方法上颇具示范意义。例如，以胡汉民国葬问题为中心，对其相关公文在南京国民政府内传递流程与时间的梳理和计算分析，具体、形象而深刻地揭示了其中的体制与机制问题。

（2）部分研究拓展了此前的相关认识。例如，学界曾普遍将行政院档案整理处在1935年被撤销看作国民政府时期文书档案改革运动进入低潮甚至尾声的标志。对此，本书认为该运动实际上一直持续到抗战时期，且其动作颇为密集。

（3）部分思想有深度，颇具启迪意义。例如，本书指出，公文文种、结构、用语、署名、盖印等内容是国家行政制度与社会文化观念变迁的"晴雨表"；公文程式背后的地位、权力纷争，导致改革中的表面制度与基层实践之间的裂痕日趋扩大；公文制度的改革单纯从技术方面入手是不够的，需要更深刻的政治体制变革和文化传统的除旧布新。

（4）所揭示的部分悖论现象值得人们反思与警惕。以蒋介石为例，一方面他不断以各种手谕（令）督促相关部门加快公文制度改革，提高行政效率；另一方面，他又以手谕为基本手段建立起一套特权体系，不断破坏正

---

① 无我：《废除公文程式》，《经纬生活》第1卷第5期，1947年，第6页。
② 石江：《今日、今人、今语：公文革命》，《今日画报》第3期，1948年，第1页。
③ 陈之迈：《中国行政改革的新方向》，《观察》第3卷第30期，1947年，第4~7页。

常行政运转机制，导致公文运作体系的繁杂、紊乱和低效。可以说，蒋介石既是新制度的建设者，又是新制度的破坏者。

晓川博士跨专业攻读学位，能取得以上研究成绩，实属不易。故在其论文正式出版之际，谨作以上介绍，并致祝贺。当然，作为阶段性学习成果的总结，本书也不能说尽善尽美。因此，也特别期待晓川能沿着这个方向继续做下去，为丰富民国史研究做出更多贡献。

是以为序，并请晓川和读者朋友批评指正。

赵兴胜

庚子仲春于山东大学知新楼

目　录

绪　论

一　研究源起及意义

公文属于文书①的一种，具有悠久的历史，文字与国家出现后，公文就随之产生，"《尚书》记言，多载典谟训诰誓命之文，是与教、令皆古之公文也"。② 公文即"公务文书"，亦称"公牍""官文书"，是"国家或地方机关相互间及与人民或团体相互间，为意思表示于一定程式之文书也"。③ 公文具有成文性，有相对严谨、规范的程式要求，而最初规定程式是为了办事便利，"盖程式既定，依式而书，作者易作，阅者易阅，既便于保存，又利于查考"。④ 为了保障公文的法定效力及有效运转，行政机构逐步建立了涵盖文种、行文规范、格式与语言规范、处理程序等方面的公文制度。中国的公文制度经历了长期的发展。事实上，公文从起始阶段就出现了程式化趋向，殷商时代的甲骨文书已具有固定的结构，不过程式还比较简单。随着时代的发展，公文所承载的政治礼仪因素日渐严密，而其"上传下达"的直接目的及实际功用却日益为人所忽视。公文沿着由简而繁的走向发展，甚至

---

① 文书是各级各类机关、组织与个人在正式事务活动中，为进行管理、联系事项、记载活动，按照特定的体式，经过一定处理程序形成的书面文字材料，是一种记录信息、传达意图的工具。文书包括公务文书与私人文书，其中，法定机关与组织在公务活动中形成的文书，就是公务文书，即公文；私人在私人活动中形成的文书，即为私人文书。参见张清明编著《文书学及实用公文（修订本）》，武汉大学出版社，1984，第3~5页；松世勤《文书学》，北京师范学院出版社，1986，第1~7页。

② 傅振伦：《公文档案管理法》，文通书局，1947，第3页。

③ 徐望之：《公牍通论》，商务印书馆，1931，第4~5页。

④ 子展：《蘧庐絮语（二十一）》，《申报》1933年4月24日，第15版。

"无事不成文"，分工越来越细，催生了空前发达的"文书行政"。① 晚清时期，"虚文之患起"，公文由"阁下之部，部下之督抚，督抚下之司道，司道下之府厅州，府厅州下之州县，牌文一张，粘抄一纸，司签者累累抱持，置之案上"。② 随着西方公文制度的传入及报纸、电报等先进工具的引入，传统公文制度低效率的积弊日渐显现。

在此背景下，中国公文制度的近代化转型悄然启动。1901 年施行的"改题为奏""副署诏旨之制"均是清廷为应对行文秩序失衡、公文流转效率低下的努力。民初以后，随着资产阶级民主思潮的引入及议会政治的推行，传统公文制度背后的封建官场礼仪日益为民众所厌恶。在民主与科学思潮的影响下，平民化、平等、效率成为新式公文的追求，公文回归行政工具的趋向开始凸显。创建一套符合民主共和体制且利于政务高效运转的公文制度，成为历届政府的重要任务。北伐之后，国民党一跃成为执政党，为了"刷新政治"，树立新的政治形象，国民党政权亟待在政治制度及运行机制方面进行新的探索与磨合，公文制度自然也须应时而变。因此，1927～1928年，内政部、教育部先后发起公文革新运动，南京国民政府连续三次颁布、修订《公文程式条例》，并于 1933 年在全国范围内掀起了一场颇具影响的文书档案改革运动，行政院多次召开处理公文改良会议，在制度建构方面更有相当的成效。此后，国民政府还曾多次颁布公文改革办法，例如，抗战期间蒋介石多次颁布手令要求改良公文，1947 年还发动了一场"文书处理竞赛运动"。诸如此类，揭示着相当数量行政机构的公文运作体系仍存在弊端，难以令政府满意。从严格意义上讲，公文只是传递政令的工具，在国家政体已经变更的情形下，行政工具的改良成效不著，应该说有其深层次的原因。

公文是时代的产物，受政治制度、文化潮流、价值取向、改朝换代、重大历史事件等多种社会因素影响。③ 南京国民政府时期的公文制度正由传统模式向现代模式转型，其演变、发展在某种程度上是中国社会由传统向现代

---

① 汪桂海：《汉代官文书制度》，广西教育出版社，1999，"序二"，第 1 页。
② 方闻编《清徐松龛先生继畲年谱》，台湾商务印书馆，1982，第 343 页。
③ 胡元德：《古代公文文体流变》，广陵书社，2012，第 1 页。

转型的一个缩影。目前，学术界对南京国民政府时期的公文制度尚缺乏整体性的研究，现有研究成果侧重于从文本层面分析官方公文程式条例的变化，在时间上侧重于分析抗战前公文制度的构建，对于公文制度的推广尤其是具体实践过程缺乏细节性的梳理与分析。南京国民政府时期是民主共和体制下新公文制度全面运行的二十多年，对这一时期公文制度开展较为全面的研究，具有一定的学术价值与现实意义。

第一，对南京国民政府时期公文制度进行研究，对于透视中国近现代政治制度的变迁，拓展中国近现代政治制度史特别是民国政治史的研究具有鲜明意义。长期以来，民国政治史的研究注重政治制度、重大事件、派系之争、对外关系等大问题，对于公文制度涉及不多。事实上，南京国民政府时期的每次重大政治变革都会带来公文形式的改变，与之相关的机构、人员也随之产生变化。另外，新技术、新设备也参与了公文的传递，并改善了公文流转的方式、效率。本书将结合特定的历史背景，梳理公文制度变革时的政治、思想、文化、人事等，还原变革的历史过程。在分析每个时期公文时，从当时的报纸杂志、档案中，搜集时人的评论、反应；在研究公文的传递、处理过程时，注重相关人物尤其是重要人物所起的作用。希望本书增添当前民国史研究新的色彩，使历史研究从宏观走向微观，反映多面的民国历史。

第二，南京国民政府时期公文制度的研究或可为现代公文制度的发展、运行及改革提供历史借鉴。南京国民政府时期是现代公文制度在全国范围内推行的关键阶段。南京临时政府、广州国民政府虽初步设计了公文制度的框架，但使这一制度具有更强的适应力，并向各省市推广，并非易事。公文制度推进的具体过程怎样？效果如何？哪些机构在其中发挥了关键性作用？遇到的阻力主要来自哪些方面？国民政府在创建现代公文制度中的经验，对当下中国公文制度改革实践具有一定的参考价值。

二　学术史回顾

从现有文献资料看，对民国时期公文制度的研究主要分为两个时期：第一是南京国民政府时期，主要体现为部分学者、官员对国民政府公文的程式、运转、处理及公文写作等具体事务的经验总结与分析，其研究成果具有重实用性、数量多等特点。例如，据刘文杰的统计，这一时期出版的有关"文书处理、公文程式、应用文、公文写作"方面的图书有近百种之多；①根据北京图书馆等单位的研究，民国时期出版的"公文程式"类图书则有144 种。② 第二是 20 世纪 80 年代以来，学界对国民政府时期公文制度及演变过程进行研究的专门性成果逐步增多，其中又以专题性论文居多，专著数量相对较少。此外，相关的成果往往包括在国民政府政治制度史以及其他与行政体系有关的各方面研究中。总体而言，从内容上看，以上论著涉及的问题包括以下几个方面。

（一）关于公文程式问题的研究

"公文程式"是一个专门的文书学术语，主要是指公文的文种、结构、用语、行款、用纸、公布等各要素组成的基本规范。③ 现有公文程式的研究成果主要涉及两个层面。

第一，对不同时期公文程式条例（令）的文本梳理与对其演变过程及规律的分析。

民初至南京国民政府初期，政府多次颁布公文程式条例（令），公文的文种与写作规范发生较大变化，因此最早出现的研究成果多为介绍当时最新公文程式及实例的汇编类书。1913 年的《公文书程式分类详解》④ 和 1914 年的《司法公文式例解》，⑤ 是民国时期较早的文书学著作。《公文书程式分类详解》的作者在"编辑大意"中指出："我国旧有官文书之名（见旧刑律

① 刘文杰编著《中国档案学文书学要籍评述（1910~1986）》，四川大学出版社，1987，第 63 页。
② 北京图书馆编著《民国时期总书目（1911~1949）·语言文字分册》，书目文献出版社，1986，第 134~144 页。
③ 民国时期由于国家常以"公文程式"为名颁行公文在形式与结构等方面的法定规范，因此为学界及普通民众所熟知。民国时期著名法学家、上海法学编译社社长郭卫在《标点公文程式》一书序中指出："公文程式系由国家颁行，不独格式须合定制，而措词用句，各有体裁，缮写盖印，亦各有成例，未可稍有违反也。"参见董浩编《标点公文程式》，会文堂新记书局，1934，"序"。事实上，当时国家颁布的公文程式规章，只涉及文种、署名、盖印等公文形式，均未涉及文书处理程序等方面的规范。
④ 杜渊泉、韩潮：《公文书程式分类详解》，会文堂书局，1913。
⑤ 胡瑕编纂，姚成翰校订《司法公文式例解》，商务印书馆，1914。

目），而无程式专书以供众览，遂致筮仕者，因非索习，假手幕胥，为世诟病久矣。今政府既有公文程式令之颁布，则吾人正可于研究政治法律之余，练习文书，以期致用。本编之意，盖所以备练习焉。"由此可知，这类关注新式公文程式及具体实例详解的图书，是为广大公务人员学习模仿公文撰写而编著的，主要功能在于实用。这些著作，虽然在当时学术价值并不高，但为我们了解民国初期公文程式条例（令）的具体内容及变迁过程提供了极有价值的线索。

南京国民政府初期，这一类图书依旧盛行，但学术价值有所提升。有代表性的要数 1928 年出版的《国民政府公文程式新编》，该书突破了早期著作简单地罗列公文程式条文然后介绍公文做法的固定套路，增加了研究性的成分，第一章首先对公文的定义与体例进行了归纳与总结，尤其重要的是该书对公文形式及内容的革新要求进行了分析。[①] 这一著作所开启的"介绍 + 分析"模式，为后来的公文程式类论著提供了范例。[②] 1933 年以后，国民政府开始全面推行语体文及标点符号，于是"新旧公文之说"出现，对此进行比较研究的著作随即产生。与此前的著作相比，这一类著作重视公文程式的演进分析，并从思想文化层面分析新式公文的生成背景。姚啸秋的《最新标点公文程式大全》在第一编"公文程式总论"中对公文的定义、特质，公文程式的意义、分类、演进，现行公文的精神等进行了系统的分析，从学理上对公文程式进行了较为系统的阐释。[③] 韦维清在《新旧公文程式合述》第一章对公文程式的性质、沿革和种类进行了阐述。[④] 此外，介绍司法、军事、外交等专用公文程式方面的著作亦不少，[⑤] 也是我们研究那个时期公文的极富价值的学术资料。不过，相对而言，该时期的专题论文并不多，其中

---

① 戴渭清编辑《国民政府公文程式新编》，民治书店，1928。
② 类似的著作有陈觉民《现行公文作法》，大东书局，1932；周定枚《公文程式详论》，法学编译社，1932。
③ 姚啸秋：《最新标点公文程式大全》，大光明书局，1933。
④ 韦维清：《新旧公文程式合述》，上海法学书局，1934，第 1 页。
⑤ 有代表性的有张虚白《陆海空军用公文程式大全》，法政学社，1931；邰爽秋《中小学及地方教育行政公文书牍大全》，教育编译馆，1934；吕彦深编《外交公文范》，中华书局，1938；范邰阳《警察公牍》，警学书局，1939；董浩编著《军用公文程式》，春明书店，1940；董坚志编著《工商文件程式》，春明书店，1947。

比较有学术价值的是张鸿来和郑师许的研究。前者对民初至 1935 年这一时期内公文程式的演变过程进行了介绍，重点描述了各种公文程式条例（令）所规定的公文文种的变化；① 后者则对晚清至南京国民政府的公文程式的变革过程做了总结与梳理。② 但这两篇论文的重点是分析公文程式条款及关键内容的演变，对变迁背后的政治及思想文化背景着墨不多。

20 世纪 80 年代以来，特别是 1987 年中国第二历史档案馆编的《民国时期文书工作和档案工作资料选编》③ 出版后，有关民国时期公文程式演变规律的研究开始兴起。其中，张晓胜的《民国初期公文程式的演变》是较早以公文程式演变为主题的学术论文，不过该论文并未涉及南京国民政府时期的公文程式。④ 杨璐的《国民政府时期的公文程式》对南京国民政府时期不同阶段的公文程式特点进行了总结。⑤ 杨璐认为，南京国民政府初期是新公文程式制定、颁布、试行阶段，规章条文比较简洁，文书工作初入制度化轨道；30 年代初至抗战全面爆发前是公文体式、用语、稿面进行改良的阶段，奠定了分段标点、采用语体文的新公文体式的基础；全面抗战时期公文程式的改良集中表现在简化公文手续、减少例行公文、规范公文标识和推行印刷公文方面；抗战胜利后，公文程式基本稳定，公文种类和用法、行文关系、公文体例、用语、用纸、标识等已成定制，改良的重点是针对公文处理过程中存在的问题。杨璐认识到南京国民政府在公文简化、规范公文体式等方面推动了现代公文的发展，并认为公文程式化现象在一定程度上阻碍了现代文书的发展。王芹则通过分析民国时期颁布的公文程式条例（令），结合文书工作与国家政治体制间的关系，认为民国时期公文程式演变有以下几点规律：（1）文种数量呈现"简—繁—简"的演变过程；（2）文种用途呈现"合—分—合"的演变过程；（3）公文程式演变反映了政治制度的变迁；（4）公文程式演变遵循历史发展规律。⑥ 蒋卫荣、郭添泉通过考察民国时期

① 张鸿来：《民国公文沿革略说》，《师大月刊》第 17 期，1935 年。
② 郑师许：《四十年来公文程式之变革》，《交大季刊》第 22 期，1936 年。
③ 中国第二历史档案馆编《民国时期文书工作和档案工作资料选编》，档案出版社，1987。
④ 张晓胜：《民国初期公文程式的演变》，《秘书工作》1994 年第 10 期。
⑤ 杨璐：《国民政府时期的公文程式》，《山西档案》2004 年第 5 期。
⑥ 王芹：《民国公文程式演变的内在规律》，《秘书》2009 年第 12 期。

颁布的各种公文程式条例（令）及相关的文书工作规章制度及法令，认为传统文书工作的近代转型完成于全面抗战时期。① 其中，特别值得注意的是，近年来史学界在研究清末地方政制及民初商会时，关注到了在清末民初政体巨变过程中因权力、地位之争而引发的公文程式论争，如朱英的《近代中国商人与社会》一书详细论述了民初商会对北京政府颁布的公文程式的抵制；② 李细珠的《地方督抚与清末新政——晚清权力格局再研究》一书在阐述地方督抚与立宪派在省谘议局的政争过程中，对地方督抚因"札行"地方谘议局而引发的公文体例之争进行了详尽的分析；③ 纪浩鹏通过原始档案和报刊史料，回顾了清末谘议局成立前后的公文程式之争，分析了谘议局以及城镇乡议、董事会与宪政编查馆、民政部激烈论争背后的"名"与"实"。④ 这些研究比静态的文本分析更生动，更能反映公文程式变迁的具体而复杂的过程。虽然这些研究并未涉及南京国民政府时期的公文程式之争，却给公文程式研究提供了可供借鉴的思路与视角。

此外，一些学位论文也涉及南京国民政府时期公文程式的演变。周俊红从公文文种、行政公文机构及处理程序、公文格式、公文改革、公文稽核及报名制度等方面比较完整地阐述了南京国民政府时期公文的演变。⑤ 刘凯从静态公文与动态公文两个层面探讨了民国时期公文规范化的线索，其中部分内容涉及公文形式与处理程式的变迁。⑥ 不过，这些硕士学位论文由于篇幅较短，且研究涉及的时间跨度较大，因此在研究深度方面有所欠缺。

从整体上看，上述研究之意义固毋庸赘言，但其问题也比较突出：（1）大多数重视从宏观角度对整个民国时期公文程式演变进行概要性梳

---

① 参见蒋卫荣、郭添泉《民国时期文书与档案工作的创新与演进——以各时期〈公文程式（令）〉的考察为中心》，《档案学通讯》2009 年第 6 期；蒋卫荣、郭添泉《传统文书档案工作的近代转型完成于抗战时期》，《档案学通讯》2011 年第 5 期。

② 朱英：《近代中国商人与社会》，湖北教育出版社，2002，第 384～410 页。

③ 李细珠：《地方督抚与清末新政——晚清权力格局再研究》，社会科学文献出版社，2012，第 298～311 页。

④ 纪浩鹏：《名实之间：清末预备立宪时期的公文程式之争》，《档案学通讯》2019 年第 2 期。

⑤ 周俊红：《近代中国行政公文的演变及其规律》，硕士学位论文，河北师范大学历史文化学院，2004。

⑥ 刘凯：《民国时期公文规范化进程研究》，硕士学位论文，云南大学公共管理学院，2015。

理与分析，对民国时期最为关键的南京国民政府时期的专门研究却明显不足；（2）这些研究主要是对各种条例（令）进行静态的文本分析，而未对其所产生及修改的时代背景与社会动因做深入分析，且大多研究缺乏档案史料的支撑；（3）有些研究虽涉及公文程式与政治制度的关系，并阐述了政体变更对公文程式的影响，但不够深入，且未涉及公文程式演变背后的社会文化基础；（4）由于以上各点，这些研究的结论在宏观上或许有其合理之处，但并不能展示公文程式在不同行政系统及不同区域内的具体演进过程，其思想性与启发性明显不足。

第二，对南京国民政府时期公文文种、结构、用语、署名盖印等内容进行的专题性或综合性研究。

如前所述，南京国民政府时期出版了大量公文程式类图书，这些图书对不同时期的公文文种及其用法、结构、用语及署名盖印等均有详细的记载，为后来的学人开展相关研究提供了丰富的素材。事实上，公文的文种、结构、用语、署名盖印在一定程度上是国家行政制度与社会文化观念变迁的表征，南京国民政府时期处于新旧文化交汇之际，公文的文种、结构和用语往往事关民主共和政体的形象，这一时期各种报刊上对此进行分析评论的文章颇多，不过学术性的论文并不多。①

20世纪80年代以后，随着历史档案的开放，学界开始通过档案文献来分析民国时期公文的结构、用语、印信，如姜德法《国民党时期国家机关公文结构和用语简释》，② 李明关于公文套语的系列论文，③ 王俊明梳理了民

---

① 这些论文数量虽然不多，但反映的却是当时人们关于如何改进公文制度，为何改进公文制度（存在的问题）的思考与讨论，有思想史的意义。有代表性的有黄伯樵《吾们应当努力改革公文格式》，《京沪沪杭甬铁路日刊》第742号，1933年，第57~58页；秦翰才《公文之摘由》，《京沪沪杭甬铁路日刊》第688号，1933年，第44~45页；石各《教育公文程式的革命》，《安徽教育》第1卷第5~6期合刊本，1930年，第1~6页；徐迪生《公文结构的商讨》，《进修半月刊》第5卷第23~24期合刊本，1936年，第79~80页；陶凤山、吴绍曾等《改善公文制度之讨论》，《抗战与交通》第17期，1939年，第334~337页。

② 姜德法：《国民党时期国家机关公文结构和用语简释》，《档案学通讯》1987年第1期。

③ 如《谈"等因奉此"之一——民国公文"呈"》《谈"等因奉此"之二——民国公文"公函"》《谈"等因奉此"之三——民国公文"令、训令和指令"》，三文分别刊于《云南档案通讯》1986年第3期、1986年第4期、1987年第3期。

国时期的印信制度。① 王学胜的《民国时期行政公文研究》从语言文字的角
度对民国公文的结构、术语进行了较为详尽的论述。② 吴佩华以 1933 年云
南省民政厅给内政部的一篇呈文为例，对这一时期呈文的结构及用语特点进
行了分析。③ 沈蕾对中国第二历史档案馆和北京市档案馆藏民国时期公文的
程式进行调查之后，结合对北京市档案馆藏民国档案文献的文本分析，对民
国时期公文的文种规定、格式制定方面的演变情况进行了梳理与评价。④ 张
翔云探讨了从民国时期公文（程式）向科学化、大众化、高效化转型的原
因。⑤ 近年来，研究的范围更为广泛且研究更为深入，不少研究成果是对具
体的公文形态及特征在深度解读的基础之上完成的，主题涵盖文种、分段标
点、署名盖印、用语等。⑥

　　近年来，关于公文程式的综合性研究成果开始出现，沈蕾的《民国时
期公文程式研究》是我国第一部以民国时期公文程式为研究对象的专著，
对文种、署名盖印、记时编号、用纸、文体与书写要求等方面的发展变化情

---

① 王俊明：《民国时期印信制度初探》，《民国档案》1997 年第 4 期。
② 王学胜：《民国时期行政公文研究》，硕士学位论文，长春理工大学文学院，2005。
③ 吴佩华：《民国公文程式及用语浅析——〈云南民政厅呈〉考析》，《机电兵船档案》2003
　 年第 1 期。
④ 沈蕾：《基于中国第二历史档案馆和北京市档案馆馆藏的民国公文程式研究》，载孙爱萍
　 主编《北京档案信息资源管理理论与实践新探》，世界图书出版公司，2010，第 152～
　 198 页。
⑤ 张翔云：《从量变到质变：民国公文过渡性成因探究》，《兰台世界》2016 年第 5 期。
⑥ 文种方面的代表作有侯吉永《民国时期的通电公文》，《四川档案》2007 年第 6 期；丁琳琳
　 《民国时期通用文种演变的规律研究》，《档案学通讯》2011 年第 2 期；侯吉永《民国时期
　 的任命状文书考述》，《档案学通讯》2013 年第 2 期；侯吉永《简述民国平行公文的演变兼
　 论文种演进的规律》，《浙江档案》2013 年第 8 期；沈蕾《民国时期公文文种演变评析》，
　 《档案学研究》2010 年第 2 期；杨霞《近代以来我国公文文种流变考述》，《档案与建设》
　 2019 年第 3 期。分段标点方面的代表作有王铭《民国公文标点、分段的演变和意义》，《档
　 案与建设》2002 年第 9 期；王铭《论民国时期对文件的标点、分段》，《档案学研究》2002
　 年第 6 期；侯吉永《简论民国公文的标点化转型》，《档案》2015 年第 9 期。署名盖印方面
　 的代表作有田素美、高晓波《试论民国时期文书档案的印章——以甘肃省档案馆所藏民国
　 文书档案的用印为例》，《档案》2011 年第 1 期；沈蕾、刘琪《民国时期公文的盖印和署
　 名》，《档案学通讯》2015 年第 6 期。公文用语方面的代表作有侯吉永《简论民国公文的旧
　 式套语及其简化进程》，《档案与建设》2013 年第 6 期；侯吉永《民国公文的白话化转
　 型》，《汉语言文学研究》2014 年第 4 期；侯吉永、胡策《试述民国公文称谓格式的演
　 变》，《山西档案》2011 年第 5 期。

况进行了较为系统的梳理，但对公文程式变化的时代背景缺乏细致的比较分析。[①] 杨述则选取民国时期的典型公文文本，分析了公文所反映的当时人民对政治、经济、文化、社会和人身自由等权利的具体诉求。[②] 侯吉永的博士学位论文《中国公文程式的现代化转型研究（1912～1949）》从公文文种体系的演进、公文结构程式的变革、公文语言程式的变迁三个层面分析了民国时期公文程式科学化、理性化的发展过程。不过，该文属于汉语言文学方向的博士学位论文，主要是从语言学视角开展的研究，在研究公文用语、署名盖印、称谓语等方面时，涉及了当时的政治、思想及文化背景分析，但对于公文流转、处理等行文效率方面的内容关注不多。[③] 从总体上看，部分论著涉及了民国公文程式现代化进程中的政府权威危机、人民诉求、新旧文化冲突等深层次问题，但数量并不多，且多取宏大视角，较少进行微观、个案的分析。

（二）公文处理及改革研究

公文的处理即公文从拟稿到发文并经各行政机关流转的过程。公文处理既是公文改革的方向，也是公文制度磨合与调整的重要内容。对这部分内容的研究，早在南京国民政府时期就产生了诸多成果。

1933 年国民政府推行文书档案改革运动之后，《行政效率》及《行政研究》等刊物刊发了不少有关公文改革的文章。一些行政专家如甘乃光、李朴生，行政人员如孔充以及文书档案管理方面的实践者如周连宽、何鲁成等积极参与其中，就当时公文改革的各类问题展开调查研究，并提出改良方案。他们谈论的问题均能从实际出发，切中要害，有助于推动公文改革。如曾任江苏东海县县长的孔充就发表了一系列有关公文改革的文章，有的论及整体行文问题，有的涉及某一种公文的改良，有的谈及公文的简

---

① 沈蕾：《民国时期公文程式研究》，世界图书出版公司，2014。
② 杨述：《民国公文中人民诉求的表达》，《语文学刊》2016 年第 1 期。
③ 侯吉永为南京师范大学文学院 2008 级博士研究生，其博士学位论文的摘要发表于《档案学通讯》杂志。参见侯吉永《中国公文程式的现代化转型研究（1912～1949）》，《档案学通讯》2014 年第 3 期。

化、规范问题。① 朱大昌就职于行政院第八科，主管铨叙、印铸事务，他在《公文改革的几个实验》一文中介绍了该科对公文缩编所使用的方法，即尽可能把来文内容缩编，以及运用一、二、三等将指令内容一一列举，以此对指令加以改良。② 另有张畏凡、郝遇林、李朴生、姚定尘、蔡国铭等对行政院或县政府机构文书处理的调查报告，均能十分客观地反映当时公文改革的状况。③ 文书档案连锁法是文书档案改革运动中由时任内政部次长甘乃光等提出并实施的一种提高公文收发速率的办法，当时对此进行研究的成果颇多。④ 不过，上述研究多是对公文处理实践的经验总结，学理上的分析并不占重要篇幅。甘乃光撰写的《文书档案改革运动的回顾与展望》一文对 20世纪 30 年代的文书档案改革运动进行了全面的回顾与展望，是研究南京国民政府公文改革的经典文献。⑤

随着国民政府公文改革的继续深入，对公文处理及改革实践进行总结的著作开始出现。梁上燕的《县政府公文处理与档案管理》以县政府公文处

---

① 孔充：《行文之整一化》，《行政效率》第 2 号，1934 年，第 42 页；孔充：《公文程式之革新与实验》，《行政效率》第 2 卷第 5 期，1935 年，第 921 ~ 929 页；孔充：《批与指令之程式的改良》，《行政效率》第 3 卷第 2 期，1935 年，第 155 ~ 156 页；孔充：《划一代日之韵目》，《行政效率》第 4 号，1934 年，第 165 ~ 166 页。

② 朱大昌：《公文改革的几个实验》，《行政研究》第 2 卷第 7 期，1937 年，第 683 ~ 689 页。

③ 张畏凡：《中央各机关公文处理概况》，《行政效率》第 2 卷第 2 期，1935 年，第 723 ~ 740页；郝遇林：《江阴公安局公文之改革》，《行政效率》第 2 卷第 11 期，1935 年，第 1529 ~ 1537 页；李朴生：《公文改革底商榷》，《行政效率》第 3 号，1934 年，第 87 ~ 92 页；李朴生：《县政府的公文处理》，《行政效率》第 2 卷第 3 期，1935 年，第 771 ~ 776 页；姚定尘：《江苏各县文书改革之建议》，《行政效率》第 2 卷第 6 期，1935 年，第 984 ~ 994 页；蔡国铭：《行政院各部会档案管理概况》，《行政效率》第 8 号，1934 年，第 331 ~ 341 页；蔡国铭：《行政院各部会档案管理概况（续）》，《行政效率》第 10 号，1934 年，第 447 ~ 457 页；蔡国铭：《行政院各部会档案管理概况（续）》，《行政效率》第 11 号，1934 年，第 513 ~ 525 页；蔡国铭：《行政院各部会档案管理概况（续）》，《行政效率》第 12 号，1934 年，第 591 ~ 600 页。

④ 甘乃光：《文书档案连锁办法之实验——内政部初期实验之报告》，《行政效率》第 10 号，1934 年，第 423 ~ 429 页；龙兆佛：《文书档案连锁办法之商榷》，《行政效率》第 2 卷第 2期，1935 年，第 835 ~ 843 页；周连宽：《对龙兆佛先生讨论文书档案连锁办法的意见之解释》，《行政效率》第 2 卷第 4 期，1935 年，第 844 ~ 848 页。其中，甘乃光的文章公开发表（1934 年 11 月 16 日）后，《中央日报》在 1934 年 11 月 25 ~ 27 日连续三天在第 2 张第3 版刊登了这份报告的简略版，由此可见这一问题受到了当时国民政府高层的高度重视。

⑤ 甘乃光：《文书档案改革运动的回顾与展望》，《行政研究》第 2 卷第 5 期，1937 年，第 451 ~ 466 页。

理为研究对象，探讨了公文处理原则、方法及处理程序的制定等问题。① 周连宽、朱伯郊、顾震白从收文、拟办、办稿、会办、缮校、发文、公文检查等公文处理业务环节入手，探讨了公文处理的技术性问题及改进办法。② 金寒英、张锐等人的著作也涉及公文处理的合理化建议。③ 陈国琛则根据他在福建、台湾等地主持公文改革的经历，从制度、技术、人员管理等多层面分析了简化公文、改善文书处理的原则与方法。④

纵观这一时期的公文改革研究，无论是针砭时弊还是建言献策，大多是以推进南京国民政府公文改革为指向。这些在南京国民政府时期形成的极具现实意义的实证性研究成果，为今人分析、研究南京国民政府时期公文制度的发展与演变提供了丰富的学术史材料。

20 世纪八九十年代以后，学术界开始重视南京国民政府时期公文处理改革方面的研究，不过论著数量并不多。早期主要是对文书改革的特定事件与人物进行回顾与分析，⑤ 进入 21 世纪以来，一些硕士学位论文也涉及行政效率与南京国民政府公文改革实践历程及效果的分析。⑥ 周俊红等分析了公文传递的方式及原因。⑦ 傅荣校、王芹的博士学位论文也涉及公文改革方

---

① 梁上燕：《县政府公文处理与档案管理》，中国行政研究社，1942。
② 周连宽编著《公文处理法》，正中书局，1945；朱伯郊：《文书处理程序》，中国文化服务社，1946；顾震白：《文书处理法》，耕耘出版社，1946。
③ 金寒英编著《公文新范》，中华书局，1947；张锐、殷菊亭：《公文程式与保管》，商务印书馆，1935。
④ 陈国琛：《文书之简化与管理》，台湾新生报社，1946；陈国琛：《文书改革在台湾》，台湾书店，1947。
⑤ 韩李敏：《陈国琛与民国时期南方三省的文书改革（一）》，《浙江档案》1989 年第 2 期；韩李敏：《陈国琛与民国时期南方三省的文书改革（二）》，《浙江档案》1989 年第 3 期；董俭：《浅论南京国民政府的文书档案改革运动》，《档案学通讯》1989 年第 5 期；李维勇、石巨文：《民国时期的几次“公文改革”》，《秘书之友》1992 年第 6 期；郑海滨：《民国江西省政府的文书档案改革》，《江西社会科学》1997 年第 1 期。
⑥ 主要有聂萌《论民国时期（1911～1949）机关文书档案工作的形成与发展》，硕士学位论文，山东大学历史文化学院，2008；覃凤琴《论甘乃光与“文书档案改革运动”》，硕士学位论文，广西民族大学管理学院，2008；王雅慧《20 世纪 30 年代以来国民政府文书档案工作改革研究（1933～1949）》，硕士学位论文，上海师范大学人文学院，2014。
⑦ 周俊红、于淼：《近代中国公文传递方式的变迁及其原因》，《历史教学》（高校版）2008 年第 9 期。

面的内容。① 李昌远的《中国公文发展简史》对南京国民政府时期的公文改革历程进行了大致的梳理。② 近年来，从思想、文化等深层次剖析公文改革动因及成效的论文开始出现，③ 公文改革研究走向深入。

（三）公文制度的整体研究

从历史角度梳理公文制度的代表作，当推徐望之的《公牍通论》。《公牍通论》是在行政效率运动尚未开展及文书档案连锁法尚未提出之时出版的一部文书学专著，"镕铸经史，贯通百家。尝考自古昔公文名称、类别至百数十种之多。元元本本，殚见洽闻……纲举目张，有条不紊"，④ 对从古代到民国的公文及其制度体系进行了系统性梳理。

改革开放以来，从整体上研究公文制度的论著较少。黄贵苏的《略析国民政府时期文书制度的因袭性》是较早从制度传承视角分析国民政府公文制度的论文；⑤ 许海芸的论文虽以文书制度革新与演进为主题，不过依托的材料还是当时公文程式的法令条文，并没有提供反映制度变迁细节的档案史料。⑥ 近年来民国公文制度的整体性研究出现了一些值得关注的成果。李章程的《民国时期的公文改革与行政效率（1912～1949）》一书从公文机构、公文程式、公文处理及公文人员四个维度对民国不同时期的公文改革与行政效率进行了较详细的梳理，对公文改革提升或改善行政效率的效果进行了评估，认为政局不稳、强大的政府功能的缺失和权威的缺乏，以及"文

---

① 傅荣校从行政机制的角度分析了20世纪30年代南京国民政府开展的文书档案改革运动的意义及其影响。傅荣校：《南京国民政府前期（1928～1937年）行政机制与行政能力研究》，博士学位论文，浙江大学人文学院，2004。王芹则将公文改革的各种规章制度纳入民国时期档案法规建设加以研究。王芹：《民国时期档案法规研究》，博士学位论文，苏州大学社会学院，2009。
② 李昌远：《中国公文发展简史》，复旦大学出版社，2007，第139～148页。
③ 这些文章主要是由侯吉永署名发表的系列论文，如《民国学人的公文白话化思想钩沉》，《档案》2014年第3期；《20世纪30年代"公文革命"思想一览》，《档案》2014年第4期；《民国公文体系设置与政治体制的互动关系——以命令性（令体）公文为例》，《档案》2014年第7期；《民国政府的权威危机与公文革新的限度》，《档案》2015年第2期。
④ 徐望之：《公牍通论》，"序三"，第2页。
⑤ 黄贵苏：《略析国民政府时期文书制度的因袭性》，《档案学通讯》1995年第1期。
⑥ 许海芸：《民国文书制度的革新与演进》，《秘书工作》2012年第10期。

书政治"的痼疾始终不能消除，导致公文改革无法对行政效率的提升发挥更大的作用。① 樊英杰则以四川荣县档案的具体公文制度与公文流转实践为考察对象，从一个侧面还原了民国时期公文制度改革所形成的表面制度与基层实践之间日渐断裂的历史图景，并对当时公文流转过程背后的基层政治生态进行了深入分析。② 这些研究成果充分表明，民国时期公文制度及其在政治生态体系中的作用及运行机制，已经引起历史学、政治学等领域学者的重视。

综上所述，南京国民政府时期从事公文改革与研究的人士已经开始对民初以来的公文制度进行大量的调查分析，不过这些研究主要是针对公文改革实践存在的问题而进行的实证研究与分析，理论性与总结性的成果不多，而20世纪七八十年代以来的研究成果主要来自汉语言文学（含文书学、秘书学）、档案学领域，史学界对此问题的关注度并不高。当前研究存在的不足体现在以下几个方面。

第一，从研究时段看，现有研究成果主要集中于南京临时政府时期和北京政府时期，对南京国民政府时期公文制度的研究相对不足，且南京国民政府公文制度方面的研究成果大多是在民国时期公文制度的整体研究架构中产生，导致对南京国民政府时期公文制度的演变动因、过程及成效缺乏系统的梳理与分析。这种情况的产生，与学术界对南京国民政府时期公文制度变革的认知有关。南京国民政府时期除了初期因为政体更迭而先后三次颁布《公文程式条例》而引人关注之外，在公文制度的规章法令方面并无太大的变化，且1928年11月颁布的《公文程式条例》沿用了近十四年，这与民初公文制度变化频仍，甚至发生回归帝制的"复辟"现象相比，其变革的剧烈程度及引发的社会关注度难以引起学界的关注。当前史学界为数不多的对公文程式进行研究的论著，多集中于清末民初这一公文制度的巨变时期。

第二，从研究方法看，现有的研究成果多以宏观分析为主，微观研究尤

---

① 李章程：《民国时期的公文改革与行政效率（1912~1949）》，中国社会科学出版社，2016。
② 樊英杰：《公文革新与基层政治——公文制度在民国荣县的实践》，《法律史评论》第10卷，社会科学文献出版社，2017，第27~43页。

其是案例分析的研究方法运用得不多。这主要与民国时期公文制度方面的学术成果来源于史学界之外的现状有较大关联。文书学、档案学领域主要关注民国公文制度演进的进程及基本脉络，对演变背后的时代背景关注不多，较少运用档案史料开展研究，而汉语言文学领域主要关注公文文体的流变过程，虽对公文所处的时代与社会文化有一定分析，但主要集中在署名盖印、公文结构、公文用语等形式方面，对公文运作尤其是公文处理程序及其成效等问题缺乏更为微观性的研究分析，难以呈现公文制度变迁背后的政治、经济、文化因素及其作用机理，进而导致对南京国民政府时期公文制度演变过程的认知存在简单化倾向。

第三，从资料运用看，现有的研究成果所引述的资料多以中国第二历史档案馆编《民国时期文书工作和档案工作资料选编》一书为主，对其他文献资料特别是档案文献资料的发掘利用较少。一方面与这部图书收录民国时期文书工作的规章制度较为全面有关；另一方面也反映出民国公文制度问题尚未引起史学界的充分关注，相关的档案史料未能引起学者的注意。此外，公文制度方面的资料比较分散，检索较为困难，例如中国第二历史档案馆所收藏的公文制度方面的档案分布在国民党中央秘书处、社会部、教育部等全宗，但比较重要的内政部、国民政府文官处、法制局等档案限于客观条件，无法得到有效利用。这些导致南京国民政府时期公文制度研究的档案史料运用并不多。

三 研究思路

本书在已有研究的基础之上，尽可能地吸纳相关的成果，将南京国民政府时期公文制度的构建、实施与当时的时代背景相结合，突破过去单纯以公文程式为中心的研究范式，以期相对全面地考察这一时期公文制度的形成及演变过程。

本书把"秩序重建"与"效率提升"定义为近代以来公文制度变革的内在逻辑，紧密围绕公文制度的构建与实践这个主题，展开了以下讨论。

第一，在内容上，重点探讨以下问题。

——从"巨变与重构"的角度，探讨清末民初公文制度的转型。具体说，以时间先后为序，紧扣变革、革命、继承与发展三条主线，分析公文制度在清末预备立宪、南京临时政府到北京政府、南京国民政府三个时期的演变脉络及特点。

——从"规范与论争"的角度，探讨国民政府时期公文程式的演化进程与特点。其中又包括两个重点：一是梳理国家层面《公文程式条例》及相关条例的颁布、修订过程，分析法定公文程式演变特征，阐述民众对公文程式的解读及其意义；二是分析地方政权和基层社会层面尤其是省政府"合署办公"、县政府"裁局设科"等改革对行政机关内部行文程式的影响，分析人民团体与行政机关的行文程式演变，探讨商会对区署制度下公文程式的抗争过程，对南京国民政府时期公文程式演化的作用机制进行考察。

——从"形象与效能"的角度，分析新式公文制度的推广过程及其特点。具体说，从公文用语、结构、标点符号使用三个方面，对南京国民政府新式公文的创建、推广过程及其成效进行分析。

——从"秩序与效率"的角度，梳理公文处理程序的构建及优化历程与影响。具体说，以"胡汉民逝世应予国葬"案所引发的公文流转情况为例，分析公文处理程序的弊端，并从技术、制度两个层面对南京国民政府的解决策略进行评析。

第二，在方法上，注意多层次、多方位、综合性的考察。

——紧密结合南京国民政府时代的政治体制特点，围绕其政治秩序构建过程中的基本权力结构，特别是"党政""中央与地方""政府部门间""政府与非政府""政治精英与党政组织"等主要权力关系的结构与变动及其在公文制度上的表现，设计分析框架与重点。

——以"社会变迁—政治鼎革—思想纷争—制度构建—行政实践"为逻辑主线，既重视公文制度的整体架构与特点的分析，更重视不同节点间的互动历程的分析。

——重视个案分析。

当然，受各方面因素的限制，公文制度变化的某一时段或层面不能完整地阐述出来，如国民政府制定、颁布公文程式条例（令）的过程不能完整地再现，对此，本书主要借助当时报刊及相关人物的传记资料尽可能地加以论述，如果实在缺乏史料支持，也不做勉强的陈述。

| 第一章 |
巨变与重构： 清末民初公文制度转型

19世纪末20世纪初，中国在经济、技术、文化、社会生活各层面实际已开始了缓慢却意义深远的现代化转型，而随着资产阶级革命思想的深入传播，社会大众要求平等、民主的呼声日高。中日甲午战争所引发的民族危机震惊了中国的知识分子，革新公文程式的新思潮逐渐出现。① 清末预备立宪及地方自治运动的兴起，引发了清政府中央及地方行政组织的巨大变化，打乱了"清代立国二百五十多年来形成的固有行文秩序"，② 中国近现代公文制度的大变革由此肇端。近现代中国公文制度的发展大致经历了清末预备立宪、北京政府及南京国民政府三个时期。总的来说，清末预备立宪时期和北京政府时期的公文制度，是由传统公文制度向现代公文体制的快速转型期，确立新政体下的行文规则及程式是其革新的主要内容。由于这一时期中央与地方的政治秩序尚未稳定，公文制度也因政治力量的变化和政治局势的演进而有所反复。直到1928年10月国民党中央政治会议决定正式实行以"五院制"为架构的中央行政体系，中国官方的政治秩序基本确立后，③ 公文制度的基本架构才基本稳定下来。

---

① 戊戌维新期间，各地士民照朝廷上谕所示，纷纷上书陈述变法措施，其中就有涉及公文改革方面的建议。例如四川叙州府富顺县举人卢庆家呈文指出，"吏治不外公牍，公牍速则百废具举，公牍迟则万病丛生"，然而当前"一应公文辗转申详……由县申府申道，层折而上，至速亦需数月"，而西方国家的公文"文字简略，文移奏执，径达天听，一经发落，即登报纸，虽欲舞弊，弊无所施"。他建议，"宽典不如严法，有如三日可办者限五日，五日可办者限十日，推之一月两月，莫不皆然，逾限必惩。其紧急公文，随到随办"。参见《四川叙州府富顺县举人卢庆家呈》（光绪二十四年八月初四日），国家档案局明清档案馆编《戊戌变法档案史料》，中华书局，1958，第200~202页。

② 丁之方：《清代的公文制度及其演变》，《史林》1989年第4期。

③ 王世杰、钱端升：《比较宪法》，商务印书馆，1999，第457~458页。

第一节 变革：晚清公文程式近代化的启动

乾隆中后期清廷的行文秩序逐渐固定，形成了由决策层、管理层与执行层组成的公文流转模式，使国家政令通过特定的文种及严格的行文程式在不同层级的机构中有序地传递，保障了国家行政体系的正常运行。① 第二次鸦片战争后，总理衙门以及北洋、南洋通商大臣取代军机处办理洋务与外交事务，进而涉足军政、财经、文教、内政等各方面，并逐步侵蚀了原来六部的行政权力，造成六部失去实权或形同虚设。② 清廷传统的中央行政及地方行政管理体系被打破，旧有的政治秩序也随即发生变化，进而导致公文数量激增、公文积压与处理迟缓等问题日趋严重，决策、管理、执行三个公文流转层次的结构开始被破坏，中央及地方官署间的行文秩序逐步混乱甚至陷入失控状态。③ 1901

---

① 决策层中皇帝是唯一的决策者，辅助皇帝处理政务及文书工作的内阁、军机处，接收处理题本、奏折、表、笺等上行公文，拟撰下达制、诏、谕、敕等下行公文；管理层则指具有直接上奏题本与奏折权的高级官员与机构，分为中央管理层与地方管理层，前者如中央六部，后者如主政一省或多省的地方督抚，以及布政使、按察使、学政、提督、总兵等分别掌管一省行政、司法、学校、军队的长官；执行层由地方府厅州县等机构的长官及其佐吏构成，主要接受地方管理层的指示，通过申、详、禀、呈等上行文以及布告等下行文等传递政令信息，对百姓实施直接的统治。参见丁之方《清代的公文制度及其演变》，《史林》1989 年第 4 期。

② 光绪二十四年（1898）七月，刑部郎中沈瑞琳上折批评总理衙门侵蚀六部职权："凡策我国之富强者，要皆于该衙门为总汇之地，而事较繁于六部者也。夫铨叙之政，吏部主之，今则出洋大臣期满，专由该衙门请旨，海关道记名，专保该衙门章京，而吏部仅司注册而已。出纳之令，户部掌之，今则指拨海关税项、存储出洋公费，悉由该衙门主持，而户部仅司销核而已。互市以来，各国公使联翩驻京，租界约章之议，燕劳赉赐之繁，皆该衙门任之，而礼部主客之仪如虚设矣。海防事起，力求振作，采购战舰军械，创设电报邮政，皆该衙门专之，而兵部武库、车驾之制可裁并矣。法律本掌于刑部，自各国以公法相持，凡交涉讼之曲直，悉凭律师以为断，其或教案一出，教士多方祖护，畸轻畸重，皆向该衙门理论，而刑部初未与闻也。制造本隶乎工部，自各国船坚械利，耀武海滨，势不得不修船政铁政，以资防御，迄今开办铁路，工作益繁，该衙门已设有铁路、矿务总局矣，而工部未遑兼顾也。是则总理衙门之事，固不独繁于六部，而实兼综乎六部矣。"参见《刑部郎中沈瑞琳折》（光绪二十四年七月二十八日），《戊戌变法档案史料》，第 179~180 页。

③ 丁之方：《清代的公文制度及其演变》，《史林》1989 年第 4 期。

年，清政府宣布施行"新政"，① 首先决定简化各官署的公文形式。② 当时的中国政治舞台上并存着三种政治势力，各自设计了不同的政治方案：革命派主张民主革命，立宪派宣扬君主立宪，清政府推行新政改革。③ 在这一过程中，清政府内部改革派通过"改题为奏"等简化公文的方式来提升清廷行政效率，而资产阶级立宪派则积极宣传君主立宪思想，并试图通过改变地方立法机构（谘议局）、地方自治与行业协会（地方自治会、商会）和地方官厅的行文程式等，谋求更大的政治生存与发展空间。在晚清政体即将发生巨变之际，公文制度的近代化趋向逐步凸显。

一　"改题为奏"：清廷内部的效率化改革

题本、奏折为清代中后期高级官僚上书皇帝的两种最主要的政务文书。题本源自明朝，"始于明永乐二十二年，令诸司有急切机务，不得面陈者，许具题本投进，清因之"。④ 奏折则始于清代，"折，叠也，书所言于纸而叠之，取其便于上进也，故谓之折。清代凡下对上有所陈请均用折，如言于元首者曰奏折"。⑤ 由于题本所奏"皆常行公事"，⑥ 有较为固定的格式，"既有副本，又有贴黄，兼须缮写宋字"，⑦ 须经过烦琐的处理程序，由通政司接收，且"均由内阁票批进呈，其请补、请署各项本件，必俟进呈出科后，始行遵旨办理"，⑧ 因此题本处理的速度比较缓慢。奏折通常在处理"应行密办之事"等重大事件时使用，由皇帝的御前文书机构——奏事处直接送达御前，皇帝御览朱批后再交由军机处根据皇帝的旨意拟稿办理，处理高效

① 目前学术界基本认同清末新政是指 20 世纪初年清政府在其统治的最后十年所进行的各项改革的总称，新政旨在维护清王朝的统治，但客观上也有利于中国社会政治从传统向近代的转型。参见张海鹏、李细珠《中国近代通史》第 5 卷，江苏人民出版社，2005，第 1 页。
② 〔美〕费正清、刘广京编《剑桥中国晚清史 1800～1911 年》下卷，中国社会科学院历史研究所编译室译，中国社会科学出版社，1993，第 452 页。
③ 李细珠：《张之洞与清末新政研究》，上海书店出版社，2003，第 1 页。
④ 徐望之：《公牍通论》，第 32 页。
⑤ 徐望之：《公牍通论》，第 35 页。
⑥ 徐珂：《清稗类钞·礼制·拜折》，中华书局，2010，第 491 页。
⑦ 苑书义、孙华峰、李秉新主编《张之洞全集》第 2 册，河北人民出版社，1998，第 1407～1428 页。
⑧ 《遵议本章改题为奏酌中办法折》（光绪二十七年九月十五日），《刘坤一奏疏》（2），陈代湘等点校，岳麓书社，2013，第 1430 页。

且保密性强。由此，清廷处理上奏皇帝的政务文书时形成了两大文书处理系统，即内阁负责题本的处理、军机处负责奏折的处理，各规定严密的处理程序由不同的机关经办。① 题本与奏折长期并行，兼顾例行政务与紧急事务，因此在清代政务中发挥着相当重要的作用。

不过题本处理程序的繁复迟缓，影响政务处理效率，尤其难以适应清朝中后期战争、外交事务频繁的现实需要。因此从咸丰、同治年间即有"改题为奏"的呼声，② 至光绪末年这一呼声日益强烈。光绪二十七年（1901）六月，两江总督刘坤一与湖广总督张之洞联合上奏了著名的《江楚会奏变法三折》，在六月四日上的第二道折《遵旨筹议变法谨拟整顿中法十二条折》中请求朝廷"将题本暂缓办理，此后拟请查核详议，永远省除，分别改为奏咨"。③ 两个多月之后，清廷发布上谕，正式取消题本，"内外各衙门一切题本，多属繁复。现在整顿庶政，诸事务去浮文。嗣后除贺本仍照常恭进外，所有缺分题本及向来专系具题之件，均着改题为奏，其余各项本章，即行一律删除，以归简易"。④ 从此，题本从清廷的公文体系中被正式废止。

"改题为奏"是晚清文书制度的一个重大变革。关于清代"改题为奏"制度的具体转变过程，已有诸多研究成果，⑤ 在此不再赘述。对"改题为奏"的作用后人多持肯定态度。如黄才庚认为，清末"改题为奏"是我国近代文书史上一次重大改革，它简化了文书种类，简化了文书处理手续，提

---

① 倪道善编著《明清档案概论》，四川大学出版社，1990，第 102 ~ 108 页。

② 咸丰十一年（1861）十一月十六日，在"围剿"太平军前线的两江总督曾国藩上了一道"改题为奏片"，声称此时"南北攻剿吃紧"，难以兼顾"地方事件"，因此请求将"应由臣衙门主政循例具题者……暂行暂缓"，如果实在紧急的事务，"即请改题为奏，以归简易"。参见《曾国藩全集》第 3 册，郭汉民等点校，岳麓书社，2011，第 263 ~ 264 页。

③ 苑书义、孙华峰、李秉新主编《张之洞全集》第 2 册，第 1407 ~ 1428 页。

④ 中国第一历史档案馆编《光绪朝上谕档》第 27 册，广西师范大学出版社，1996，第 184 页。

⑤ 南京国民政府时期，随着对明清内阁大库档案整理工作的深入，关于明清题本、奏折制度的文章出现。北平研究院的邓诗熙与故宫博物院文献馆的单士元是早期研究这一问题的代表。邓诗熙的《清代本章制度之"改题为奏"考》（《史学集刊》第 3 期，1937 年，第 321 ~ 327 页）最早对这一过程进行了较为详尽的分析，他认为，"清初本章制度，沿自明制，不出公题私奏之范围。迄雍正朝之密折陈奏，及光绪朝之改题为奏，为清代本章制度两大

高了文书流转速度。① 侯吉永的评价更高，他认为"改题为奏"显示了由
"繁复"归于"简易"的公文改革的趋势，这种发展走向为民国公文程式的
简易化埋下了伏笔。②

　　"改题为奏"反映了清廷在政治生态恶化的环境下，在维护政治秩序与
行政效率问题上的艰难抉择。面对日渐高涨的"改题为奏"以提升公文处
理效率的呼声，当时内外交困的清政府不得不进行回应。"改题为奏"虽然
简化了上达皇帝的政务文书类型，但随之而来的则是皇帝直接"御批"的
公文数量激增，③ 反而导致行文秩序的另一种失衡。对此，丁之方认为，上
行皇帝的公文由题本、奏折两种变为奏折一种，固然简化了行文数量，但大
量公文不分轻重缓急涌向最高决策层，极大地增加了军机处及皇帝的公文处
理负担，更加剧了公文流转的紧张状态。④ "改题为奏"上谕刚下一月，刘
坤一就上奏朝廷，认为一时全部"改题为奏"会有困难，"惟查臣衙门每月
拜发本章，紧要、寻常，合计总在二三十件，若全行陈奏，固觉琐渎圣聪，
一律改咨，亦恐难昭慎重"。他建议朝廷依据题本的繁简与轻重缓急，分类
处理，"所有本应具奏又复题本之案，拟请毋庸再行具题；其事关紧要者，
拟请改为具奏；其头绪繁多、向缮黄册题呈者，拟请改为开单具奏；至寻常
循例具题之件，拟请随时咨部核办。题本概行删除，每月摘录简明案由，缮
单汇奏一次，庶于简易之中，犹不失敬慎之道"。⑤ 许同莘认为，"辛丑以后

変革。题本在清代始终居渐被汰省地位，至改题为奏而被废除，根据当时公文书上各种例
证，改题为奏，已见实行，至仍见有光绪廿七年后之题本，此当为一时公务上未臻划一，
致有参差；不能目为未实行改题为奏之证也"。单士元的《清代题本制度考补订》（《师大
学刊》第 1 集，1942 年，第 1～10 页）也涉及题本与奏折的差异问题。改革开放后，也有
不少论著涉及这一问题，如汪宗衍《读〈清史稿〉札记》（中华书局，1977，第 251～252
页）就谈到了"改题为奏之滥觞"，黄才庚《清末"改题为奏"研究》（《档案》1987 年
第 4 期）则对改题为奏的过程及意义进行了探讨。此外，在研究题本制度、清代奏折制度，
以及一些研究清代公文制度的论著中，也有涉及"改题为奏"方面的内容。

① 黄才庚：《清末"改题为奏"研究》，《档案》1987 年第 4 期。
② 侯吉永：《简述晚清立宪运动下封建公文的新变化》，《档案》2013 年第 2 期。
③ 鞠德源：《清代题奏文书制度》，中国第一历史档案馆编《明清档案论文选编》，档案出版
　社，1985，第 995～1026 页。
④ 丁之方：《清代的公文制度及其演变》，《史林》1989 年第 4 期。
⑤ 《遵议本章改题为奏酌中办法折》（光绪二十七年九月十五日），《刘坤一奏疏》（2），第
　1430～1431 页。

有改题为奏者，然未能尽变也"。①

"改题为奏"也引起了清末官职的变化，"题本废，内阁益类闲曹，六部长官数四，各无专事"，② 这就迫使清廷对处理公文的官署做出变动，先后撤销了通政使司、内阁满汉本房及詹事府等机构。而随着"新政"新官制改革的深入，以及"预备立宪"的启动，晚清政府的行政体制发生了更为剧烈的变化，传统的六部变为多部，在中央有资政院，地方则有谘议局、自治会等全新议政机构的设立。在新、旧机构间的事务往来过程中，君主专制与君主立宪的行政思维冲突不断，激烈的行文程式之争也就难以避免了。

二 新官制、"预备立宪"及其引发的公文程式之争

1906 年 9 月 1 日，清廷发布《宣示预备立宪先行厘定官制谕》，宣布在"大权统于朝廷，庶政公诸舆论"的前提下，"仿行宪政"，提出"目前规制未备，民智未开，若操切从事，涂饰空文"，因此须"先将官制分别议定，次第更张，并将各项法律详慎厘订，而又广兴教育，清理财务，整饬武备，普设巡警，使绅民明悉国政，以预备立宪基础"。③ 由此清廷在光绪、宣统年间分别启动了两次重大中央官署制度改革。④ 各省谘议局、地方自治会也

---

① 许同莘：《公牍学史》，商务印书馆，1947，第 206 页。
② 《清史稿·职官志·序》。
③ 故宫博物院明清档案部编《清末筹备立宪档案史料》（上），中华书局，1979，第 43～44 页。
④ 光绪三十二年（1906）九月二十日，清廷根据此前奕劻等上奏的《厘定中央各衙门官制缮单进呈折》，对原本已遭受破坏的三省六部制进行改革，具体包括：①内阁、军机处的规制不变；②中央行政官署调整为十一部，分别为外务部、吏部、民政部（巡警部并入该部）、度支部（户部、财政处）、礼部（太常、光禄、鸿胪）、学部、陆军部（兵部、练兵处、太仆寺）、法部（刑部）、农工商部（工部、商部）、邮传部（专管轮船、铁路、邮政）、理藩部（理藩院）；③资政院为议会的预备机构，改大理寺为大理院，"专掌审判"，都察院负责"纠察行政之官"，设审计院以"复查经费"；④翰林院、太医院、宗人府、顺天府、内务府、步军统领衙门、仓场衙门、钦天监、銮仪卫、领侍卫府等机构保留。从这一方案看，仅仅是建立形式上"三权分立"的立宪政体，行政权力独大的局面并未完全改观。此后革命派武装起义的行动日趋频繁，立宪派要求速开国会、成立责任内阁的呼声与请愿活动在1910 年前后达到高潮，清廷于宣统三年（1911）四月初十颁布《内阁官制暨内阁办事暂行章程谕》，宣布废除"内阁及办理军机处，内阁会议政务处"，成立责任内阁，下设外务部、民政部、度支部、学部、陆军部、海军部、司法部、农工商部、邮传部、理藩部。取消了吏部，改礼部为典礼院，新增海军部，又设弼德院为皇帝亲自"备顾问，参议国务"的机构。关于这次改革的具体过程，《清末筹备立宪档案史料》第二编"官制"部分有翔实的档案史料可供参考。参见《清末筹备立宪档案史料》（上），第 367～601 页。

积极谋求参与地方行政事务，地方督抚与省谘议局、各府州县衙门与地方自治会间常因身份、职责范围及权力等问题发生争执，"宪法文本的浪漫主义与宪法政治的实用主义并行"，① 这突出表现在双方的往来公文程式方面。

（一）地方督抚"札行"地方谘议局引发的来往公文体制之争

清末"新政"实施不久，迫于社会各界的压力，清廷不得不推行预备立宪，在中央建立资政院，在地方创办谘议局。从资政院的章程来看，它虽然可以对各部大臣提出政策建议，但如果没有各部大臣的首肯，其决议就无法实施。② 梁启超对此表示强烈不满，"据此条文，则资政院尚能单独具奏否耶？万一军机大臣及各部行政大臣不肯联衔，则所议决不悉成无效耶？"③ 而谘议局受制于地方督抚之处更多。1907 年 10 月，清政府宣布在各省成立谘议局，作为资政院在各省的议事机构。1909 年，各省召开第一届谘议局的选举，省级立法机构的雏形渐成。不过，按照 1907 年 10 月清廷宣布各省成立谘议局的上谕，④ 以及次年 7 月 22 日颁布的《谘议局章程》，⑤ 虽然各省督抚与谘议局的行政、议政分工相对明确，但掌握地方实权的地

---

① 陈胜强：《中国近现代的中央官署变革：文化底蕴与制度表达》，武汉大学出版社，2013，第 61~62 页。
② 例如，《资政院章程》（光绪三十四年六月初十日）第十六条规定，"资政院于第十四条所列事件，议决后由总裁、副总裁分别会同军机大臣或各部行政大臣具奏，请旨裁夺"，参见《资政院等奏拟订资政院章程折》，《清末筹备立宪档案史料》（上），第 632 页。因此，熊范舆认为，"新官制中之资政院，或有谓其为他日上议院之基础者。然就资政院官制草案观之，不过为政府之一部分而已，其性质与国会一部分之上议院绝不相同"，熊范舆：《新官制评论》，《中国新报》第 1 年第 1 号，1907 年，第 64 页。
③ 沧江：《资政院章程质疑》，《国风报》第 1 卷第 20 期，1910 年，第 31~32 页。
④ 上谕指出："前经降旨于京师设立资政院，以树议院基础，但各省亦应有采取舆论之所，俾其指陈通省利弊，筹计地方治安，并为资政院储材之阶，着各省督抚均在省会速设谘议局……凡地方应兴应革事宜，议员公同集议，候本省大吏裁夺施行，遇有重大事件，由该省督抚奏明办理。"具体参见《光绪朝上谕档》第 33 册，第 219 页。
⑤ 《谘议局章程》第六章"职任权限"规定："谘议局议定可行事件，呈候督抚公布施行。前项呈候施行事件若督抚不以为然，应说明原委事由，令谘议局复议"（第二十二条）；"谘议局议定不可行事件，得呈请督抚更正施行，若督抚不以为然，照前条第二项办理"（第二十三条）；"谘议局对于督抚交令复议事件若仍执前议，督抚得将全案咨送资政院核议"（第二十四条）；"谘议局于本省行政事件及会议厅决事件如有疑问，得呈请督抚批答"（第二十六条）；"本省督抚如有侵夺谘议局权限或违背法律等事，谘议局得呈请资政院核办"（第二十七条）；等等。也就是说，谘议局要想推动某一议案的落实，一定要得到督抚

方督抚显然掌握更大的决策权与主导权：谘议局议决的所有事件，最终需要督抚裁决与执行，其效力取决于督抚的态度；而谘议局弹劾督抚，还须资政院核办，资政院最终又不能绕开督抚。事实上，章程公布之后，立即引发了时人的强烈抨击，"所谓谘议局者，不过承督抚之意旨，备自由之采择，其性质仅足为督抚之补助机关而已"。① 李细珠认为，谘议局的宗旨在于张民权与鼓民气，而督抚又实际处于强势地位，双方互相利用或误解法规而发生权限冲突就在所难免了。② 这些权限斗争也比较明显地体现在双方的行文程式方面。

实际上谘议局成立之前，一些地方督抚已对如何对谘议局行文颇感困惑，并就此咨询宪政编查馆。1908 年 7 月，宪政编查馆在给各省督抚的咨文中对此做出统一规定："至谘议局开办后，与地方官吏来往公文体制，督抚用劄行，司道以下用照会，谘议局均用呈文，并应由本省督抚刊给木质关防，以资钤用。"③ 劄行，也称"札行"，"清制上级官厅行下级官厅之文书用之"；照会，则是"官厅间文武不相隶属者用之"。④ 这一规定显然是将各省谘议局视为地方督抚的下属机构，有学者甚至认为这"有将谘议局归类为行政官署"的倾向。⑤ 当时由于距谘议局成立之期尚远，因此一时无人对此深究。1909 年谘议局开议后，这一问题便凸显出来，各省谘议局及议员对此规定极其不满，纷纷致电宪政编查馆质问，主张谘议局对督抚及司道等均用平行文书。宪政编查馆被迫做出修改："兹定督抚署行咨议局公牍式，其专对局言者，应照章用札。专对议长、副议长论者，如系京堂翰林，无论局事非局事，应均用照会。其咨议局呈督抚文，应自称本局……与司道领衔

的同意才行，督抚有违法行为，也须呈请资政院核办。甚至谘议局的常年会及临时会的召开，也需要由督抚召集（第三十一条）。因此，不难看出，当时的谘议局实际上是受督抚的监督和左右的。参见《谘议局章程》，《北洋法政学报》第 71 册，1908 年，第 1～32 页；《谘议局章程（续）》，《北洋法政学报》第 72 册，1908 年，第 33～60 页。

① 《谘议局章程评议》，《申报》光绪三十四年七月初九日（1908 年 8 月 5 日），第 1 张第 4 版。
② 李细珠：《地方督抚与清末新政——晚清权力格局再研究》，第 298～300 页。
③ 《宪政编查馆通咨各省设谘议局筹办处文》，《政治官报》第 277 号，光绪三十四年七月初八日，第 17～18 页。
④ 徐望之：《公牍通论》，第 32～34 页。
⑤ 纪浩鹏：《名实之间：清末预备立宪时期的公文程式之争》，《档案学通讯》2019 年第 2 期。

之局处，仍用呈文。"① 时人认为这一修改实际上仍将谘议局视为"行政官厅"，并针对谘议局和有京堂、翰林身份的议长采用了不同的行文程式，使"谘议局及议长划分为二"，实属"谬误"。② 这"一前后公牍程式之不同，又若此后先矛盾、彼此互殊"的做法，不仅"违背法律"而且"贱视国体"，③ 自然会引来更大的批评。1909 年 10 月 25 日，浙江省谘议局讨论时，议员们认为这一修改仍将督抚、谘议局置于上下级的关系，已"违背章程，实为不法之命令"，并当即致电宪政编查馆：

> 公牍式谘议局章程并无规定，所谓照章用札者，议长、副议长资格由谘议局而生，不能离谘议局独立，来电分个人、机关为之，几不明主体之所在……谘议局为议院基础，历经奉有明谕，迥非督抚下级机关可比。……拟请谘议局呈督抚文用咨呈，司道以下用咨移，督抚以下各衙门对谘议局均用照会。④

梁启超则从行政观念的角度分析了这一现象，他认为：

> 我国人于国家机关之观念，素不明了。动视国家官职与私人权利为同物。盖缘我国前此只有独任机关，而无合议机关，故易将机关本身与司机关之人混为一谈……故去年各省谘议局初开时，尚缘各省议长官职之崇卑，而有用照会与用札饬之问题起，知有私人而不知有机关，大为识者所笑。⑤

---

① 参见《督部堂转宪政编查馆定咨议局对官文称谓电札》，隗瀛涛、赵清主编《四川辛亥革命史料》（上），四川人民出版社，1981，第 142 页。
② 《浙江谘议局十二日开会详纪》，《申报》宣统元年九月十五日（1909 年 10 月 28 日），第 2 张第 2 版。
③ 《浙人之气概》，《申报》宣统元年九月十六日（1909 年 10 月 29 日），第 2 张第 4 版。
④ 《浙江谘议局十二日开会详纪》，《申报》宣统元年九月十五日（1909 年 10 月 28 日），第 2 张第 2 版。
⑤ 沧江：《评资政院》，《国风报》第 1 年第 35 号，1910 年，第 35~36 页。

在浙江省谘议局的号召下，江苏①、江西②、山西③谘议局也纷纷致电抗议。顺直谘议局上书宪政编查馆，就公文体例问题进行进一步争论，并引发社会各界的广泛关注。④ 在社会舆论的压力下，宪政编查馆被迫继续做出解释，强调督抚"札行"谘议局的公文程式，与督抚"札饬"属下的程式不同。这实际上承认谘议局是与督抚平行的议事机构，但仍坚持督抚对谘议局用"札"，谘议局对督抚用"呈"的公文体例。⑤ 对此，各省谘议局认为应当坚持抗争，"深以浙谘议局电争公文程式之事为然"，并在1910年9月召开的第一届谘议局联合会上形成决议呈请资政院加以更正。时人认为，地方督抚与谘议局的冲突"一方固由议员之进步，一方亦由各督抚视官权太重、视议员之权太轻，故演出此种种恶果也"。⑥

地方督抚与谘议局的斗争表面涉及的是公文程式的问题，但程式与文种的不同，反映出发文机关的职权、地位及与行文对象关系的不同，因此公文程式之争实际是地位、权力之争，双方在公文程式方面的激烈交锋，是晚清时期地方督抚与地方立宪派权力冲突的重要表现。费正清等认为，以创建立法机构为宗旨筹建的资政院、谘议局，实际上却成为中央及地方政府的协商机构，这契合了地方督抚将谘议局仅作为咨询机构的真实意图。⑦ 而立宪派则将谘议局看作实行议会政治的机会，希望谘议局决议权之范围不能"专限于行政事项"，而应"广涉于政治问题"，从而扩大立宪派在各省的政治影响力。⑧ 由是，资政院、谘议局与各部大臣及地方督抚的冲突不断。宪政

① 《江苏谘议局电争公牍程式》，《申报》宣统元年九月二十日（1909年11月4日），第1张第4版。
② 《赣省议员电争与司道行文体式》，《申报》宣统元年九月廿八日（1909年11月10日），第1张第5版。
③ 《山西谘议局议长因争公牍辞职》，《申报》宣统元年九月廿三日（1909年11月5日），第2张第2版。
④ 参见《顺直谘议局上宪政编查馆书（争论公文体制）》，《申报》宣统元年十月初九日（1909年11月21日），第2张第2版；《书顺直谘议局上宪政编查馆书后》，《大公报》1909年11月17日，第3版；赵艳玲：《清末民初的代议制：从顺直谘议局到直隶省议会的案例考察》，社会科学文献出版社，2012，第129~132页。
⑤ 李细珠：《地方督抚与清末新政——晚清权力格局再研究》，第298~302页。
⑥ 《时评·其一》，《申报》宣统二年九月初七日（1910年10月9日），第1张第6版。
⑦ 〔美〕费正清、刘广京编《剑桥中国晚清史1800~1911年》下卷，第459~463页。
⑧ 沧江：《咨议局权限职务十论（续）》，《国风报》第1年第6期，1910年，第25页。

编查馆在此问题上的态度，表明了清政府对"预备立宪"的消极态度以及对谘议局的防备心理。而这种种不作为，导致民众对清廷的日益失望与不满，从而在一定程度上为辛亥革命的爆发奠定了群众基础。① 受此影响，为了避免公文程式之争，资政院吸取了教训，提前"调查各国法制"，确定"该院议长与总裁或各署大臣往复行文应用如何形式"，"以免临时张皇无据"。②

（二）地方官与地方自治机构间的"文书程式"之争

清政府在推进"预备立宪"的同时，也意识到实行地方自治的重要性，先后颁布了《城镇乡地方自治章程》、《城镇乡地方自治选举章程》（光绪三十四年十二月二十七日）、《府厅州县地方自治章程》和《府厅州县议事会议员选举章程》（宣统元年十二月二十七日），从而启动了地方自治会的选举与运作。《城镇乡地方自治章程》与《府厅州县地方自治章程》分别在第八章与第七章专设"文书程式"，对地方自治会与地方官及谘议局之间的行文关系进行了明确规定。《城镇乡地方自治章程》第 107 条规定："城、镇、乡议事会，城、镇董事会及乡董，行文该管地方官，用呈；彼此互相行文及与府、厅、州、县议事会、董事会互相行文，均用知会；地方官行文城、镇、乡议事会，城、镇董事会及乡董，用谕；城、镇、乡议事会，城、镇董事会及乡董，行文本省谘议局，用呈；本省谘议局行文，用知会。"③《府厅州县地方自治章程》规定："府、厅、州、县议事会或参事会行文府、厅、州、县长官用呈；府、厅、州、县长官行文议事会或参事会用照会，监督官府用札；议事会及参事会相互行文及与谘议局互相行文，用知会。"④ 从这两条"文书程式"的具体规定，我们不难发现，作为民选的各级地方自治议事机构，与地方官存在严重的不对等关系，特别是《城镇乡地方自治

①　参见李守孔《各省谘议局联合会与辛亥革命》，存萃学社编《中国近代史资料丛编·辛亥革命资料汇辑》第 1 册，台北，大东图书公司，1980，第 210～262 页。

②　《资政院调查公文形式》，《新闻报》宣统元年十月十二日（1909 年 11 月 24 日），第一张第二页。

③　《宪政编查馆奏核议地方自治章程等者》，《政治官报·奏折类》第 445 号，光绪三十四年十二月二十八日，第 21 页。

④　《宪政编查馆奏定〈府厅州县地方自治章程〉》，《国风报》第 1 年第 5 期，1910 年，第 93 页。

章程》第 107 条"地方官行文城、镇、乡议事会，城、镇董事会及乡董，用谕"这一条款，实际上立即引起了各省地方自治筹办处的严重不满，江苏有人主张"仿照督抚行文谘议局用札格式办理，以重团体"，① 浙江则进一步主张改札为照会。② 1910 年 4 月，我国早期语法学家陈承泽在《〈府厅州县地方自治章程〉笺释》中对该章程的文书程式进行了批评。他认为：

> 吾国民选地方议事机关，其对于国家之行政机关所行之文，皆用尊敬之称，以吾国从来为君主独裁之国，沿历史之旧习也。即于民选地方议事机关间，则行文皆用平等之式。惟城、镇、乡于谘议局亦用呈（《城镇乡地方自治章程》第一百零七条），岂以城、镇、乡与谘议局差两级，须尊敬谘议局之地位，而府、厅、州、县所差止一级，遂可平等耶？……至城镇乡章程，地方官行文议事会、董事会等用谕（一百零七条），而本章程用照会。虽由监督与非监督之别，殆亦立法者，稍悟用谕之未当矣。③

地方自治章程用"谕"或用"照会"的行文程式问题，引发社会各界的强烈反响，甚至 1911 年 1 月资政院议员邵羲提出的"修改《城镇乡地方自治章程》法案"中也专门指出，"被选为议长、总董、乡董者不无资望较重之人，就习惯谕地方士绅，督抚对之用'照会'，今地方官行文用'谕'，形式上未能平允，凡资望较重之士绅必不肯出而任事"，主张改"谕"为

---

① 《各省筹办地方自治》，《申报》宣统二年正月十八日（1910 年 2 月 27 日），第 2 张第 2 版。
② 浙江地方自治筹办处援引《政治官报》第 824 号上宪政编查馆拟将各自治监督行文董事会、议事会用札拟改为用照会的声明，认为"地方自治监督为巡警、总厅厅丞品秩较崇，对于自治职尚用照会，则城、镇、乡自治监督之厅、州、县对于自治职行文程式似可援照办理"，主张地方官行文董事会、议事会应改为照会。参见《各省筹办地方自治》，《申报》宣统二年二月廿四日（1910 年 4 月 3 日），第 2 张第 2 版；《地方自治筹办处禀请咨部援照京师地方自治章程改"谕"为"照会"文》，《浙江官报》第 2 卷第 4 期，第 26 ~ 27 页。
③ 陈承泽：《〈府厅州县地方自治章程〉笺释》，商务印书馆，1910，第 76 ~ 77 页。

"照会"。① 但是，这一问题并没有引起宪政编查馆的重视和积极回应，宣统三年六月以后，仍有部分省份的当选议员呈文进行抗议。宣统三年闰六月十九日（1911年8月13日），江苏省金山县张堰镇自治职员俞秉钧等23人上书江苏地方自治筹办处转呈督抚，要求修改地方官行文议事会、董事会用"谕"的行文程式，他们认为，"即以地方上习惯言之，凡州县官行文本地方学会、商会以及学堂、善堂、巡警、团练、各经理、董事无不统用照会"，这一做法无疑将会造成"地方之人皆轻自治而不屑顾问……为害于自治前途"。② 湖南长（沙）、善（化）两县城会选举事务所当选人曾广汉等则认为，宪政编查馆在奏请成立地方自治会的时候曾经指出"自治者与官治相对待……自治与官治相倚而成"，"足见自治机关异常尊重"，然而此后制定的这两部章程，"其文书程式显分高下"；并进一步指出，"选举章程第六十一条，城镇乡总董选举完竣应由地方官申请督抚加札任用。督抚对于总董尚用札，地方官对于城镇乡董议会顾何以反用谕？……城镇乡与谘议局同为本省绅士，何用强分轩轾？彼此行文宜归一律……"③ 面对各地自治会的质问和当时媒体的关注，④ 负责地方自治会事务的民政部不得不声明："《城镇乡自治章程》条文与《府厅州县自治章程》歧异之处，业经该馆（按，这里指宪政编查馆）奏准，由本部酌量情形另案更正，奏明办理。现在文书程式业经酌改，尚未具奏……地方官行文自治会用谕一节尚在修改之列。"⑤

值得关注的是，地方官与地方自治会之间的行文程式在实际政务处理过程中得到了一定的修正。1910年，四川省地方自治筹办处为了规范各乡镇自治会的文书程式，特制定八条详细的规定，其第六条规定："凡居民及选

① 《资政院议员邵羲提议修改城镇乡地方自治章程法案（续）》，《申报》宣统二年十二月初二日（1911年1月2日），第2张第2版。
② 《江苏金山县张堰镇自治职员呈请改正文书程式》，《申报》宣统三年闰六月十九日（1911年8月13日），第3张第2版。
③ 《湘抚杨为地方官与自治会行文程式致民政部电》，《浙江官报·函电类》第3卷第44期，1911年，第23页。
④ 《更改文书程式之部电（长沙）》，《申报》宣统三年闰六月廿日（1911年8月21日），第1张第3版。
⑤ 《两江督院张批江南自治局详核议通州地方行文议事董事会等文书程式由》，《南洋官报》第183期，1911年，"两江奏牍"，第14~15页。

民对于本城、镇、乡议事会、董事会，乡选民会、乡董，如有陈述或申诉事件者，用声请书提出之。声请书仿照呈文之体例。"① 河北省丰润县自城乡自治会成立之后，由于"呈请公牍日见繁多"，该县知县决定"嗣后凡城乡董事会对于卑职应行文件统由县议事会代为核转"。②

从整体上看，公文程式之争持续的时间并不长，这种"礼节问题"并未受到正处于风雨飘摇之中的晚清朝廷的切实重视，但这次论争反映的是当时政治地位上升的士绅阶层权力扩张与地方督抚维护自身权威之间的矛盾，纪浩鹏认为地方督抚和地方行政机关与地方自治机关的公文程式之争本质上是对传统公文体制的一次挑战，其影响不仅在当时，而且为清廷灭亡后公文程式革新提供了思想养料，具有承上启下的时代意义。③

（三）商会与地方官府的行文章程之争

19 世纪末 20 世纪初，清政府的经济政策发生变化，不仅再三谕令各级官府保护和鼓励华商投资兴办近代新式企业，而且制定、颁行各类经济法规，第一次从法律上明确了华商自由经营工矿交通运输业的权利。此后，商人的社会地位得到极大的提升。20 世纪初，中国各地开始成立商会，第一次将分散在各行业的商人和手工业者凝聚成了一支联系紧密、行动协调一致的社会力量，并对近代中国的政治、经济与社会发展产生了不可忽视的影响。④

由于商会是在清政府旧的国家行政体制上生长出的一种新生力量，而这种力量既是旧的行政体制所缺乏的，又和传统的官商观念相歧，这就引发了清末各级官府在同商人打交道时的新问题，即官员对与商会往来公文的程式、称谓等无章可循。⑤ 商会是由商人组成的民间社会团体，少数地方官府起初仍以传统的眼光看待商人及其团体，认为商会既是民间社团，应受其管

---

① 《地方自治筹办处拟定城镇乡地方自治文书程式详例》，《广益丛报》第 8 年第 16 期，1910 年，第 1 页。
② 《丰润县禀规定统一城乡自治会行文办法文并批》，《北洋官报》第 2790 册，1911 年，第 8 页。
③ 纪浩鹏：《名实之间：清末预备立宪时期的公文程式之争》，《档案学通讯》2019 年第 2 期。
④ 朱英：《近代中国商人与社会》，第 1~15 页。
⑤ 陈亚平：《清代法律视野中的商人社会角色》，中国社会科学出版社，2004，第 311~312 页。

辖，并要求商会以上行文体例向其行文，以体现官府与商会间的上下统辖关系。由于1904年商部颁布的《商会简明章程》并未对双方的行文程式做出规定，① 因此1908年吉林省延吉厅致函珲春商务分会，声称"各处设立工会，本地方官皆有监督指挥之责……商会有总、分之别，地方有直辖之殊"，要求"嗣后遇有报告事件应改用呈文"。珲春商务分会以"部章既未载明，至改用呈文一层，各处亦无此办法"为由，拒绝了延吉厅的这一要求。商会与官厅的行文格式表现的是商会的社会地位及其与官方的关系。因此，事后吉林商务总会专文呈请农工商部，要求就官厅与商会的"往来公牍体例"，制定"简便章程，俾资遵守而免纷歧"。② 为此，农工商部制定了《商务总、分会与地方官衙门行文章程》，说明地方官对商会"无直辖管理之权"，只有"提倡保护之责"，因此规定：商务总会对"本省及他省督、抚均用呈"，对"司、道以下用移"；商务分会对"本省及他省督、抚、司、道均用呈"，对"府、厅、州、县用牒"。③ 根据清廷公文体例，移、牒等公文文种属于平行文，即用于平行衙门之间的行文。④ 商务总会与司、道以下地方官之间，商务分会与府、厅、州、县地方官之间，均用平行文。不难看出，此时的清政府已经给予了商会较高的社会地位，甚至高于各省谘议局。⑤

《商务总、分会与地方官衙门行文章程》是官府首次专门颁布的地方官府与商会间的行文程式规章，体现出清政府对商会力量的重视。对此，朱英认为，这一章程的实质意义不仅在于从体制上规定了商会较高的社会地位，更重要的是明确了商会不是地方官府的下级机构，从而避免了地方官府的直接支配与控制，既保持了商会的独立性质，也使商会在与地方官府周旋过程中能够据理力

① 《奏定〈商会简明章程〉二十六条》，《东方杂志》第1期，1904年，第204~211页。

② 章开沅、刘望龄、叶万忠主编《苏州商会档案丛编》第1辑，华中师范大学出版社，1991，第36~37页。

③ 《商务总、分会与地方官衙门行文章程》，《商务官报》戊申第6期，1908年，第19页。

④ 陈宜耘：《清代中央文书与现代行政公文的异同》，中国第一历史档案馆编《明清档案与历史研究论文集》（上），新华出版社，2008，第185~186页。

⑤ 如前所述，1909年10月25日浙江谘议局在"议督抚公文用札问题"时，就颇为不平地指出："各省师范高等学堂及商会等，督抚行文尚不用札，谘议局地位责任，奚啻倍蓰！"具体参见《浙江谘议局十二日开会详纪》，《申报》宣统元年九月十五日（1909年10月28日），第2张第2版。

争，更好地发挥其应有的功能与作用。① 这一斗争及其成效，也为民国初期及南京国民政府时期商会与政府的公文程式论争提供了宝贵经验。

三 "旧瓶装新酒"："副署诏旨之制"的产生及演变

1906 年 9 月，清廷颁谕"仿行宪政"，在当时各政治社会集团中引起强烈的政治反响。革命派抨击清廷是以立宪之名而行专制之实；在野立宪派则充满希望，几次掀起大规模的请愿运动，明确而又具体地提出立宪要求。② 设责任内阁、速开国会，成为清末"新政"后期资产阶级立宪派最强烈的政治诉求。清廷对此也不得不有所回应。1908 年 12 月，清廷决定："在谕旨之前一行钤监国摄政王章，于钦此后一行书军机大臣署名，六字另行照奏折后衔式自书臣某人名。"③ 这就是军机大臣"副署诏旨之定制"的由来。有学者认为，这可以算是从形式上向内阁制过渡。④ 1910 年 10 月至 1911 年 1 月，在资政院第一次常年会期间，资政院因为滇、桂两案的处理而引发了弹劾军机处一案。⑤

资政院弹劾军机处一案引发了当时社会各界的极大关注，《申报》进行了长时间的跟踪报道。⑥ 而该事件的持续发酵也引起梁启超的关注，向来主

---

① 朱英：《近代中国商人与社会》，第 385~386 页。
② 王开玺：《晚清政治新论》，商务印书馆，2006，第 203~266 页。
③ 《光绪朝上谕档》第 34 册，第 286~287 页。
④ 迟云飞：《清末预备立宪研究》，中国社会科学出版社，2013，第 379 页。
⑤ 关于该案的原始档案资料，大多载于李启成校订《资政院议场会议速记录——晚清预备国会论辩实录》（上海三联书店，2011）。此外，今人也有多部论著涉及该案，有代表性的包括：谷丽娟、袁香甫《中华民国国会史》，中华书局，2012；李启成《近代宪政视野中的晚清弹劾军机案》，《中国法学文档》第 3 辑，中国政法大学出版社，2005，第 39~62 页。
⑥ 宣统二年十月三日（1910 年 11 月 4 日），《申报》首次对此发声（《论今日之军机处与将来之责任内阁》，《申报》宣统二年十月初三日，第 1 张第 2 版）。此后直到宣统二年十二月十一日（1911 年 1 月 11 日），《申报》一直对资政院弹劾军机大臣一事进行报道，并多次发表时评，如《论枢臣不受资政院质问之违法》（十月十七日，第 1 张第 2 版）、《对于资政院弹劾军机处感言》（十月二十八日，第 1 张第 2、3 版）、《论资政院弹劾军机》（十一月十三日，第 1 张第 2 版）、《读十七日朱谕感言》（十一月十九日，第 1 张第 2 版）、《论军机大臣不负责任之无状》（十一月三十日，第 1 张第 2、3 版）、《论刘廷琛反对资政院之封奏》（十二月初二日，第 1 张第 2、3 版）。《申报》对军机大臣"虽有副署之名，而无副署之实"的状况进行了非常尖锐的批判，认为资政院上书弹劾"淋漓痛快，传诵一时"（希：《论国民势力之亟当发展》，《申报》宣统二年十二月六日，第 1 张第 3 版）。

张君主立宪的他开始思考宪政政体与公文形式的关系问题，并发表了数篇文章，颇具现代公文思想的启蒙意味。

弹劾军机处一案尚未爆发前的 1910 年 4 月，梁启超在《国风报》发表题为《军机大臣署名与立宪国之国务大臣副署》的时评。梁对清廷"忽用此制"表示不解，但根据西方立宪国制度，"大臣副署之一形式，遂为立宪政治中最重要而不可缺之条件也"。因军机大臣署名缺乏相应的组织机构（当时清廷尚未设立责任内阁），他担心这一制度不能长久：

> 我朝家法森严，非有大故，罔得辍朝，君上日与廷臣前席论思，虽微署名，岂虞冒滥。以云新法耶，则署名之制，必须与组织完备之责任内阁相依，而始显其用。今体之不立，而用将安丽？夫吾非谓今之军机大臣署名足以妨政也，而独于其所以忽行此制之故，百思而不得其解。且窃恐耳食者流，谬以为近世立宪国所以示别于专制之一条件，我固已行之也，故辨其名实如右。①

清廷只用副署之名，而不知副署之实，不推进责任内阁制的实质改革，梁担心体制"不立"，这种形式上的副署定然难以发挥作用。果然，该文发表仅过了半年多，即发生了资政院弹劾军机处事件。

在此案当中，有一个细节颇值得玩味：资政院第一次将弹劾军机处的奏折呈递后，摄政王载沣以"朱谕"申斥资政院，但这份"朱谕"上面没有军机大臣副署。这一细节当即引起了议员易宗夔的注意。② 此后至少十天，③ 颁发的

---

① 沧江：《军机大臣署名与立宪国之国务大臣副署》，《国风报》第 1 年第 8 期，1910 年，第 23 页。

② 易在资政院第一次常年会第二十七号议场上曾专门提醒其他议员："这个朱谕比不得以前的谕旨。从前的谕旨，我们有可以说话的地方，因为军机大臣拟旨，军机大臣署名。这回朱谕是摄政王自己用朱笔写的，而军机大臣没有署名，使我们没有说话的地方……从此看来，无论以前所议的事情一概无效，就是以后议决的，或关于预算，或关于法律议决上奏，一概都归无效了。"参见李启成校订《资政院议场会议速记录——晚清预备国会论辩实录》，第 386 页。

③ 梁启超在《朱谕与立宪政体》一文中提及："旬日以来，以资政院弹劾军机之故，连颁朱谕，皆不以军机大臣副署之形式行之，此实两年来一种新异之政治现象也。"具体参见沧江《朱谕与立宪政体》，《国风报》第 1 年第 33 期，1910 年，第 21 页。

朱谕都没有军机大臣署名。对此，梁启超撰写《朱谕与立宪政体》一文专门对此细节进行了剖析：

> 若近世之立宪国，则凡政治上之诏敕，不经国务大臣副署者，不认为有效。非削君主之权也，法理之结果，不得不然也……大臣副署制所以为立宪政治之命脉者，其精神皆在于是。故近世各立宪国，苟其诏敕有不经大臣副署者，只认为君主以自然人之资格而发私牍，不认其为以国家机关之资格而发公文。此不必君主为然也，即以普通官吏论，无论何人，皆不能无私牍，然体制总不能与公文相混，既名曰公文，则必有画行、用印等种种条件，条件有一不具，即失其为公文之用，此事理之至浅者也。立宪国诏敕必以大臣副署为成立之条件，其作用亦犹是耳……明乎此义，则今世各立宪国，断不肯用不经大臣副署之内敕，其故可思矣，其所以以大臣副署为诏敕成立之必要条件者，凡以使君主常立于无过之地，而臣民之爱戴君主得出于至诚云尔。①

国务大臣副署制度本是立宪政体下限制君主滥用权力的一种措施，所以梁启超视该制度为"立宪政治之命脉"。不过，梁启超没有从这个角度进行解释，而是从维护君主地位的角度解释这种制度的意义，将其归结为"法理之结果"。梁认为，诏敕由大臣副署，如有违法违宪的责任，由副署大臣全部承担，"苟非大臣副署，则不成其为诏敕"，因此，"所谓大臣负责任者，非责任本在君主而大臣代负之也，君主本无责任，而责任实全存于大臣之自身也"，这样就能"使君主常立于无过之地，而臣民之爱戴君主得出于至诚"。对此，刘广安认为梁启超撰文就是为了说明在专制政体下，君主的诏敕可以不经大臣副署而有效，而在立宪政体下，君主的诏敕不经国务大臣副署则不能认为有效。② 这表明在当时复杂时局下，梁启超仍希冀清廷切实推进并实现君主立宪的微妙心理。

由资政院发起的这场弹劾军机处案，虽喧嚣一时，却没达到资政院所期

---

① 沧江：《朱谕与立宪政体》，《国风报》第 1 年第 33 期，1910 年，第 22~24 页。
② 刘广安：《中国法律思想简史》，高等教育出版社，2011，第 164 页。

待的效果。清廷既没有裁撤军机处，也未取消资政院。不过，这场弹劾案的最终目的——成立"责任内阁"，最终在宣统三年四月实现了，然而随之成立的责任内阁却由满族贵族所把持，被人称为"皇族内阁"，这极大削弱了"责任内阁"制度所带来的正面效应。当月，梁启超在《国风报》发表《立宪国诏旨之种类及其在国法上之地位》一文，重点介绍了日本的诏旨种类及特点。[①] 他批评清廷不了解宪政及副署制度的意义，经常"悍然敢于违法而无所顾忌"，一遇到舆论压力，"动则假诏旨为护符，以自卸责任"，因此他在该文"附言"道出撰文的目的：

> 吾为此文，非徒欲吾民惩既往也。成事不说，虽喧争亦奚补者？但兹非驴非马之内阁，亦既告成立矣。将来类此之事，且将日出不穷，我国民所以待之者，总要设法使内阁不能滥演此手段，虽其事非易致乎，然固不可不向此目的以进行矣。其下手第一著，则宜以法律严定公文格式，此虽似形式上之末节，然实宪政根本所赖以维持，不可不察也。[②]

宣统三年四月清廷正式公布《内阁官制》和《内阁办事暂行章程》，组建责任内阁。根据《内阁官制》第一、二条，"内阁以国务大臣组织之，内阁大臣以内阁总理及左列各部之大臣为之：外务大臣、民政大臣、度支大臣、学部大臣、陆军大臣、海军大臣、法部大臣、农工商大臣、邮传大臣、理藩大臣"，里面并没有提到协理大臣及其职责。而《内阁办事暂行章程》第三条则明确规定，"内阁官制第三条、第九条、第十一条之规定，内阁协理大臣均适用之"。该条所提及的《内阁官制》第十一条就涉及"副署"问

---

① 梁启超认为，日本的诏旨有两大类：一是"政治之外之诏旨"，"以国务大臣不副署为原则"，具体包括"诰勉臣民之诏""恩诏""皇室令之与国务无关者""寻常体制上之诏敕"四类；二是"政治上之诏旨"，"以国务大臣副署为原则"，具体包括"改正宪法皇室典范及裁可法令公布之上谕""公布敕令之上谕""紧急敕令""独立敕令""执行敕令""公布条约之上谕""关于预算及结契约以增加国库负担之上谕""其他关于行使大权之诏书敕书""皇室令之关于国务者""亲任官制任免辞令书"。政治上的诏令，由国务大臣负责解释，国民及议会可以对此进行问责。具体参见沧江《立宪国诏旨之种类及其在国法上之地位》，《国风报》第 2 年第 11 期，1911 年，第 8～14 页。
② 沧江：《立宪国诏旨之种类及其在国法上之地位》，《国风报》第 2 年第 11 期，1911 年，第17～18 页。

题："法律敕令及其他关于国务之谕旨，其涉及各部全体者，由国务大臣会同署名。专涉一部或数部者，由内阁总理大臣会同该部大臣署名。"① 由此视之，根据《内阁办事暂行章程》规定，内阁协理大臣有副署之权，然而《内阁官制》却未将其列入国务大臣之列。② 李剑农认为这是沿袭旧内阁协办大学士的制度而来的，再加上内阁成员的"皇族"化引起立宪派的强烈不满。③ 六月初一，《国风报》发表了一篇题为《内阁协理大臣与副署》的时评，对此进行了强烈的批判：

> 稽之内阁官制……内阁协理大臣虽为内阁人员，实非国务大臣也……夫今世之立宪国，凡得副署谕旨者，惟限于国务大臣，此万国之通例也……今之协理大臣佐总理大臣整理内阁一切之事，而对于一般谕旨皆得副署，其地位如此之高，其责任如此之重，而内阁官制中顾不见其名，独于内阁办事章程中乃始出现……此预备立宪之时代，乃复有所谓协理大臣者出焉，以与宦寺争辉，真新时代之新产物也……自新内阁成立，人皆欣欣然望其有新气象矣。乃视其在职之人，则旧而非新也；核其所办之事，亦旧而非新也。所新者，惟有此协理大臣之名耳。中国政府之维新，其技俩止此。此其所以成今日积弱之局也夫。④

此时，革命的风潮日趋高涨，清廷在立宪方面"新瓶装旧酒"的做法，无疑又为最终的失败埋下了一颗种子。辛亥革命前夕，梁启超发表了一篇题为《论法治国的公文格式》的时评，详细地阐述了公文形式、公文格式与立宪精神间的关系：

> 论治者惟其精神，不惟其形式。此稍知治体者所能言也。虽然天下

---

① 参见《清末筹备立宪档案史料》（上），第557~566页。
② 清廷在宣统三年四月初十日发布《授奕劻为内阁总理大臣那桐徐世昌为协理大臣谕》《任命各部大臣谕》，将内阁总理大臣与协理大臣在同一上谕中任命，由此可知，协理大臣地位在其他十部国务大臣之上。参见《清末筹备立宪档案史料》（上），第566页。
③ 李剑农：《中国近百年政治史（1840~1926年）》，复旦大学出版社，2002，第254页。
④ 柳夷：《内阁协理大臣与副署》，《国风报》第2年第15期，1911年，第25~28页。

固有形式为精神所攸寄。苟乖其形式，即精神亦失所保障者。盖凡政治上、法律上之公牍皆有。然而，立宪法治国，其尤甚者也。法律行为者，行为中之最严格者也。虽属于私人交涉者，犹且必须遵一定之格式，履一定之手续，非是则不生效力。所以正分界而避争议也。若国家之行其统治权而颁布公文也，则格式之严益加甚。盖国家也者，非自然人而法人也。法人之意思不能直接发表，而必假手于其机关。严定格式者，所以证明机关行文之正确也。盖虽在畴昔之专制国，则固已致谨于是矣。而在今世立宪国，则区别愈益精密，而施行愈益严重。此何故欤？盖专制国惟有一最高机关，而其他机关悉为级数从属之关系，权限争议甚稀，故格式虽稍游移而不为病。立宪国不然，于最高机关之下，有多数之独立机关，互相限制，互相补助，以完统治权之作用。当其行使统治权也，或以某部分专属诸某机关，而绝不许他机关之侵轶；或数机关相协和以行，而彼此各有其权界。苟非分别部居以郑重其形式，其必至甲机关之权责为乙机关所侵蔽，无所盾以自完，而立宪精神，将翻根柢以破坏。此各国规定公文式所由兢兢也。[1]

立宪国由于权责明晰，独立机关具有完整职权，对行文格式及侵权之行文程序非常关注，而公文格式关乎宪政精神，法律等公文的拟订尤其需要通过严定程式以体现法治的威严，因此，梁启超希望"新内阁稍有公忠体国之心，当速定之"。梁启超发表的数篇文章从立宪角度思考副署制度，推介日本等国的新式公文文种及作用，在一定程度上起到了现代公文程式的启蒙作用，他所提倡的公文形式关乎立宪精神，也给南京临时政府、北京政府及国民党政府推行公文改革提供了思想上的借鉴。[2]

---

[1] 沧江：《论法治国之公文格式》，《法政杂志》第 1 年第 7 期，1911 年，第 81～82 页。

[2] 清末著名革命党人宋教仁先生在 1911 年 9 月 11 日《民立报》发表题为《外交公文亦用法令耶》的时评，对《内阁官报》宣统三年七月初七将外务部致英朱使照会，及朱使复文均列于法令部一事进行批评，他认为："夫照会为外交公文，与条约亦异其性质者，其与效力及于一般臣民之法令，有何关系乎？内阁官报，代表宪政之形式者也，而不解法令之为用，于此可见彼辈宪政之知识矣。"参见陈旭麓主编《宋教仁集》（上），中华书局，1981，第 313 页。由此可见，公文形式与宪政精神关系甚大，对于清末民众的宪政意识也具有很大影响。

无论是光绪三十四年开始的军机大臣副署谕旨之制，还是宣统三年的国务大臣合署制度，都是清末"新政"官制改革后，清廷为了适应新的行政运转体制而在公文制度方面的重大改革。由于晚清政府新政及立宪的最终目的是维护清廷的专制统治，这一副署制度虽未能发挥其限制君权的作用，却对等级森严的传统公文制度形成了巨大的冲击，从侧面反映了在内外交困环境下清廷政治秩序与生态的恶化。形式意义大于实际功效的副署制度，引发了立宪派对清廷行政体制与公文制度的批判及反思，他们所引发的公文革新思潮加速了晚清以来中国民众的现代公文思想启蒙运动。①

总之，20 世纪初叶的清政府已经意识到自身面临的各种严峻危机，从中央到地方开展了诸多"近代化"变革的举措。而公文作为政治制度的组成部分，在社会内外环境的交互作用下，确实在此时发生了一些不容忽视的变化，"改题为奏"的效率化尝试，议会政治所带来的公文副署制度及其引发的行文程式论争，是传统封建公文制度迈向近代化的先声。辛亥革命爆发后，清政府为了表明自身革新的决心，加速推进全面政治体制改革，并在最易推行的公文程式改革方面积极做出尝试。宣统三年十一月二十三日，理藩

① 中国近代民众的公文思想启蒙，与中国近代报刊的兴办有着莫大关联。19 世纪中后期开始，西方传教士、资产阶级维新派及革命派均通过兴办报纸来宣扬自身的政治主张，西方人创办的《申报》（1872 年）、《益闻录》（1878 年）、《万国公报》（1868 年创刊，原刊名为《教会新报》）、《时报》（1886 年），以及戊戌变法期间维新派创办的《中外纪闻》《时务报》等，经常刊登清廷的上谕及各部院公文，公文的神秘面貌逐渐呈现在中国普通老百姓的面前。关于西方传教士创办的中文报刊以及戊戌变法期间维新派创刊的活动，诸多论著均有涉及，有代表性的如方汉奇《中国近代报刊史》，山西教育出版社，1981；史和、姚福申、叶翠娣《中国近代报刊名录》，福建人民出版社，1991；〔美〕白瑞华《中国近代报刊史（1800~1912）》，苏世军译，中央编译出版社，2013。清末新政后，《北洋官报》《湖北官报》《政治官报》等近代官报陆续出版。清政府的官报发端于地方，如《北洋官报》《湖北官报》分别为直隶总督袁世凯与湖广总督张之洞所创办。而后，清廷逐渐认识到办官报是改变国家行政形象的重要手段，例如光绪三十二年（1906）十月御史赵炳麟奏请办中央官报时指出："近年国家行政，多尚秘密，凡谕、折稍关政法者，多不发抄，举国之人，耳目愈闭，视听愈惑，以致弊端百出"，因此设立官报的目的是"使绅民明悉国政，以为立宪基础"。时任宪政编查馆大臣奕劻等认为："向行邸报，大抵例折居多，而私家报纸又往往摭拾无当，传闻失实，甚或放言高论，荧惑是非。欲开民智而正民心，自非办理官报不可。"〔参见故宫博物院明清档案部编《清末筹备立宪档案史料》（下），中华书局，1979，第 1059~1060 页〕此外，《东方杂志》《国风报》等立宪派主办的新式刊物出现，使得谕旨、奏文、代电等公文更广泛地进入民众视野。

院"奏请变通公文程式以化除阶级制度"，要求"理藩部及各部将军、都统大臣暨沿边各督抚行文蒙旗王公均用照会，蒙旗王公对于理藩部及各部将军、大臣等均用咨呈"，并进一步指出，"现值实行宪政之时，凡百弊端皆须力祛，而阶级制度最宜化除，则莫如将公文程式略予变通"。[①] 由此可知，清政府此时推行公文程式改革的直接目的是通过最易开展的公文改革赢得民众及社会舆论的支持，从而维护"君主立宪"，以防止辛亥革命影响的日渐扩大。不过，此时的努力来得太晚，并不能挽救清王朝最终走向覆灭的命运。

第二节 革命：南京临时政府公文工作的初创

辛亥革命推翻了清王朝的统治，结束了延续两千多年的封建君主专制，具有划时代的意义。1911 年 12 月 3 日，各省都督府代表联合会议通过了《中华民国临时政府组织大纲》，决定成立中华民国临时政府，规定设立临时大总统，并设立外交、内务、财政、军备、交通等行政各部。[②] 1912 年元旦，南京临时政府正式成立；4 月 1 日，孙中山辞去临时大总统，南京临时政府解散。尽管只存在了三个多月，但由于"公文是国家传达政体最重要的文书"，"专制政体下遗蜕的公文程式自然不适用于革命的政体之下"，需要在"精神方面或是形式方面……根本革新"，[③] 南京临时政府在公文方面做了一些开创性的工作，为此后北京政府创建符合民国体制的公文制度奠定了基础。

一 创机构：总统府秘书处

南京临时政府实行总统制，临时大总统对政务全权负责。为了保障政务

---

① 《折奏：宪政类：理藩部奏酌拟变通公文程序化除阶级制度等折》，《内阁官报》第 164 号，1911 年，第 7 页。
② 1911 年 12 月 11 日，《新闻报》《时报》均在显要版面刊登了《中华民国临时政府组织大纲》，全文见《新闻报》1912 年 12 月 11 日，第 1 张第 1 版；《时报》1912 年 12 月 11 日，第 1 张第 2 版。
③ 姚啸秋：《最新标点公文程式大全》，第 16 页。

的正常运行，南京临时政府总统府设有秘书处、法制局与印铸局等机关，并颁布《总统府秘书处暂行章程》，对总统府秘书处的机构及职能分工、公文及电报处理程序等进行了规定。总统府秘书处的职责主要包括：撰拟及收发公牍文件，保存命令、法规及公牍文件，编录各部会议事录，招待总统来宾。① 由此可见，文书撰拟及处理是秘书处的核心职能。

秘书处设秘书长一人，下设总务组、军事组、外交组、民事组、电务组、官报组、收发组等七个组（参见表 1-1）。总统府秘书处的人员，除张通典（1859 年出生）年龄超过 50 岁之外，其他大部分是二三十岁的年轻人，其中最年长的易廷熹（1874 年出生）38 岁，最小的杨铨（即杨杏佛）当时仅 19 岁。此外，总统府秘书处这批人员不少有赴日本、欧美留学的背景，且不少人是中国同盟会成员。② 曾在总统府秘书处任职的吴玉章后来回忆说："这个临时政府，既有立宪党人，也有官僚军阀，但革命党人还是占着主要的地位。"③ 这批年轻秘书各有才华，外交组组长马素是"唯一能用打字机写英文的人"，彭素民"善骈文"，④ 而在进入秘书处之前，不少人已有相关工作经历，如电务组组长谭熙鸿在天津电报局任职，张季鸾短暂任职于上海《民立报》。

表 1-1　南京临时政府秘书处组织机构及人员

机构	人员名单
秘书长	胡汉民
总务组	李肇甫　熊成章　萧友梅　吴玉章　任鸿隽
军事组	李书城　耿伯钊　石瑛　张通典
外交组	马素　张季鸾　邓家彦
民事组	但焘　彭素民　廖炎

① 《总统府秘书处暂行章程》，黄彦、李伯新选编《孙中山藏档选编（辛亥革命前后）》，中华书局，1986，第 60~63 页。

② 《临时政府职官传略》对 23 位临时总统府秘书处职员中的 22 位进行了介绍，其中有 13 人曾留学日本，不少人曾在海外加入同盟会。参见刘刚、焦洁编著《临时政府职官传略》，广州人民出版社，2003，第 66~106 页。

③ 吴玉章（永珊）：《辛亥革命》，人民出版社，1961，第 146 页。

④ 胡宗刚整理《任鸿隽自述》，中国社会科学院近代史研究所近代史资料编辑部编《近代史资料》总 105 号，中国社会科学出版社，2003，第 42~43 页。

续表

机构	人员名单
电务组	谭熙鸿　李　骏　刘鞠可　黄芸苏
官报组	冯自由　易廷熹
收发组	杨　铨

资料来源：刘寿林编《辛亥以后十七年职官年表》，中华书局，1966，第2页。

此外，总统府直辖的法制局、印铸局也处理部分文书事务，法制局参与了公文程式等规范性文件的拟订，印铸局则负责政府公报的印制，而法制局局长宋教仁、印铸局局长黄复生均为资深的中国同盟会成员。不难看出，南京临时政府总统府秘书处等文书机构是由以中国同盟会为主的革命党人掌握的，因此在文书工作及制度方面积极"除旧布新"，开创了共和体制下的文书工作规范。

二　定规程：《内务部咨行各部及通令所属公文程式》

南京临时政府成立后不久，一些省份的军政长官对于新政体下应采用什么样的行文程式并不清楚，1912年1月7日，上海都督陈其美致电孙中山专门咨询此事："临时政府业已成立，所有公文程式似宜酌定，以昭一律。各省都督上大总统，及于（与）各部暨各军政分府民政长以下各级人员，公牍用何名称？是何程式？"① 为此，孙中山命令法制院②拟定了"公文程式"，要求各级行政机关"所有行用公文程式，亟应规定程式，以期划一而利推行"。这是民国第一份"公文程式"方面的规章，其意义不言而喻。由于资料的限制，目前尚未找到该"公文程式"制定过程的背景资料，无法对此进行描述与评价。不过，根据现存资料来看，这份文件有两个版本，第一个版本是《内务部颁发公文程式咨各部文》；③ 第二个版本是《内务部咨

---

① 《上海来电》（正月初七日），刘云黛、赵金敏辑《孙中山当选临时大总统时所收电文（七十三通）》，《中国历史博物馆馆刊》1981年第3期。
② 法制院是临时大总统的直辖机关，协助大总统办理政务，后改为法制局。
③ 由于资料的限制，这份公文程式的原始档案未能找到，1987年中国第二历史档案馆根据北京政府外交部的档案公布了这份文件。参见《内务部颁发公文程式咨各部文》（1912年1月26日），《民国时期文书工作和档案工作资料选编》，第2~3页。

行各部及通令所属公文程式》，该公文程式刊登于 1912 年 1 月 30 日出版的《临时政府公报》第 2 号。① 由于第一个版本注明了时间为 1912 年 1 月 26 日，而第二个版本并未标明具体时间，因此部分学者认为 1 月 26 日即为内务部颁发公文程式的时间，而根据 1912 年 4 月 1 日《东方杂志》所列的"辛亥九月十四日至民国元年三月初十日"的"中国大事记"记载，内务部颁行公文程式的时间为 1912 年 1 月 19 日。② 此外，《申报》于 1912 年 1 月 22 日全文转发该公文程式，③ 据此该公文程式应在 1 月 22 日之前公布。考虑到外交部接收到内务部颁发的公文程式尚需要时日处理，因此我们推测，第一个版本中 1 月 26 日应当是南京临时政府外交部收到内政部咨文的时间，并非内务部颁布公文程式的时间，1 月 19 日应该是内务部最早公布的时间。

这两个版本的文件名称略有不同，但核心都是公布"公文程式"，不过条款却有两处差异。第一，1 月 26 日版的公文程式只有四条，而 1 月 30 日由《临时政府公报》正式公布时，将第三条中"各公署行用于外国之公文，仍照向例办理"这一款单独列出，成为第四条，而原来的第四条则顺延为第五条。为何单独强调这一条呢？目前无法找到直接的材料，但 1912 年 1 月 5 日南京临时政府发布《对外宣言书》，承认"凡革命以前所有满政府与各国缔结之条约"，"革命以前，满政府所借之外债及所承认之赔款"，"凡革命以前满政府所让与各国国家或各国个人种种之权利"，并提出"当民国改建，一切未备之时"，对外政策的宗旨是"务守镇静之态，以俟其成"。④基于南京临时政府成立后希望寻求西方列强支持与承认的时代背景，维持清廷与西方列强的行文程式，保持"镇静之态"，也是当时政府比较自然的选择。值得注意的是，该条款所规范的为外交文书，属于专用文书，不属于行政通用文书，因此，此后北京政府、广州国民政府以及南京国民政府所公布

---

① 《内务部咨行各部及通令所属公文程式》，《临时政府公报》第 2 号，1912 年 1 月 30 日，第 4～5 页。
② 《中国大事记·中华民国元年正月十九日：内务部颁行临时政府公文程式》，《东方杂志》第 8 卷第 10 号，1912 年，第 11 页。
③ 《临时政府公文程式》，《申报》1912 年 1 月 22 日，第 3 版。
④ 中国社会科学院近代史研究所中华民国史研究室、中山大学历史系孙中山研究室、广东省社会科学院历史研究室编《孙中山全集》第 2 卷，中华书局，1982，第 10～11 页。

的公文程式令或条例均未涉及这方面的内容。第二，1月26日版的公文程式第二条第戊项"委任职员及授赏徽章之证书曰状"，1月30日公布时将"委任"改为"任用"。做出这两处变动后，内务部曾专门向武昌的黎元洪副总统及各省都督行文通告。①

由于民国政体、职官等都在初创期，因此这一部公文程式非常简单，主要对公文适用对象、公文文种、公文盖印签名、外交行文、公布实行等方面进行了规定。具体条款如下：

第一条　凡大总统以下各公署职员及人民一切行用公文俱照以下程式办理。

第二条　行文公文分为左五种：

甲　上级公署职员对于下级公署职员曰令，公署职员行用于人民者曰令或谕。

乙　同级公署职员互相行用曰咨。

丙　下级公署职员行用于上级公署职员，及人民行用于公署职员曰呈。

丁　公署职员公告一般人民者曰示，但经参议院议决之法规应由大总统宣布者曰公布。

戊　任用职员及授赏徽章之证书曰状。

第三条　凡公文皆须盖印签名并署年月日，但人民行用于公署职员之呈文得免其盖印。

第四条　各公署行用于外国之公文，仍照向例办理。

第五条　凡大总统及各部所发之公文，有通行性质者，皆须登于公报。各公文除特定有施行期限者外，京城以登载《临时政府公报》之第五日为施行期。其余各处，以公报到达公署之第五日为施行期。②

---

① 《政治：公文程式》，《左海公道报》第1卷第24期，1912年，第19~20页；《南京内务部电》，《申报》1912年1月31日，第2版。

② 《内务部咨行各部及通令所属公文程式》，《临时政府公报》第2号，1912年1月30日，第4~5页。

这一公文程式最大的特点在于，传统公文中体现等级的制、诏、诰、移、牌、札、详、禀等名目复杂的文种①被正式取消，代之以简单的七种文种，即令、谕、咨、呈、示、公布、状，公文文种的简化力度很大。但是在具体的行文过程中，这七种公文不敷使用，造成了很多困扰，江宁巡警总厅据此专门致函内务部：

> 凡上级之行用于下级者，除令布、令行、令知等令而外，应无二致。而局中接奉大总统批答之件，则仍曰批。未审是否专行者则曰令，答复者则曰批？但程式中未经载明，局中接收地方团体或个人禀牍，凡答复之词，向时统谓之批，令遵程式自宜用令；如果专行者乃曰令，答复者应曰批，则程式中又未载明，局中无从遵守。至谕之一式，整系专行之文，如旧日之谕单、手谕等类。又令之一式，局中前奉都督答复之词，有事实相等而有教令、指令之分，未审是否教令属于普通，指令限于一事？然就教令、指令两项，答复之词细释之，又似无界线者。局中对予各区区长呈文之答复，应用何令，亦难遵守。又戊项："任用职员及授赏徽章之证书曰状。"是当任用或授赏时应给任用状或授赏状，如有不能称职之员应行撤销者，是否行用任免令？抑即行用普通令知之令，程式中未经载及，未便妄拟。又第四条："凡各公署行用于外国之公文，仍照向例办理。"查程式中虽未申明，想系仍用照会。新式颁行贵在恪守，既有疑义，不敢不请赐盼示，统希鉴察为叩。②

批作为答复下级机关时必须使用的一种正式公文，是高级行政机关普遍

① 古代公文数量繁多，程式复杂，同级官府间的行文种类常常不止一种，因此公文的书写、制作渐成一种专门的职业。以清代公文为例，公文文种就包含五大类型：（1）皇帝专用下行文书，如制、诏、诰、敕、谕、旨等；（2）官府下行文书，如札、札付、牌、牌票、牌檄、交片、檄等；（3）官府平行文书，如照会、牒、牒呈、关文、移会、平移、手本、咨、咨呈等；（4）官府上行文书，如呈文、申文、申呈、禀等；（5）臣僚上呈皇帝的上行文书，如表、笺、题本、奏片、奏折、揭帖、片、议复等。这里常用的公文数量就有三十余种，加上一些非正式使用的文书，数量就更加庞大了。丁晓昌、冒志祥等：《古代公文研究》，安徽文艺出版社，2000，第502~509页。
② 《江宁巡警总厅质询内务部行用公文程式往复函件》，《临时政府公报》第37号，1912年3月13日，第11页。

使用的行文文种，"公文程式"居然没有将其列入，而在实际公文运转过程中孙中山确实使用了"批"，这足以说明南京临时政府在准备"公文程式"时的仓促。对此，内务部坦承了这一失误，并对相关文种问题进行了较为详尽的回复：

> 前颁行之公文程式，应附样本，奈一时不能制就，兹并补颁前来，希即查照办理。来启所询各节均悉。公文程式所指各种外，尚有一种曰批，因公文程式为法制院所规定，由大总统令饬颁发者，其中少批一种，想系规定时以批为公文外别一种文式，姑遗去耳。但公署行用公牍，有时必须此种，断不能勉强省略。至批、谕、令等之义别，凡上级公署职员命下级公署职员或职员命人民者曰令，凡命令而又含有劝导之意者曰谕，凡受有呈词而裁决判断之者曰批，惟各公文款式除批仍照旧办理外，其程式内所指各种，悉如此次样本。据函内谓：前奉公文令中有教令、指令、令知等别，此系当日公文式中未规定以前，一时权便，依旧日款式，该文应有名词外，多增一字，如为札知事，为札行事，为晓谕事之类，取其便于读法，今皆不用。又函中询撤销不能称职之员用令办法，其文式与此次所规定者一例，不必如状，特加区别字样也。其第四条则用外国之公文，即函中所称照会是也。①

由此，南京临时政府根据公文运转的实际情况，将公文文种调整为九种，即令、谕、批、示、公布、咨、呈、照会、状。实际上，即使将文种数量扩大到九种，也是民国时期政府所颁布的法定行政公文类型较少的一次。不过，这一改革并不彻底，虽然废除了"制""诏""题""奏"等公文文种，"谕"这一清代的重要公文文种却被保留了下来，"凡上级公署职员命下级公署职员或职员命人民者曰令，凡命令而又含有劝导之意者曰谕"。从内务部的解释可以看出，其并不认为沿用"谕"这类清廷皇帝专用文书有什么不妥。事实上，民国以后，"谕"逐渐成为长官告知下属时常用的一种

---

① 《江宁巡警总厅质询内务部行用公文程式往复函件》，《临时政府公报》第37号，1912年3月13日，第12页。

文种。① 正是这一承袭"亡清陋习"的规定，引发了教育总长蔡元培与胡玉缙之间的一段小故事，并引起了广泛的社会关注。②

此外，该程式强调与民主共和精神的契合，规定"凡公文皆须盖印签名并署年月日，但人民行用于公署职员之呈文得免其盖印"，即要求公文不分上行、下行均须署名盖印。这一规定，某些习惯于清朝文书制度的人是难以理解的。例如，当时蜀军政府镇抚使夏之时就曾经发艳电至临时大总统府，认为，"署名而未分别上下级之界限……上级公署对于下级公署之公文亦须署名，不识用意所在。若谓民国无等级上下之分，上下相对若一，何以公文程式又明列上级下级等字样？又何以上级对下级之公文用谕用令，下级对上级及平行之公文用呈用咨？显有上下等级不同之别。又公文程式皆系署名，又不知谕令普通人民之公文，仍须署名否？"③ 对此，临时大总统孙中山解释道：

---

① 根据徐望之的考证，"谕"作为告知性公文，最早见于"春秋之世"。根据清制，"特降者为谕，因请而降者为旨"，从而成为一种正式公文。"凡晓谕中外及京官自侍郎以上，外官自知府、总兵以上之黜陟调补，皆以谕行之，谓之上谕。而传递上谕之由内阁者，谓之明发，又曰明降或明寄；由军机处者，谓之廷寄；由藩桌者，谓之传谕。上谕无一定程式。"直到南京国民政府时期，谕还一直沿用，"长官告其属吏曰谕，现今机关中犹沿用之"。参见徐望之《公牍通论》，第 33～34 页。

② 袁世凯在北京就任临时大总统后，开始沿用南京临时政府时期的公文程式，因此"谕"作为正式文种直到 1912 年 11 月才正式被废除。时任北京政府教育总长的蔡元培先生在报上读到胡玉缙（曾任清朝学部员外郎）的《孔学商榷》一文，对他颇为欣赏，于是让下属写信邀请其来教育部任职。不久，蔡元培就收到胡的来函："昨晚接大部来函，内开：'奉总长谕：派胡玉缙、王丕谟接收典礼院事务，此谕。承政厅谨传，等因。'展阅之下，无任惶悚……惟'谕'字似承亡清陋习，现虽一切程式尚未规定，而专制性质之字样，必屏而弗用，民国前途，方有冀幸。"蔡元培收到来信后，复信致歉，承认"无论专制共和，一涉官吏，便不能免俗，曰谕，曰派，皆弟所蹙然不安者"，还让教育部承政厅官员专门做出解释。承政厅回函指出："……政府成立伊始，公文程式，法制局尚未规定，本部未便别创一格，故此'谕'此'令'诸旧调，不得已而沿用。"并希望胡玉缙不要因此而"裹足"，以致"殊违总长延揽之初心"。由此可见，在民主共和时代，平等观念逐渐深入人心，成为影响公文制度的重要因素。胡函及蔡的复函均曾刊载于《民立报》1912 年 6 月 9 日第 7 版"政海潮音录"。具体参见《承政厅为暂沿用公文旧制不为专制致教育总长呈》，中国第二历史档案馆馆藏北洋政府档案（教育部），全宗号：一一，案卷号：89；高平叔、王世儒编《蔡元培书信集》（上），浙江教育出版社，2000，第 155～157 页。

③ 《蜀军政府镇抚使夏之时呈请核示公文程式电文》，《临时政府公报》第 44 号，1912 年 3 月 21 日，第 12 页。

公文程式必须盖印书名者，所以示负担责任，分晰权限之至意。行政阶级既有上下之分，即有命令服从之别，此公文格式所以有咨、呈、令等之区分。然负责任、分权限之精意，初不因行政之阶级而生歧义之点，亦不致以对于下级官署公文署名遂损上官之尊严也。①

由此看来，孙中山认为行政阶级有上下之分，但并没有高低尊卑之别，署名盖印的本意，在于明确各级官署的权责，使公文所办之行政事务能够有序地开展起来，在下行公文中"署名"不会损害长官的尊严。由此，所有公文"署名""盖印"的规定被确定下来，并一直得到较好的贯彻执行。1912 年 1 月 30 日出版的《临时政府公报》在"令示"栏中刊登了《卫戍总督及各军警告示》一文，该文尾就署了 30 位军政长官的姓氏，如"卫戍总督徐、浙军第一师团长朱、第三师团长陈、苏军第一旅团长朱"等。② 2 月 27 日，内务部又公布"公文用折及封套式样"，进一步将署名盖印在公文用折及封套中的用法固定下来，从而使署名盖印进一步规范化。不过，这里强调了上行文与下行文的区别，例如规定"字式凡在咨、谕、照会、令等文，其折面之咨、谕等字及折内职名人名各字，均比叙事字约大一倍，在呈文则一律平等"，"凡呈文填某官姓不写名"。③ 这实际是专制时代上尊下卑观念在公文程式中的体现，"此在专制之世，皆所以表示尊威"。④ 这反映了当时传统尊卑观念根深蒂固，一时难以根除，公文作为反映当时社会政治文化背景的一种符号，自然也保留了这一时期的特殊时代痕迹。

三　扫流毒：革除不符共和体制的清官厅称呼

废除"大人""老爷"称呼是南京临时政府上层集团积极改造社会旧俗的直接结果。辛亥革命推翻了专制的清政府，建立中华民国，旨在"尽扫

① 《大总统复蜀镇抚使解释公文程式署名电文》，《临时政府公报》第 44 号，1912 年 3 月 21 日，第 3～4 页。
② 《卫戍总督及各军警告示》，《临时政府公报》第 2 号，1912 年 1 月 30 日，第 6～9 页。
③ 《内务部拟定公文用折及封套式样咨各部暨各都督文》，《临时政府公报》第 23 号，1912 年 2 月 27 日，第 5～11 页。
④ 徐望之：《公牍通论》，第 273 页。

专制之流毒，确定共和，以达革命宗旨，完成国民之志愿"。① 孙中山一向自认为官吏应该是人民的"公仆"，"为众服务"，② 然而封建时代"凡下僚之对于上官，小民之对于绅士，穷汉之对于富翁，向有大人、老爷之称呼"，③ 他对此深恶痛绝，视其为"共和政体之玷"。④ 1912 年 2 月 23 日，蔡元培、宋教仁、唐绍仪等人在北上迎袁途中发起"社会改良会"，在宣言中提出"尚公德，尊人权，贵贱平等"，并在《社会改良会章程》中提出改良条件三十六条，其中第十七条为"废大人、老爷之称，以先生代之"。⑤

1912 年 2 月底，孙中山致内务部令规定："官厅为治事之机关，职员乃人民之公仆，本非特殊之阶级，何取非分之名称。查前清官厅，视官等之高下，有大人、老爷等名称，受之者增惭，施之者失体，义无取焉。光复以后，闻中央地方各官厅，漫不加察，仍沿旧称，殊为共和政治之玷。嗣后各官厅人员相称，咸以官职，民间普通称呼则曰先生、曰君，不得再沿前清官厅恶称。"⑥ 这一规定不仅使政府行政公文的称谓语发生重大变化，也促进了当时民间社会交往礼仪的巨大变化。时人评论道："两年以来，时髦者之公牍私函，以及请酒帖、报丧条固皆书写先生，迎合一时之风尚。"可见，这一规定在受革命思潮影响较大的地区收到了一定效果，不过，"闾阎之间、乡僻之地，诸凡雇工人等，仍何尝废大人老爷之名词？"⑦ 那些未受革命思潮洗礼的偏远乡村一时尚无法跟上这一"风尚"。

就公文本身而言，南京临时政府所发布的公文普遍简短明了，没有冗余词汇与各种形式主义的套语，孙中山以"临时大总统"名义所发布的各种

① 《临时大总统就职宣言》（1912 年 1 月 1 日），中国第二历史档案馆编《中华民国史档案资料汇编》第 2 辑，江苏人民出版社，1981，第 1 页。
② 《临时大总统誓词》，《中华民国史档案资料汇编》第 2 辑，第 1 页。
③ 颜公：《内务部通饬各省取消先生开复大人老爷称呼札文》，《文艺杂志》第 1 期，1914 年，第 116 页。
④ 《中国大事记》，《东方杂志》第 8 卷第 10 号，1912 年，第 16 页。
⑤ 《社会改良宣言》《社会改良章程》，陈旭麓主编《宋教仁集》下册，第 377～379 页。
⑥ 《内务部咨各部省革除前清官厅称呼文》，《临时政府公报》第 27 号，1912 年 3 月 2 日，第 2 页。
⑦ 颜公：《内务部通饬各省取消先生开复大人老爷称呼札文》，《文艺杂志》第 1 期，1914 年，第 116～118 页。

公文就颇具代表性（具体参见图 1 - 1）。曾任总统府秘书处总务组秘书的任鸿隽回忆说："我们此时也很注意公文程式的改革，就是说话力求简单明了，把'大人老爷''等因奉此'等滥调一律取消，这可以拿临时政府时代的官报来证明的。"[①] 翻阅南京临时政府时期出版的《临时政府公报》（1912年 1 月 29 日至 1912 年 4 月 5 日），每期公报基本不超过 30 页，主要栏目包括法制、令示、电报、纪事、抄译外报、杂报等，电报类公文居多，大多比较简短。中国第二历史档案馆《南京临时政府遗存珍档》编委会整理新发现的南京临时政府档案时指出，这一时期的政府公文具有"崭新的公文体及革命性的变化"。[②]

当然，南京临时政府的公文依旧保留了一些封建遗迹，例如《临时政府公报》公布的电报类公文，有不少电文的结尾都用了"叩"这一具有典型尊卑观念的词，以 2 月 4 日出版的《临时政府公报》第 7 号为例，其中就有"炯明叩""宿迁绅商士民陈光甲……叩""山东绅商军学各界同人公叩""蜀军都督张培爵、夏之时叩"，[③] 甚至 3 月 7 日孙中山因副总统黎元洪与湖北军务部部长孙武冲突一事致电黎元洪时，在电文结尾也用了"孙文叩"。[④] 而据任鸿隽回忆，"武昌方面黎元洪发表的通电，大半是用长篇骈体文字，南京方面的文牍则用简明的古文，形成鲜明的对照"。[⑤] 与临时政府内务部公文程式差不多同时出台的《陆军部公文式暂行条例》规定，对大总统、副总统用"申"，对中央各部、各省都督及战时总司令官、参谋官用"移"。[⑥] 申、移均为典型的具有封建色彩的公文文种。由此可见，公文形式中传统思想观念的遗毒并不是一时就能扫除干净的。

总之，南京临时政府将政府颁布的公文程式作为规范公务文书成文和行

---

① 任鸿隽：《前尘琐记》，转引自张朋园、杨翠华、沈松侨访问，潘光哲纪录《任以都先生访问纪录》，台北，中研院近代史研究所，1993，第 158～159 页。

② 中国第二历史档案馆编《南京临时政府遗存珍档》壹，凤凰出版社，2011，"出版说明"。

③ 《临时政府公报》第 7 号，1912 年 2 月 4 日，第 11～16 页。

④ 《临时政府公报》第 33 号，1912 年 3 月 9 日，第 13 页。

⑤ 任鸿隽：《记南京临时政府及其他》，中国人民政治协商会议全国委员会文史资料研究委员会编《辛亥革命会议录》第 1 集，文史资料出版社，1981，第 410～418 页。

⑥ 《陆军部公文式暂行条例》，《申报》1912 年 1 月 22 日，第 3 版。

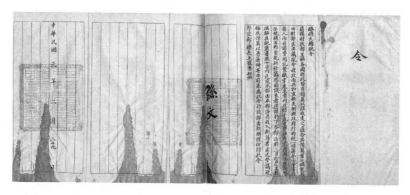

图 1－1　南京临时政府时期孙中山签署的令、批

资料来源：中国第二历史档案馆编《南京临时政府遗存珍档》壹，凤凰出版社，2011，第 27、46～47 页。

文的基本规则，革除了封建时期公文旧制，对公文文种和用法、行文关系、公文用语、用印、用纸、署名、年月标识、发布实施等做出了相关规定，形成了一套适应当时政体变革和政务运转的文书制度，具有极大的开创意义。《申报》对此评论道："自民国成立，旧清官场积习已一扫而空，因之公牍体例亦与从前大异。"[①] 罗球的评价颇高，"政体变更，公文亦为绝大之改革，一洗专制束缚之积弊"。[②] 由于时代条件的限制，这一公文程式并未能得到很好的贯彻实施。虽然南京临时政府成立不久就颁布了《总统府秘书

---

① 《临时政府公文程式》，《申报》1912 年 1 月 22 日，第 3 版。

② 罗球：《处理公文之商榷》，《广东政治》第 1 卷第 3 期，1941 年，第 51 页。

处暂行章程》《印铸处办事规则》，① 中央各部也出台了相关的公文收发、归
档及处理规则，② 初步建立了有序的文书收发、处理及印制规章。不过，南
京临时政府名义上是全国性的中央政府，但实际控制的区域有限，中央政府
的权力并不能行于许多被立宪派和旧官僚控制的省份，即使在革命派掌权的
地方也多半各自为政，不完全服从中央的号令，"政府号令，不出百里"，③
一些地方实力派虽然表面上拥护"革除历代官厅'大人'、'老爷'的称
呼"等体现资产阶级民主制度的法令制度，在脸上抹上一层"民主"色
彩，却用"等因奉此"的公文予以公布，④ 公文程式并未在地方行政体系
中得到有效的贯彻执行。因此这套公文体系尚未经受政务体制的充分磨
合，它在各级行政机关的行文流转过程中所存在的问题一时没有凸显
出来。

第三节　继承与发展：北京政府公文制度的精细化

1912 年 4 月 1 日，孙中山正式解除临时大总统职务，中华民国临时政
府由南京迁至北京，袁世凯继任临时大总统职务，北京政府时期正式开始。
北京政府时期由于政权更迭频繁，公文程式也因此多次发生变化。目前学术

---

① 黄彦、李伯新选编《孙中山藏档选编（辛亥革命前后）》，中华书局，1986，第 60~64 页。
② 晚清时期公文行政存在的层层转饬、推诿责任之风，在南京临时政府时期依旧存在。"各
部局于应行直接自办之件，每每呈请转饬前来，既滋旷日之嫌，复乖负责之义"，因此孙
中山 1912 年 3 月 7 日发文指出，"公文以敏迅为归，事权以分任为主"，要求除"应行具呈
本府外，其各该部局等互相咨商之件，应直接办理"（参见《大总会九部三局凡互相咨
商及可以直接办理之件毋庸呈请转饬文》，《临时政府公报》第 34 号，1912 年 3 月 10 日，
第 9 页）。根据这一精神，南京临时政府各部根据自身的内部机构设置及其所分掌的行政职
权，具体规定了文件的收发、流转和处理程序，以及具体的办文期限。例如，财政部公布
的《财政部办事通则》第二节"文牍"对公文的收发、办稿、归档等文书处理流程进行了
详细规定，并要求"除紧要公文即时赶办，或重大问题尚待研究外，其余各种事件应限定
日期，当日挂号，次日呈阅发科，第三日办稿，第四日送稿判行，第五日清稿发送，自收
文至发送，不得逾五日"（参见《财政部办事通则》，《临时政府公报》第 36 号，1912 年 3
月 12 日，第 8~14 页）。
③ 《太炎先生自定年谱》，《近代史资料》1957 年第 1 期，第 125 页。
④ 莫杰：《论陆荣廷军阀政权》，西南军阀史研究会《西南军阀史研究丛刊》第 1 辑，四川人
民出版社，1982，第 261~262 页。

界的研究侧重于分析这一时期中央政府颁行的公文程式及其变化，^① 而对中央各部及地方政府在推动公文程式的具体化、操作化方面的努力则未予太多的关注。^② 事实上，北京政府时期，尽管有袁世凯"称帝"而造成公文形式极度混乱的状况，但 1912 年及 1916 年 7 月以后公文制度的内核大体上还是保持着"民主共和"的精神，北京政府不仅在国家层面创建了涵盖行政机关、司法系统及军队系统的行文程式，而且中央各部也积极制定本机关的行文规则及处理程序，是对南京临时政府公文制度的继承与发展。公文制度的这种内在连续性发展是值得认真思考的。

一　复辟与回归："共和体制"公文程式的曲折延续

一般认为，从 1912 年 4 月 1 日南京临时政府参议院搬迁至 1913 年 10 月袁世凯就任正式大总统为止，是北京临时政府时期。事实上，在 1912 年 2 月 12 日宣统下诏"退位"后，袁世凯就自命"以全权组织临时共和政府"，并以"全权组织临时共和政府袁"的名义发布命令，^③ 开始北京临时政府的运作。2 月 13 日（辛亥年十二月二十六日）袁世凯将清廷《内阁官报》改名为《临时公报》，作为北京临时政府的机关刊物，此时南京临时政府的《临时政府公报》（4 月 5 日停刊）尚在正常发行，而《临时公报》直到 4 月 30 日发行最后一期后才停刊，5 月 1 日北京临时政府的正式机关报《政府公报》正式创刊。因此 1912 年 2 月 13 日至 4 月 5 日，中国出现了同时存在两份"中央政府"性质公报的奇怪现象，反映出当时

---

① 有代表性的论文包括：李祚明的《袁世凯时期北洋政府文书工作制度》（《历史档案》1983 年第 2 期）、《1916 年后北洋政府的文书制度》（《历史档案》1983 年第 4 期），于桐的《北洋政府的文书和文书工作制度》（《档案学通讯》1984 年第 6 期）。近年来，有关北洋时期公文制度的细化研究成果开始出现，如侯吉永对北洋时期公文署名盖印之争的本质进行了评价（参见侯吉永《北洋政府时期公文的署名盖印之争》，《山西档案》2010 年第 5 期）；邓燕则通过北洋时期电报的公文被广泛运用于政治社会生活的现象，探讨了军人政客及民众热衷于拍发电报的原因及影响（参见邓燕《电报与北洋时期的政治表达——以国是问题为中心》，硕士学位论文，华中师范大学，2013）。

② 目前所见论文，仅有李章程《民初（1912~1913 年）公文程式推行遇阻探析》（《档案管理》2015 年第 5 期）一文对当时中央各部及地方未能采用新公文程式而"沿用旧制"的状况及原因进行了分析。

③ 《全权组织临时共和政府袁布告内外大小文官官衙》（十二月二十六日），《全权组织临时共和政府袁布告军警》（十二月二十六日），《临时公报》辛亥年十二月二十七日，第 1 页。

政局的混乱。对于袁世凯的这一公然挑战南京临时政府的无理行为，章开
沅、林增平认为，袁世凯的"用心十分明显，那就是坚持他的政权'系
由清室递嬗而来'，资产阶级革命派和南京临时政府没有资格说东道西"，
从而"将南京临时政府完全撇在一边，为以后放手破坏共和制留下'依
据'"。① 可惜当时的社会大众未能意识到这一点，《申报》将其看作由帝
国向民国过渡的举措之一，并认为《内阁官报》改名为《临时公报》后
"颇觉气象一新"。② 这在一定程度上为此后公文程式走向封建"复辟"埋
下了伏笔。

事实上，北京政府的《临时公报》和《政府公报》所刊登的公文，与
南京的《临时政府公报》的公文有不小的差异。比如，袁世凯就任临时大
总统之前，《临时公报》遇到"全权组织临时共和政府袁"字样时需要空
格，而袁世凯就任临时大总统后，《临时公报》和《政府公报》遇有"临时
大总统""大总统"字样需要空格。在古代这一公文格式被称作"空抬"。③
而南京的《临时政府公报》上并无"空抬"的做法，这一书写形式显然是
专制时代等级尊卑思想在作怪。在纪年方式方面，《临时公报》的格式与
《临时政府公报》也有差异。从2月13日开始，虽去掉了年号纪年的用法，
却未采用公历纪年，仅书辛亥十二月某日，直到2月20日才使用民国纪年，
且与中国旧历同时使用，格式为"大中华民国元年二月二十日即壬子年正
月初三日"，这一格式基本保持不变，只不过后来的格式是将旧历纪年的字
体缩小，以突出民国公历纪年。此外，北京政府的公文也开始日趋烦琐，
"等因奉此""等因准此"等在南京《临时政府公报》上基本消失的公文套
语却在《政府公报》上逐渐增多。

对此，学者曾指出，由于北京临时政府援用清朝律法，在公文制度方面
也沿袭了帝制时代的某些做法。④ 此外，北京临时政府大量任用清朝官吏，

① 章开沅、林增平主编《辛亥革命史》下册，人民出版社，1981，第400页。
② 《宣布共和后之北京》，《申报》1912年2月22日，第2版。
③ 空抬又称阙字，是指在行文中遇有尊称名讳，要同一行空格后书写。参见冯惠玲《我国封建社会文书抬头制度》，《历史档案》1985年第1期。
④ 章开沅、严昌洪主编《辛亥革命与中国政治发展》，华中师范大学出版社，2005，第340页。

也是造成公文制度出现倒退的重要原因之一。南京临时政府解散后，临时总统府秘书处不少人由于各种原因没有继续从政，部分人选择科学实业救国的道路，进入欧美高校留学深造，谭熙鸿进入法国，任鸿隽、杨杏佛留学美国，他们后来成为著名的科学家。这些颇具才华的年轻人的去职，在一定程度上强化了北京临时政府守旧派的势力。此时，从美国留学归来的顾维钧进入北京临时政府任职，担任袁世凯的英文秘书，他对此深有感触：

> 我发现首都的空气与前清没有多大区别，甚至政府中的官员也大都没有变动。总统府的秘书处及总统身边的人……在我看来都属于旧派人物……。在这里我有一种格格不入的感觉，对他们我是陌生人，我自己也觉得处于一个生疏的环境中。譬如，公文呈式，来往函电都是——也不得不是——老一套，唯一的变化是称呼和日期，那时已改用新历。①

不难看出，北京临时政府时期的公文运作具有浓厚的封建色彩。不过，受社会大环境的影响，《临时公报》与《政府公报》在公文形式方面也出现了一些值得注意的新变化，比如《政府公报》上刊登的公文已经完全采用"中华民国某年某月某日"的格式。而在《临时公报》上发布的"临时大总统令"已有副署。例如，1912年4月26日，袁世凯以"临时大总统令"任命赵倜为河南河北镇总兵时，除了袁世凯签名盖印外，国务总理唐绍仪、陆军总长段祺瑞也在该"临时大总统令"上副署。② 这一变化，应当与1912年3月颁布实施的《中华民国临时约法》有关，该法第五章第四十五条明确规定"国务员于临时大总统提出法律案、公布法律及发布命令时，须副署之"。③

---

① 《顾维钧回忆录》第1册，中国社会科学院近代史研究所译，中华书局，2013，第87页。
② 《任命赵倜着河南河北镇总兵此令》（大中华民国元年四月二十六日），《临时公报》大中华民国元年四月二十七日。
③ 具体参见《大总统宣布参议院议决〈临时约法〉公布》，《临时政府公报》第35号，1912年3月11日，第1~9页。

1912 年 11 月 6 日，袁世凯以教令第一号发布《公文书程式令》。① 这是北京政府颁布的第一个公文程式方面的法令。该法令共计二十条，并附有公文程式样式表，内容涉及公文文种、署名盖印、记时、公布等，相当详尽。文种方面，将"谕"从正式文种中剔除，将命令体文种细化为七种，即大总统令、院令、部令、委任令、训令、指令、处分令，再加上布告、任命状、咨、公函、呈、批，总共规定了十三类法定公文种类，并较为详尽地规定了大总统在不同事务以及大总统、国务院及参议院相互行文时的文种和规则。该公文程式最大的特点是公文署名中启用副署制度。例如，大总统以"大总统令"公布法律、教令、国际条约、预算，都须记明经参议院决议或同意，国务总理、国务员或主管国务员根据不同情况副署。此外，大总统公布布告，或签署特任官、简任官、荐任官的任命状，国务总理或主管国务员也须副署。这份公文书程式令就由国务总理赵秉钧及梁如浩、周学熙、段祺瑞、刘冠雄、许世英、范源廉、陈振先、刘揆一、朱启钤共计十位国务员共同副署。这就将《中华民国临时约法》第五章第四十五条的规定进一步细化了。

不难看出，尽管孙中山辞去了临时大总统职务，但临时约法的精神及南京临时政府的公文改革思路并未消逝，这份公文书程式令在很大程度上是对南京临时政府公文制度的继承与具体化。值得注意的是，该公文书程式令对临时大总统的行文及其生效方式做出了"副署"的严格规定，总统的行政行为必须由内阁总理或内阁阁员副署才能产生法律效力；而院令、部令的颁布仅须国务总理、各部总长"记入年月日署名盖印"即可生效颁布，这也是北京政府在形式上由总统制转向责任内阁制这一重大政体变化在公文程式方面的表现。从法理上看，在《中华民国临时约法》的制约下，此时袁世凯在公布法律、签署条约、任免官员、制定预算时仍受到限制，说明他尚未做好废除"临时约法"的准备，因此未对公文程式进行方向性的改变。

实际上，这些公文规范对袁世凯及北京政府的行文起到了一定的规范与

① 《兹制定公文书程式令公布之此令》，《政府公报》第 190 号，1912 年 11 月 7 日，第 1～25 页。

制约作用，但并不具备实质的约束力。在这部公文程式颁布之前，因唐绍仪拒绝在王志祥（原举为"直督"）改任的委任状上副署，袁世凯直接将没有副署的任命状交给王志祥，导致唐绍仪愤而辞职。[①] 就任大总统后，袁世凯开始从公文形式上强调大总统的政治权力与地位。1913 年 10 月，外交部要求本部各厅司"以后凡递大总统呈文，概用大白折，每页十二行，每行二十字。遇有大总统字样，概用平抬。其命令、允准、鉴核、批示等字样，虽指大总统而言，概不平抬。至本部与京外各衙门往来文书有叙述大总统字样者，均一律平抬"。[②] "大白折"，"每页十二行，每行二十字"，几乎是清朝奏折的翻版，[③] 而"平抬"[④] 比 1912 年初《临时公报》与《政府公报》时期实行的"空抬"格式更强调对大总统的尊敬。不过，查阅 1913 年 10 月以后的《政府公报》，各级官署递交袁世凯的呈文，依旧采用"空抬"方式，外交部所定"平抬"格式并未推广。同年 12 月，陆军总长段祺瑞拟定《各省军事长官公文程式章程》，既使用"令""呈"等新式文种，又规定对官阶较高的地方军事长官可以使用"移""移呈"等清代的公文文种。[⑤] 1913 年底公文程式方面的这些变化，无疑向外界传递出袁世凯妄图复辟的信号。

1914 年上半年开始，袁世凯操纵约法会议，先是否定《中华民国临时约法》，代之以《中华民国约法》，[⑥] 并对国家机构进行了大改组，北京政府进入所谓新约法时期，从责任内阁制转为集权的总统制，内阁制下的公文程

---

① 《致唐绍仪电》（1912 年 6 月 3 日），陈旭麓、郝盛潮主编《孙中山集外集》，上海人民出版社，1990，第 448 页。

② 《外交部规定呈递总统文件的款式》（1913 年 10 月 14 日），《民国时期文书工作和档案工作资料选编》，第 56 页。

③ 根据单士魁的研究，清代奏折一般是"左右两面折叠，谓之一开，或一扣。每开十二行，每行二十字"（具体参见单士魁《清代档案丛谈》，紫禁城出版社，1987，第 58 页）。而外交部的规定，仅仅是将"开"变为"页"。由此可知，此时外交部的规定，实际是变相地要求本部各司厅以"奏折"的程式向袁世凯呈递公文。

④ "平抬"是指行文时遇到特定词语时需要另起一行书写，以示尊重。参见冯惠玲《我国封建社会文书抬头制度》，《历史档案》1985 年第 1 期。

⑤ 《陆军总长段祺瑞呈大总统拟定护军使暂行条例暨各省军事长官公文程序章程缮具清折请鉴核文并批（附条例暨章程）》，《政府公报》第 587 号，1913 年 12 月 21 日，第 15～17 页。

⑥ 《大总统布告第一号》，《政府公报》第 712 号，1914 年 5 月 1 日，第 14～20 页。

式自然难以满足袁世凯的需求，"官制既变，公文程式自亦应改"。① 在此背景下，为了适应"新约法"下政务运转的需求，1914 年 5 月 26 日，袁世凯以"大总统令"一连颁布《大总统公文程式令》（教令第七十三号）②、《大总统府政事堂公文程式令》（教令第七十四号）③ 和《大总统公布官署公文程式令》（教令第七十五号）④，这是北京政府第二次正式颁布全国性的公文程式。《大总统公文程式令》规定，大总统发布公文时用大总统令，并细分为策令（任命文武职官，颁给爵位、勋章等）、申令（公布法律、教令、条约、预算，对于各官署及文武职官之指挥、训示）、告令（对人民之宣示）、批令（裁答各官署之陈请），而大总统与立法院往复公文则用"咨"。该公文程式令取消了大总统发布命令须经参议院议决或同意的条款，只在第七条规定"策令、申令、布告、批令盖用大总统印，由国务卿副署"，此时的国务卿听命于总统，"副署"已不具此前的监督功能。《大总统府政事堂公文程式令》规定，国务卿面奉大总统谕"与各部院行文时以封寄或交片行之"，"与各地方最高级官署行文时以封寄行之"，各部院及各地方最高级官署与政事堂行文则用"咨呈""咨"或公函。《大总统公布官署公文程式令》则对官署或职官对大总统行文、上下级官署或职官间行文、人民与官署间行文的文种进行了规定。比如，"官署或职官对于大总统之陈请报告以呈行之"，而"事关机密者以密呈行之"；官署对人民的宣示用"示"；人民对官署的陈请用"禀"；官署对于人民陈请的准驳用"批"。特别值得注意的是，在《大总统公布官署公文程式令》附表列举的官署或职官上大总统的"呈"和"密呈"、人民对官署陈请的"禀"，恢复了明清帝制时期的"双抬"和"单抬"形式。"双抬""单抬"是封建社会文书抬头制度的一种，在明清时期逐步固定化，凡遇圣旨、敕书、君命等与皇帝有关的言行、事务均要另起一行，高出平行两格书写，即为"双抬"；下行文中的禀文，

---

① 无名：《杂评一：程式》，《申报》1914 年 5 月 10 日，第 3 版。

② 《大总统令：兹制定大总统公文程式令公布之此令》，《政府公报》第 738 号，1914 年 5 月 27 日，第 1~4 页。

③ 《大总统令：兹制定大总统府政事堂公文程式令公布之此令》，《政府公报》第 738 号，1914 年 5 月 27 日，第 5~15 页。

④ 《大总统令：兹制定官署公文程式令公布之此令》，《政府公报》第 738 号，1914 年 5 月 27 日，第 16~31 页。

遇到表示长官行为之语或官府的名称时，需要另起一行，高出平行一格书写，即是"单抬"。这实际上是统治阶层利用文书礼仪昭示上下尊卑之别、强化封建等级关系的一种手段，以保证皇帝和皇权的绝对权威。[①] 不难看出，上述公文程式与1912年颁布的公文程式最大的不同在于：一是废除了大总统颁布法律、国际条约、预算须经参议院议决或同意的规定；二是大量沿用封建王朝的公文名称及格式，并形成了从大总统到政事堂再到一般官署的层级分明的公文体系，实行总统皇帝化、命令上谕化，表现出极强的封建等级观念。[②] 单抬、双抬等帝制时期公文制度的出台，向外界传递出了强烈的"复旧"信号。"政府力图恢复旧观"的态度，使得"一般守旧者"借机将"形式上无关紧要之事亦以复旧"，恢复"老爷""大爷"的称呼在"财政部、蒙藏院相率效尤"，"所有公文、公函，亦均定用大人之字样"。[③] 对此，时人在《申报》发表评论认为："今人每误认政府之举动为复古，其实复旧而已，非复古也。如谓复古，岂能真行尧舜之事，存孔孟之心哉？"[④] 这一评论，可谓一针见血。

事实上，在这次公文程式修订公布之前，得知这一消息的灵通人士不由感叹："闻大总统之命令、教令亦将改变者，此又难解也。大总统犹大总统，岂亦以内阁制与总统制之不同而不能沿用欤？"[⑤] 在讨论《大总统公布官署公文程式令》时，有人认为"'呈'之一字，系下对上之名词，现在铲除阶级，此等名词，尚须讨论。拟不用'呈'字，另易他字"。[⑥] 公文程式公布后，《申报》发表时评指出，"区区文字，无扰乱秩序之患也，无侵犯他人自由之害也"，但"此次公文程式之发布，非总统不能用令，非上总统不能用呈，是等级之分也"，"分等级不得为平等；有不得用者又有不得不用者，欲用而不得用，欲不用而不得不用，是强迫也，被强迫

---

① 关于双抬制度的具体内容，请参见冯惠玲《我国封建社会文书抬头制度》，《历史档案》1985年第1期；倪道善编著《明清档案概论》，第158~161页。

② 李祚明：《袁世凯时期北洋政府文书工作制度》，《历史档案》1983年第2期，第134页。

③ 《名称复旧之新传说》，《申报》1914年6月9日，第6版。

④ 无名：《杂评一：复旧与复古》，《申报》1914年6月6日，第3版。

⑤ 无名：《杂评一：程式》，《申报》1914年5月10日，第3版。

⑥ 《名词上之讨论》，《申报》1914年5月15日，第2~3版。

不得为自由"。① 也有人指出，以往"无论何人对于大总统有条陈等项，均用平抬"，但"单抬""双抬"与"体制攸关，应有区别"，因此发布命令"驳斥平等邪说"，这是大总统"改订公文程式之张本"。② 面对舆论的压力，北京政府也不得不发电澄清，表示"遇称大总统均用双抬此等复旧，决非袁意"。③ 甚至当时《申报》曾报道"政府刻有拟将总统命令改为总统敕令之说"，④ "国务卿对外公文颇欲用札以崇体制"的提法，⑤ 虽然这一传闻最终没有变成现实，但这次公文程式的变化在很大程度上反映了袁世凯企图恢复帝制的动机。曾任海陆军大元帅府办事处总务厅厅长的唐在礼从阮中枢任内史监一职，对袁世凯的动机做过细致的分析：

> 袁世凯在天津任直隶总督北洋大臣时，所有奏折和重要公事几乎完全出于阮的手笔……到民国成立以后，公文程式为之一变，新辞、时议皆非阮之所长，他就在不知不觉中很快地坐了冷板凳，几乎什么事袁都不请他参加。直到把总统府秘书厅改为内史厅，袁才调阮出来任内史监。那时袁筹备做皇帝的苗头已为我们所共知，我们很能看出袁这一着是有所准备的。因为他一旦做了皇帝，就要重新用"奉天承运"、"皇帝诏曰"这一套笔墨，当然这就非阮莫属了。⑥

1915 年底，袁世凯恢复帝制进入实施阶段，公文程式十分混乱，"文武长官所上封事有改用奏折体裁者，有仍用呈文现制者，甚不一致"。⑦ 比如，在 1915 年 12 月 1 日的《政府公报》上，既有"兼代国务卿呈据铨叙局详

① 冷：《时评：文字》，《申报》1914 年 5 月 29 日，第 2 版。
② 《都门谭屑：恢复单双抬制之由来》，《申报》1914 年 6 月 8 日，第 6 版。
③ 《专电》，《时报》1914 年 6 月 3 日，第 3 版。
④ 《名词上之讨论》，《申报》1914 年 5 月 15 日，第 3 版。
⑤ 《国务卿专用公函》，《申报》1914 年 5 月 30 日，第 3 版。
⑥ 唐在礼：《辛亥以后的袁世凯》，中国人民政治协商会议全国委员会文史资料研究委员会编《文史资料选辑》第 53 辑，文史资料出版社，1964，第 213 ~ 214 页。
⑦ 《京讯中之国体与外交》，《申报》1915 年 12 月 13 日，第 6 版。

称委任文职升途拟明定限制办法并饬局从速厘定特保及考绩各条例以资遵守文"等现制呈文，又有"河南巡按使田文烈奏豫省援案筹设吏治研究所拟具简章请鉴核折"等"奏折"类旧制公文。由于此时袁世凯还未正式"登基"，因此只能盖大总统印，于是就出现了向封建制的皇帝上陈的奏折由共和制的大总统批复盖印的怪现象。① 袁世凯在接受帝制但未正式当皇帝之前，既不便"径用尊号"，"又不欲沿用大总统字样"，于是暂时决定"含浑其辞，不称皇帝，亦不称总统"。例如，公文中遇有"奉大总统令或谕"，就简称为"奉令、奉谕"，又如"谨乞大总统钧鉴"就简称为"谨乞钧鉴"。② 12 月 16 日，袁世凯颁发《修正大总统府政事堂组织令》，规定"大总统发布之命令，由政事堂奉行，政事堂钤印，国务卿副署"，正式停用了大总统令。③ 12 月 31 日，政事堂发布申令，自 1916 年 1 月 1 日起，改纪年为"洪宪元年"。为复辟帝制而由袁世凯授权于 1915 年 12 月 19 日成立的大典筹备处，在 1916 年元旦发布通告，要求"所有奏、咨暨一切公牍，只署洪宪元年某月某日"。④ 帝制及其对应的公文程式全面取代共和政体下的公文体例。此后，除云南省外，袁世凯势力范围内的全国各地各级官署间行文均采用洪宪年号。不过，由于各国驻京使馆及各地领事署拒绝接受以"洪宪元年"纪日的文件，袁世凯不得已通过大典筹备处于 1 月 3 日发出通告，"对外国仍称民国名义，对内则用洪宪元年"，暂不加"帝国"字样。⑤ 此外，国内商民、报纸等对采用"洪宪元年"的做法也并不热心。⑥

1916 年 3 月，袁世凯被迫取消帝制，政事堂通电"废止洪宪年号"，要求"所有各官署一切公文等式，着仍遵照民国三年五月二十六日公布教令办理"。⑦ 这一通电实际就废除了"奏折"等帝制公文文种，恢复到总统制

① 李祚明：《袁世凯时期北洋政府文书工作制度》，《历史档案》1983 年第 2 期。
② 《京讯中之国体与外交》，《申报》1915 年 12 月 13 日，第 6 版。
③ 《大总统申令：兹修正大总统府政事堂组织令第四条第五条公布之此令》，《政府公报》第 1297 号，1915 年 12 月 17 日，第 9 页。
④ 《大典筹备处通告》，《政府公报》第 2 号，1916 年 1 月 7 日，第 51 页。
⑤ 《对外不用洪宪年号之通告》，《护国军纪事》第 1 期，1916 年，第 4 ~ 5 页。
⑥ 参见罗元铮编著《中华民国实录》，吉林人民出版社，1999，第 306 ~ 307 页。
⑦ 《取销帝制后之通电：废止洪宪年号、恢复公文程式》，《申报》1916 年 3 月 25 日，第 10 版。

体制下的公文程式状态。5 月 4 日，袁世凯下令将政事堂改为国务院，恢复
责任内阁制，不过并没有恢复国务总理职位，仍"由国务卿营领其所属"。①
同日，颁布《修正大总统公文程式令》②、《大总统公布政府公文程式令》③，
取消了"封寄""交片"等旧式公文名称，重设了院令、部令等公文文种，
恢复国务卿与国务员副署制度，制定了地方行政机构与国务院及各部行文的
规范。这为此后公文程式重回民国元年状态奠定了基础。

　　袁世凯死后，黎元洪于 1916 年 6 月 7 日宣誓就任大总统。经过一番
"法统"问题争执后，北京政府决定恢复《中华民国临时约法》，召集国会，
并改组内阁，政治体制回归到民国元年的责任内阁制。为此，7 月初法制局
召开会议讨论法律的修订问题，确定了公文程式的修订要点：一是将三种公
文程式合一，"以明责任而求统一"；二是以责任内阁制为根据修正公文程
式，使其符合"法令之精神"，"以昭郑重"。④ 在讨论各部官制通则修订原
则时，法制局认为，虽然政府公文程式令⑤"附带规定"恢复了部令，但
"论法令之效力，公文程式当以官制为根据，而不宜以官制依据公文程式"，
因此建议在各部官制通则中对各部总长发布部令的权限加以明确规定。⑥ 由
此不难看出，在以法制局等为代表的官方机构看来，公文程式是官制的组成
部分，其本质是国家行政运作体系的基本要素。不过，修改官制的草案发布
以后，在公文程式方面依旧存在一些争议。"两年以来，外省长官与中央各部
文书往还，向用咨及咨陈"，而恢复院令、部令后，中央院部对各省长官突然
改用饬令，各省长官觉得"统属过于分明"，经过讨论，决定依旧使用部令、

---

① 《政事堂奉申令兹修正政府组织令第五条第六条公布之此令》，《政府公报》第 120 号，
　　1916 年 5 月 5 日，第 1~2 页。
② 主要是对 1914 年 5 月颁布的《大总统公文程式》第七、八条进行修正，部分恢复了 1912
　　年 11 月 6 日《公文书程式令》中关于国务卿及国务员的"副署"职能，如第七条规定，
　　"关系国务全体者，由国务卿及全体国务员副署；关系一部或数部者，由国务卿及主管国
　　务员副署；关系国务卿主管者，由国务卿副署"，明显体现了责任内阁制的特点。参见
　　《政事堂奉申令兹修正大总统公文程式令公布之此令》，《政府公报》第 120 号，1916 年 5
　　月 5 日，第 7~8 页。
③ 《政事堂奉申令兹制定政府公文程式令公布之此令》，《政府公报》第 120 号，1916 年 5 月 5
　　日，第 8~12 页。
④ 《应行修订之法案节略（一）》，《申报》1916 年 7 月 9 日，第 2 张第 6 版。
⑤ 这里是指法制局起草的"公文程式"草案。
⑥ 《应行修订之法案节略（二）》，《申报》1916 年 7 月 10 日，第 2 张第 6 版。

院令，但"首尾语气极为圆活"，没有"饬知遵照"等命令性字样。① 公文程式中的文种及其使用规则，关乎中央院部及各省长官的权限，双方自然要"据理力争"以维护自身的地位与权力，因此，法制局"煞费踌躇"，既要保证责任内阁制的有序运转，又要顾及中央院部及各省长官的地位，在既定公文文种无法改变的条件下，公文程式上的"变通"就不难理解了。

经过充分酝酿，黎元洪于 1916 年 7 月 29 日以大总统第二十八号教令发布《公文程式》，② 即北京政府的第三个公文程式。这个公文程式废除了袁世凯时期"策令""申令""饬""封寄""禀"等具有浓厚封建等级色彩的公文文种，确定了"大总统令""国务院令""各部院令""任命状"等 13 种公文文种，基本改回 1912 年 11 月 6 日颁布的《公文书程式令》的状态，③ 体现出政体由总统制向责任内阁制的回归。除此之外，该公文程式还有两点规定需注意：其一，第一条首次对"公文"进行定义，认为"凡处理公事之文件名曰公文"；其二，在 1913 年熊希龄内阁时期制定的《国务院厘定公文书用纸程式条例》（国务院布告第五号）④ 的基础上，该公文程式对公文用纸规格进行了简单规定："凡各官署呈、咨、批、令及公函所用纸张，以营造尺寸纵八寸八分、横三寸七分为度，每半页五行，每行七分四厘，封筒纵九寸四分、横四寸五分为度。"

从北京政府颁布的三次公文程式所确定的公文文种来看，1912 年 11 月颁布的公文程式是对南京临时政府时期公文制度的继承与发展；1914 年 5 月的公文程式是对南京临时政府时期公文制度的全面颠覆与破坏；1916 年 7 月的公文程式则重新回归到 1912 年的状态（参见表 1 - 2）。从继承到背离再到回归，北京政府的公文程式频繁变化，发生于袁世凯称帝前后，也是总统制与责任内阁制度较量最为激烈的时期，政治失序在公文程式上体现得淋漓尽致。此后虽然由于军阀混战而政局动荡，但北京政府的政治体制基本是

---

① 《修改京外官制之要点》，《申报》1916 年 7 月 14 日，第 2 张第 6 版。
② 《大总统申令：兹制定公文式公布之此令》，《政府公报》第 250 号，1916 年 7 月 30 日，第 6~30 页。
③ 与 1912 年 11 月的公文程式相比，该公文程式文种减少了"处分令"，增加"咨呈"。
④ 《国务总理熊希龄呈大总统厘定公文书用纸程式通行遵用并拟订条例请鉴核批准施行文并批》，《政府公报》第 526 号，1913 年 10 月 21 日，第 23~24 页。

形式上的责任内阁制，因此公文体例未再发生太大变化。1917 年的公文程式一直沿用至 1928 年 6 月北京政府覆灭。只是"大总统令"这一文种因最高统治者称谓的变化而略有变更。①

表 1－2　北京政府时期公文程式所规定文种一览

时间	上行文	平行文	下行文
《临时大总统公布公文程式令》（1912 年 11 月 6 日）	呈	咨、公函	大总统令、院令、部令、委任令、训令、指令、处分令、批、任命状、布告
《大总统公文程式令》（1914 年 5 月 26 日）		咨	策令、申令、告令、批令
《大总统府政事堂公文程式令》（1914 年 5 月 26 日）		咨呈、咨、公函	封寄、交片
《大总统公布官署公文程式令》（1914 年 5 月 26 日）	呈、详、禀	咨、咨陈	饬、示、批
《公文程式》（1916 年 7 月 29 日）	呈	咨、咨呈、公函	大总统令、国务院令、各部院令、训令、指令、任命状、布告、批、任命状

资料来源：《民国时期文书工作和档案工作资料选编》，第 12～100 页。

纵观整个北京政府统治时期，除了短暂的流产帝制之外，在名义上一直维持"民主共和"的体制，国会、大总统、内阁、法院等体现"三权分立"政治架构的机构也基本不变。北京政府实际上在总统制与责任内阁制之间经常变动，而依据"法统"关系，大致经历了《中华民国临时约法》时期（1912 年 3 月至 1914 年 5 月）、"新约法"时期（1914 年 5 月至 1916 年 6 月）、"法统恢复"时期（1916 年 6 月至 1924 年 12 月）、临时执政时期（1924 年 12 月至 1926 年 4 月）、摄政时期（1926 年 4 月至 1927 年 6 月）、军政府时期（1927 年 6 月至 1928 年 6 月）。国家元首的名称先后有临时大总统、大总统、临时执政、陆海军大元帅等。② 由于法统影响国家政体，进而也会催生新的公文体例，《中华民国临时约法》时期及"新约法"时期，

---

① 例如，1924 年段祺瑞被推举为"临时执政府"的"临时执政"时，"大总统令"改为"临时执政令"；1927 年 6 月张作霖在北京成立军政府并自任大元帅时，"大总统令"改为"大元帅令"。

② 钱实甫：《北洋政府时期的政治制度》上册，中华书局，1984，第 60～104 页。

北京政府的公文体例变化最大。1916 年 7 月以后，国家政府层面的公文制度保持着相对的稳定。

二 规范与细化：公文处理程序的制度化探索

袁世凯称帝前后，中枢各部与部分省市行政机关有步骤地颁布具体的公文程式施行细则或公文处理规则，稳妥地推进公文处理程序的规范化建设，与此时国家层面公文程式的频繁变动形成较为鲜明的对照。

1912 年 11 月《临时大总统公布公文书程式令》颁布以后，国务院各部、部分省市政府及军事机关也制定了相应的公文程式，以规范行文。1913 年 1 月，江苏省行政公署以江苏省第 174 号训令颁布由省民政厅应德闳签署的《公文书程式条例》，重点规定了地方行政机关与议事机关间的行文规范，要求"行政机关上行下用令，下行上用呈，互不相统属者用公函"，"议事机关行文上级行政机关用呈，同级行政机关用公函"，"行政机关行文下级议事机关用批，同级议事机关用公函"，"议事机关相互行文均用公函"，"议事机关与下级行政机关及行政机关与上级议事机关不得直接行文"。① 与此同时，刚成立不久的国务院各部亟须在各省及地方筹建办事机关，为了方便与各级各类机关联系、沟通，一些有针对性的公文程式便适时出台（参见表 1 - 3）。

表 1 - 3　北京政府初期中央各部驻各地筹办处或办事处颁布公文书程式一览

时间	公文书程式令	文种
1913 年 1 月 31 日	司法筹备处公文程式令	呈、训令、指令、委任令、批、公函、布告
1913 年 2 月 19 日	各省国税厅筹备处公文程式令	
1913 年 4 月 4 日	（交通部）各电局公文程式令	
1913 年 4 月 5 日前 *	各省审计分处公文程式令	
1913 年 5 月 17 日	交通部直辖各铁路暂行公文书程式令	
1913 年 5 月 21 日	外交部特派各省交涉员及各埠交涉员公文书程式令	

* 该程式公布于 1931 年 4 月 5 日的第 328 号《政府公报》，且没有标明具体时间。

资料来源：《政府公报》第 270 号、286 号、328 号、337 号、375 号、382 号（1913 年 2 月至 5 月）。

---

① 《江苏省训令第一百七十四号：制定公文书程式条例》，《江苏省公报》第 95 期，1913 年 1 月 21 日，第 10～11 页。

上述公文书程式在公文类型方面基本一致，规定使用的文种均为呈、训令、指令、委任令、批、公函、布告七种，要求各项公文书发行时，需要按照年月日的先后次序编号，每一年度更易一次。除交通部的《各电局公文书程式令》《交通部直辖各铁路暂行公文书程式令》两部法令的条文比较详细外（分别有19条和15条），其他公文程式令都比较简单，一般只罗列几条主线，对上行、下行、平行等不同行文关系进行界定。值得注意的是，《各电局公文书程式令》对"电报"的效力进行了界定："遇有紧要公务不及备具正式公文书时，得依公电章程发递公电，以代公文书之用，其发生效力所负责任与正式公文书相等。如有须补具正式公文书之必要者，则于发公电以后，仍应补具正式之公文书。"① 由此可知，当时在军队及行政机关使用比较广泛的电报尚未列入正式公文书之列，须补齐相关手续才能产生法律效力。而《交通部直辖各铁路暂行公文书程式令》规定"遇有紧要公务不及备具正式公文书时"，可以用"电报及寻常签名函件"来替代正式公文书。② "寻常签名函件"不须经过机关内部文书人员的层层处理，因而较正式公文迅速。这些反映了当时政府各部已经开始关注公文处理的效率问题。

由于效率问题涉及公文处理程序的规范与优化，而1912年1月和11月的两份公文程式均只涉及公文文种、署名盖印、编号、公布等方面，并没有对公文处理程序进行界定，因此，除了推进国家层面公文程式的部门化、本地化之外，北京政府中央各部也开始着手推动公文处理程序与规则的制度化。

《临时大总统公布公文书程式令》颁布不久，交通部即拟定《交通部公文书程式施行细则》《公文书署名细则》，对不同种类公文的处理程序与署名规则做了较为详尽的规定。在处理程序方面，规定：关系法制及重大事件的部令由参事厅草拟，呈请总长核定署名并"抄移"总务厅宣布；布告由各主管厅、司拟稿，呈请次长核阅并由总长核定署名公布；委任令、训令、

---

① 《各电局公文书程式令》，《政府公报》第337号，1913年4月15日，第3~4页。

② 《交通部直辖各铁路暂行公文书程式令》第十条规定："遇有紧要公务不及备具正式公文书时，得发递电报及寻常签名函件，以代公文书之用，其发生效力所负责任与正式公文书相等。如有须补具正式公文书之必要者，则于发函电后，仍应补具正式之公文书。"参见《兹订定本部直辖各铁路暂行公文书程式令特公布之此令》，《政府公报》第382号，1913年5月30日，第3~4页。

指令由各主管厅、司拟稿，呈请总长核定并由次长核阅；处分令、咨、公函、呈、批由各主管厅、司拟稿，呈请次长核阅、总长核定，但对属于各厅、司职权范围内的事项可以厅、司名义行之而不用呈阅。在署名方面规定：部令、布告由总长署名；任命状由总长署名盖印；委任令对于荐任官以上暨所辖各机关的高级职员，由总长署名盖印；呈请大总统的呈由总长署名盖印；公函及咨盖部印不用署名；指令、训令方面，除关系外交、法制、款项及立案的准驳等事件须由总长署名外，例行事件的指令与训令只盖部印不用署名。① 这些规定将公文处理的责任分解与细化，可操作性强，可以提高办文效率。

从交通部 1913 年度收文发文的数量可以看出其公文处理的效率。交通部向印铸局提供的《本部二年分收文发文各统计表》显示，交通部在该年度收到咨文 592 件、电报 5980 件、公函 5666 件、呈文 6304 件、议案 198 件，总计 18740 件公文。发文的数量是收文数的 2 倍多，达到 39147 件。进一步考察发文文种的分布情况，不难发现，由各厅司自行发文的总数就达到了 30536 件，这些公文并不需要在各厅、司呈请总长、次长核稿，而发文手续更为简便的电报类公文为 3213 件，如此一来，交通部实际需要处理的那些手续稍为烦琐的公文数量仅为 5398 件，只占全部发文总数的 13.79%（见表 1 - 4）。②

表 1 - 4 交通部 1913 年度发文统计

单位：件

	呈文	咨文	公函	部令	训令	指令	委任令	批呈	布告	电报	各厅司发文	总计
参事厅		1	18	166	13	2	31			3	15	249
总务厅	86	21	918		143	221	37	23		266	475	2190
路政厅	8	139	1251		61	52	24	164	3	1268	8480	11450

---

① 铁道交通部交通史编纂委员会编《交通史总务编》，国民政府交通部总务司刊本，1936，757～759 页。

② 《交通部致印铸局检送本部二年分收文发文各统计表请刊登公报函（附表）》，《政府公报》第 642 号，1914 年 2 月 20 日，第 18～20 页。

续表

	呈文	咨文	公函	部令	训令	指令	委任令	批呈	布告	电报	各厅司发文	总计
电政司	1	89	495		274	279	131	30	5	1520	21216	24040
邮政司		54	130		7	2		47		17	271	528
航政司		170	103		16	101	1	81		139	79	690
总计	95	474	2915	166	514	657	224	345	8	3213	30536	39147

资料来源：《交通部致印铸局检送本部二年分收文发文各统计表请刊登公报函（附表）》，《政府公报》第 642 号，1914 年 2 月 20 日，第 18～20 页。

1913 年 12 月，国务院发文规定，将往来文件划分为次要、紧要、最紧要三种，且拟定了"暗识式样"，要求各官署"遇有送院文件，应请于封面上，分别钤盖，以便收发人员分别先后，随时呈办"。[①] 此外，1912～1914 年，国务院及中央各部也制定了不少公文处理方面的规章制度（具体参见表 1-5）。其中《修正教育部办事规则》第二节"文牍"对公文处理流程进行了较为清晰的界定，它将参事室及各厅、司办理公文的流程概括为六个阶段：挂号、呈阅、办稿、缮校、封发、归档。[②] 此外，公文办理完毕之后的保存与归档问题也引起了各部的重视，先后颁布的规章有《外交部编档办法》（1912 年 8 月 9 日）、[③]《司法部文件保存细则》（1912 年 9 月 27 日）、[④]《外交部保存文件规则》（1913 年 7 月 18 日）、[⑤]《教育部保存文件规则》（1913 年 9 月 18 日），[⑥] 这些规章的主要内容是制定不同文件的保存期限，以及文件的整理、归档、编纂、调阅、销毁等基本规则与手续。

① 《国务院规定送院文件应于封面上分别钤盖暗识》（1913 年 12 月 8 日），《民国时期文书工作和档案工作资料选编》，第 148 页。
② 《修正教育部办事规则》，《教育部编纂处月刊》第 1 卷第 10 册，1913 年，第 8～10 页。
③ 《外交部部令：编档办法》，《政府公报》第 103 号，1912 年 8 月 11 日，第 2～3 页。
④ 《司法部部令：兹订定司法部文件保存细则四十三条特公布之此令》，《政府公报》第 154 号，1912 年 10 月 1 日，第 1～8 页。
⑤ 《外交部部令第一百九十三号：兹制定本部保存文件规则公布之此令》，《政府公报》第 446 号，1913 年 8 月 2 日，第 3～7 页。
⑥ 《教育部部令第四十号：教育部保存文件规则》，《政府公报》第 496 号，1913 年 9 月 21 日，第 2～6 页。

表 1-5　北京政府初期国务院及各部有关公文处理规章

时间	规章名称
1912 年 11 月 27 日	外交部收发文件办理规则
1912 年 12 月 9 日	农林部电报处办事章程
1913 年 9 月 25 日	国务院交部文件收受办法(内务部)
1913 年 11 月 1 日	国务院秘书厅第一课办事细则
1913 年 11 月 1 日	国务院秘书厅第二课办事细则
1913 年 11 月 28 日	修正教育部办事规则·文牍
1914 年 2 月 23 日	农商部总务厅文书科办事细则
1914 年 8 月 14 日	(平政院)肃政厅收发专则

注：国务院秘书厅第一科职掌机要、文书与编纂记录事项，第二课负责中央与地方各官署文件处理与统计。

资料来源：《民国时期文书工作和档案工作资料选编》，第 123～152 页；《修正教育部办事规则》，《教育部编纂处月刊》第 1 卷第 10 册，1913 年，第 7～14 页。

总之，北京政府前期，中央各部依照国家层面的公文程式，建立了较为规范的公文处理流程与手续，并在收发、处理及归档等方面进行了制度化尝试，取得了一定效果，使中央各部的公文处理能够有序地开展起来。1916年以后，北京政府的行政公文制度进入较为稳定的发展状态。在某种程度上，这是北京政府时期行政主导、武力支配政治这一基本政治秩序①在公文程式方面的体现。不过，国会、省议会及地方议事机构所代表的议会政治力量，为打破行政主导的政治格局进行了不同程度的斗争，这在公文程式方面也有比较明显的表现。1916～1917 年，以黎元洪为首的总统府和以段祺瑞为首的国务院爆发"府院"冲突，国务总理段祺瑞以武力为后盾逐渐将黎变为傀儡总统，而黎则希望借助国会的力量对付段以加强总统的权力，双方在公文署名、盖印等方面形成了比较激烈的程式之争。侯吉永认为，"府

———————

① 例如，汪朝光认为，1916 年 7 月以后的北京政府回归到责任内阁制，行政主导是政治常态，武力支配政治是原则。国会虽在名义上起着重要作用，但在大多数情况下，国会不过是当政者寻求统治合法性与正当性的工具而已。参见汪朝光《北京政治的常态与异态——关于黎元洪与段祺瑞府院之争的研究》，中国社会科学院近代史研究所民国史研究室、四川师范大学历史文化学院编《一九一〇年代的中国》，社会科学文献出版社，2007，第99～114 页。

院"之争后，"武人争雄"格局更加明显，公文的署名、盖印制度日益形式化。① 1917 年"府院"之争以后，民治主义思潮渐渐升温，南方地方势力为了获得社会力量的支持，解决身份合法化问题，在 20 年代发起了一场声势浩大的联省自治运动。当时有人批评这一运动披裹着"民主"外衣而谋"自治"以实现地方权力扩张，但以湖南为代表的地方军阀却切实推进了省自治、人民自治等政治实践。② 这一运动导致地方行政、立法、司法等政治机构的重组，并在各省践行议会政治过程中引起了诸多公文程式之争。其中，江苏省县知事与市乡议事会、董事会的行文程式之争，③ 以及 1923 年初新的湖南省政府成立后政府机关与议会及司法机构的公文程式之争，④ 颇为引人关注。前者是省长强行触动县级政府机关与议事机关间的既定文书程式而引发争端；后者则是联省自治实践之初，行政机构尚未适应立法、行政、司法"三权鼎立"的政府组织体系及运作机制，未能摆脱传统的行文习惯，从而导致立法、司法机关对行政机关公文程式的抵制。这些公文程式之争，客观上推动了中国公文制度迈向现代化的进程。但是，联省自治思潮

① 侯吉永：《北洋政府时期公文的署名盖印之争》，《山西档案》2010 年第 5 期。

② 参见何文辉《历史拐点处的记忆——1920 年代湖南的立宪自治运动》，湖南人民出版社，2008。

③ 1923 年 9 月，江苏省省长根据武进县知事的呈请，规定县知事对市、乡议会机构可用"训令"，改变了民国初期以来双方互用"照会"的文书程式。吴江县知事此常以"训令"行文至市、乡董事会，引发该县议事会议长费玄韫、副议长周家圻的强烈不满，他们以公函行文至江苏省县议会联合会，要求该联合会"为六十县民自治起见"，"依法力争"，呈请省长"取销前令，回复原定程式"。10 月初，江苏省县议会联合会就"县知事行文市乡议董两会应回复市乡制原定程式"形成议案，提交省议会讨论。关于这一行文程式论争，《申报》进行了跟踪报道。参见《省公署变更公文程式之呼吁》，《申报》1923 年 9 月 7 日，第 4 张第 14 版；《今日县联会委员常会之议案》，《申报》1923 年 10 月 2 日，第 4 张第 14 版。

④ 根据 1922 年 1 月 1 日公布的《湖南省宪法》（参见李铁明主编《湖南自治运动史料选编》，湖南师范大学出版社，2012，第 95～114 页），湖南省组建了新的涵盖立法、行政、司法的较为完整的政府机构，包括省议会、省务院、高等审判厅、高等检察厅、审计院，省务院下设内务、财政、教育、实业、司法、交涉、军务七司。新政府成立后，公文程式纷纠屡起，比如，省长对审计院长用"咨"，对高等审判厅、高等检察厅两厅长却用"训令"；而由省议会选举产生的省务院各厅以"呈"行文省长，却常以"咨"文传至省议会。对此，省议会讨论后认为，"审计院长、高等审检两厅长，均由本会直接选举，况司法独立，省长违法时，法院可以起诉，当然不受省长之令"，因此"议决用咨"；而对于各司对省议会行文，则规定必须呈请省长转咨，不得"擅用咨文"（参见《长沙通信》，《申报》1923 年 1 月 20 日，第 3 张第 10 版）。

及实践运动隐含的"分裂""割据"等政治元素，不符合中国长期形成的"大一统"民族国家认同的政治传统，为主张建立"中央集权"式民族国家的社会政治势力及知识精英阶层所反对，[①]并最终失败。孙中山就是其中最为坚定的反对者。1917年9月，孙中山发动护法运动，在广州组建军政府，与北京政府抗衡，为国民党政权的建立并最终以武力取得全国的统治权奠定了基础。中国传统公文制度全面现代化的进程开始加速。

---

① 张媚玲：《中国近代西南边疆的政治关系——以民族国家认同为基点》，民族出版社，2014，第236~239页。

| 第二章 |
规范与论争：南京国民政府公文程式的演化（上）

　　1925 年 8 月 7 日，成立一个多月的广州国民政府颁布《公文程式令》，拉开了国民党政权颁行公文程式的序幕，从 1927 年 8 月至 1928 年 11 月的一年多时间里，南京国民政府三次颁布《公文程式条例》，此后直到 1942 年才由行政院启动并经国防最高委员会审议再次修正《公文程式条例》。学术界对于公文程式的研究，多集中于南京国民政府早期三次修订的《公文程式条例》，[①] 对广州国民政府的《公文程式令》以及 1928 年以后《公文程式条例》的演变状况并未给予足够的关注。[②] 事实上，1929～1942 年，南京国民政府虽未进行过国家层面公文程式的调整，但行政机关与各级党部、各级政府机关与少数民族地区行政机构、行政机关与人民团体间的行文程式进

[①] 事实上，国民政府早期多次颁布公文程式的现象在南京国民政府时期即已引起社会的广泛关注，不过多依据这些法规条文进行静态分析。相关的研究成果包括戴渭清编辑《国民政府公文程式新编》；朱剑芒《国民政府公文程式大观》，世界书局，1928；徐望之《公牍通论》；周定枚《公文程式详论》，法学编译社，1932；韦维清《新旧公文合述》，上海法政书局，1934；张锐、殷菊亭《公文程式与保管》；郑师许《四十年来公文程式之变革》，《交大季刊》第 22 期，1936 年，第 1～11 页。近年来的研究从静态分析转入动态研究，如侯吉永的《民国公文体系设置与政治体制的互动关系——以命令性（令体）公文为例》（《档案》2014 年第 7 期）一文以命令性（令体）公文的设置与变革为侧重点，分析了公文设置与政治体制互动的关系。

[②] 现有的研究多包含于民国时期公文程式或文种演变研究的整体性研究成果当中，如沈蕾《民国时期公文程式研究》；王芹《民国公文程式演变的内在规律》，《秘书》2009 年第 2 期；丁玲玲《民国时期通用文种演变的规律研究》，《档案学通讯》2011 年第 2 期。几乎没有单独对 1925 年《公文程式令》以及抗战期间国防最高委员会修正《公文程式条例》的过程及其背景进行研究的专题论文。

行了多次颁布、修改，即使在国民政府行政体系内部，也由于中央及地方官制改革而时常引发公文程式论争和行文规则的重组，随着行政体系的变革，公文程式亦多有调整、回应。公文是传达政令的文字工具，需与当时的政治制度相适应，使政府的运行合乎法理，公文程式变迁总是与政治制度的更迭关联。以程式确立规范，因程式而引发论争进而触发程式调整机制，几乎成为南京国民政府时期公文程式演化的基本模式。

第一节 迭变：国民政府早期行政公文程式的常态

从 1925 年 7 月至 1928 年 10 月，历经广州国民政府（1925 年 7 月）、武汉国民政府（1927 年 3 月）、南京国民政府（1927 年 4 月），国民政府处于政权频繁变化的"军政"时期。广州国民政府颁布《公文程式令》，（南京）国民政府先后三次颁布《公文程式条例》，均以中华民国国民政府的名义。与南京临时政府、北京政府一样，南京国民政府时期《公文程式条例》的变更，起因无一不是上层政治秩序与行政架构的重构。[①] 新的《政府组织法》和新的《公文程式条例》相继出台。[②] 尽管如此，除公文署名盖印方面的规定变动频繁外，这几个公文程式的基本内容还是保持着一定的稳定性，前后大体保持着较好的延续性。

一 广州国民政府《公文程式令》

孙中山逝世后，广州中国国民党中央执行委员会宣布："在国民会议未实现，合法政府未成立前，仍求完成革命工作。"1925 年 6 月 14 日，国民党政治委员会议议决改"革命政府"名称为"国民政府"；7 月 1 日，中国

---

① 郑师许对 1936 年前民国公文程式的演变进行了梳理。参见郑师许《四十年来公文程式之变革》，《交大季刊》第 22 期，1936 年，第 1~11 页。

② 王正华：《国民政府初创时之组织及党政关系（民国 14 年 7 月至 15 年 12 月）》，张玉法主编《中国现代史论集》第 7 辑，台北，联经出版事业公司，1982，第 121~166 页，王世杰、钱端升《比较宪法》，第 453~463 页，为我们了解《中华民国国民政府组织法》与《公文程式条例》之间的关系及演进过程提供了参考。

国民党中央政治委员会在广州颁布《中华民国国民政府组织法》,① 随即广州大元帅府改组为中华民国国民政府，即广州国民政府。为了保证政务活动的正常运作，广州国民政府成立秘书处，李文范为秘书长（9 月 19 日后改任陈树人为秘书长），掌管铨叙、印铸、文书收发及保管、会议记录、文件编制及撰拟、典守印信、法令撰拟等工作。② 1925 年 8 月 7 日，广州国民政府颁布了《公文程式令》。现悉引如下：

第一条　凡处理公事之公文书概依本令之规定。

第二条　公文书之程式如左：

（一）令：公布法令，任免官吏及有所指挥时用之。

（二）布告：有所宣布时用之。

（三）批：于人民或所属官吏陈请事项有所裁答时用之。

以上属于国民政府者，由国民政府常务委员会主席及主管部部长署名，盖用国民政府之印；其不属于各部者，由常务委员多数署名，盖用国民政府之印；至各官署，由各官署长官署名，盖用各官署之印。

（四）任命状：任命官吏时用之。

甲、特任官任命状，由国民政府常务委员多数署名，盖用中华民国国民政府之印。

乙、简任、荐任各官任命状，由政府常务委员主席及主管部长署名，盖用中华民国国民政府之印。

丙、委任官任命状，由各该官署长官署名盖印。

（五）呈：下级官署对于直辖上级机关，或人民对于公署有所陈述时用之。

（六）咨：同级官署公文往复时用之。

（七）公函：不相隶属之官署公文往复时用之。

① 《中华民国国民政府组织法》，《中华民国国民政府公报》第 1 号，1925 年 7 月 1 日，转引自蔡鸿源、周光培等编《南方政府公报》第 3 辑，河北人民出版社，1987，第 3 页。
② 许师慎：《国民政府建制职名录》，台湾"国史馆"，1984，转引自丁身尊主编《广东民国史》上册，广东人民出版社，2004，第 506～508 页。

第三条　公文书必记明年月日及长官姓名。

第四条　凡政府发表之公文书皆应于政府公报公布之。

第五条　政府及各官署发表之公文书应分类分年编订号数。

第六条　本令自公布日施行。①

这一由中华民国国民政府委员会主席汪精卫和常务委员胡汉民、谭延闿、许崇智和林森共同署名，以"中华民国国民政府令"颁布的《公文程式令》，开启了国民政府公布法定公文程式的先河，其基本结构、条款及精神，为后来的南京国民政府所承袭。

由于当时的广州国民政府尚属"偏隅一方"的地方政权，其所能实际控制的版图有限，因而其颁行的这份"公文程式令"并未引起时人太多的注意，② 1987 年由中国第二历史档案馆编纂出版的《民国时期文书工作和档案工作资料选编》也未收录这一《公文程式令》，只有为数不多的学者注意到该令的意义，如张我德认为"这个新程式继承 1912 年南京临时政府的革命精神"。③ 张我德所说的"革命精神"，即是指简化公文的精神。实际上，与南京临时政府时期所使用的九种公文、北京政府 1916 年 7 月 29 日公布的十三种公文文种相比，该《公文程式令》更加简化，将文种数量减少至七类，即"令""告""批""任命状""呈""咨""公函"。这一调整的重要意义在于，将大总统令、国务院令、各部院令等以机关命名的公文文种剔除出公文程式令或条例，以"令"代之，这是"命令体"公文演变中的一大变化。徐望之在其《公牍通论》一书中就认为，北洋时期，有"以令称者……有因发令之机关不同而异其名称者，如大总统令、国务院令……有因其令之性质而异其名称者，如委任令、训令、指令是。十六年八月十三日，前南京国民政府公布公文程式……令之一类，除仍以其性质而异其名称者

---

① 《公文程式令》(1925 年 8 月 7 日)，《中华民国国民政府公报》第 5 号，1925 年 8 月，转引自蔡鸿源、周光培等编《南方政府公报》第 3 辑，第 83 ~ 84 页。

② 该令虽由《中华民国国民政府公报》发布，却没有列入广州国民政府颁行的《国民政府》宣传册（1925 年出版），也没有进入 1928 年后各类"公文程式"课程或培训班的学习范畴，徐望之《公牍通论》也没有注意到它的意义。

③ 张我德：《怎样阅读民国时期的公文（一）》，《北京档案史料》1987 年第 1 期。

外，不复有机关之别名"。可见，徐认为这一变化发端于 1927 年 8 月 13 日由宁汉合流前的南京国民政府颁布的《公文程式条例》。① 而根据现有资料，广州国民政府颁布的《公文程式令》已经做出了这方面的调整，且其调整更为彻底，只保留了"令"这一种命令体文种，而南京国民政府只是延续了这一政策，且在令的基础上又重新增加了训令、指令两种"令体"公文。②

《公文程式令》第二条在"署名盖印"方面做出了相应的规定：令、布告、批"属于国民政府者，由国民政府常务委员会主席及主管部长署名，盖用国民政府之印；其不属于各部者，由常务委员多数署名，盖用国民政府之印；至各官署，由各官署长官署名，盖用各官署之印"。③ 同时该令第二条第四部分对各类官员（包括特任官、简任官、委任官等）的"任命状"如何署名盖印等技术细节，也制定了较为详细的规范。采用主席与常务委员或主管部长合署制度，其依据是 1925 年 7 月 1 日颁布的《中华民国国民政府组织法》第四条："公布法令及其他关于国务之文书由主席及主管部部长署名；其不属于各部者，由常务委员多数署名，以国民政府名义行之。"④由于孙中山逝世后，"中国国民党内尚分派别，一时尚无一个可以继起领袖全党的人物"，⑤ 因此广州国民政府采用委员合议制，国务由委员会议执行，推举出十六位国务委员，汪精卫、胡汉民、谭延闿、许崇智、林森为常务委员，其中汪为"委员会议主席"，由常务委员共同处理政务。公文程式的合署制，是对孙中山逝世后，国民党最高领袖一时缺位这一现象的最好注脚。

此外，该《公文程式令》以两个附表——"公文程式（表一）：上对下用令、下对上用呈""公文程式（表二）用咨"，分别对令、呈及咨

---

① 徐望之：《公牍通论》，第 40~41 页。
② 具体参见本节第二部分的相关内容。
③ 《公文程式令》（1925 年 8 月 7 日），《中华民国国民政府公报》第 5 号，1925 年 8 月，转引自蔡鸿源、周光培等编《南方政府公报》第 3 辑，第 83~84 页。
④ 《中华民国国民政府组织法》，《中华民国国民政府公报》第 1 号，1925 年 7 月 1 日，转引自蔡鸿源、周光培等编《南方政府公报》第 3 辑，第 3 页。
⑤ 王世杰、钱端升：《比较宪法》，第 453~454 页。

在行政官署间的具体使用情况进行了说明。① 其中，令、呈一般是在有直接管辖关系的上下级间使用，如国民政府对外交部、外交部对各交涉员用令，各部院所属机关对各部院、各部院对国民政府用呈，国民政府—省政府—市政府构成了行政机关的三个层级，通常情况下政令通过这一体系层层下达或上传。不过，该《公文程式令》还专门规定了国民政府、省政府及市政府在紧急情形下越级"令"行的规则，这实际是战时状态下广州国民政府采取的应急机制。② 附表（一）的出台可能与此时广州国民政府实际控制的区域有限，行文层级与关系比较简单有关。当时的广州国民政府实际上直接控制的区域为广东省，国民政府、广东省政府及广州市政府的驻地都在广州，从公文传递的角度看，广州国民政府与广东省、广州市间的公文往来比较便利，即使在紧急情况下越级行文也不会对整个公文流转体系造成太大的影响。而随着北伐的胜利及全国性政权的建立，如果对越级行文再专门进行规定，会有困难：一是全国性政权的行政层级太多、范围太广，无法在公文程式后用列举的方式精确地界定；二是越级行文会造成行文系统的紊乱与无序，一旦推广到全国范围内会被极大地放大，这是国民党所不愿意看到的。另外，咨的使用范围包括国民政府各部院间、国民政府各部院与省政府间、省交涉员海关监督运使稽核所间、省政府各厅间、省政府各厅与市政府间、省政府各厅直辖各机关间、省各法院与省各厅或市政府间、市政府各局间、市政府各局与省政府各厅直辖各机关间、各县间。

从公文制作及处理的实际情况来看，这一《公文程式令》得到了较好的贯彻执行。例如，根据《公文程式令》第四条的规定，广州国民政府于成立当天（1925 年 7 月 1 日）即刊行《中华民国国民政府公报》，公布各项政策法令及行政公文。而翻阅《中华民国国民政府公报》所刊登的各类公

---

① 《公文程式令》（1925 年 8 月 7 日），《中华民国国民政府公报》第 5 号，1925 年 8 月，转引自蔡鸿源、周光培等编《南方政府公报》第 3 辑，第 84 页。

② 越级"令"行的情况包括：①国民政府遇紧急必要时，亦得直接令各部院、省政府、市政府所属各机关；②省政府遇紧急必要时，亦得直接令各厅、市政府所属各机关；③市政府遇紧急必要时，亦得直接令市政府各局所属各机关。这一规定在此后国民政府所颁布的历次国家层面的公文程式中再未出现。

文，《公文程式令》一直发挥效力，各级行政组织按章办理政务，在署名方面均严格按照既定程式。1925 年 9 月 7 日，广州国民政府颁发中华民国国民政府第 32 号令，要求财政部做好前大本营财政部案卷及核销工作，署名的为委员会议主席汪精卫和财政部长古应芬。① 1926 年 2 月 11 日，广州国民政府以中华民国国民政府令公布《购料委员会章程》，由委员会议主席和其他四位常务委员共同署名。②

二　南京国民政府初期三部《公文程式条例》

北伐之后，国民政府的行政体制变更频繁，从而导致"公文程式变革甚繁"。③ 1927 年 8 月至 1928 年 11 月，南京国民政府三次修订《公文程式条例》。④ 这三部《公文程式条例》在公文文种的设置及使用、公文的公布等方面，沿袭了广州国民政府《公文程式令》的基本精神，⑤ 文种数量趋于稳定，不过在署名盖印方面改动频繁，而公文用语与标点符号改革开始引起关注。

（一）公文文种的微调

这三部《公文程式条例》在公文文种的设置及使用、公文的公布等方面，沿袭了广州国民政府《公文程式令》简化公文的精神，仅在文种数量方面略有增减。从数量上看，三部条例中所设的公文文种数量分别为 10 种、

---

① 《中华民国国民政府公报》第 8 号，1925 年 9 月，转引自蔡鸿源、周光培等编《南方政府公报》第 3 辑，第 126 页。

② 《中华民国国民政府公报》第 24 号，1926 年 2 月，转引自蔡鸿源、周光培等编《南方政府公报》第 3 辑，第 429～430 页。

③ 郑师许：《四十年来公文程式之变革》，《交大季刊》第 22 期，1936 年，第 1～11 页。

④ 三条例公布的时间分别为 1927 年 8 月 13 日、1928 年 6 月 11 日和 1928 年 11 月 15 日。参见《国民政府公布〈公文程式条例〉》（1927 年 8 月 13 日），《民国时期文书工作和档案工作资料选编》，第 262～263 页；《中华民国国民政府训令第二七六号：令内政部：令发〈公文程式条例〉令仰知照并饬知照由》，《内政公报》第 1 卷第 6 期，1928 年，第 3～5 页；《中华民国国民政府令：兹制定公文程式条例公布之此令》，《国民政府公报》第 20 号，1928 年 11 月 17 日，第 4～6 页。

⑤ 1928 年 5 月 10 日法制局在第二部《公文程式条例草案》的修改说明里提到，"前此广东国民政府曾于十四年八月十日颁布一种公文程式令，嗣经南京国民政府加以修正于十六年八月十三日公布实施"。参见《公文程式条例草案（法制局拟）》（1928 年 5 月 10 日），台湾"国史馆"馆藏国民政府档案，档案号：001-012070-0043。

9种、9种（见表2−1），总体差异不大，主要变化是将广州国民政府《公文程式令》中的"令"细化，按照令的功能划分为令、训令、指令三种。其中，一直使用的文种有令、训令、指令、咨、呈、公函、任命状，前两部条例出现过但在第三部中取消的文种有通告、咨呈、状，第一部条例没有而后两部一直使用的公文有布告，用法基本一致但名称略有变化的文种为批答（第一部）与批（后两部）。

表2−1　南京国民政府初期三部《公文程式条例》的公文文种设置及使用范围

	《公文程式条例》 （1927年8月13日）	《公文程式条例》 （1928年6月11日）	《公文程式条例》 （1928年11月15日）
令	公布法令、任免官吏，及有所指挥时用之	公布法律条例或其他法规、预算，任免官员，及有所指挥时用之	公布法令、任免官吏，及有所指挥时用之
通告	宣布事件时用之		
训令	凡长官对所属官吏有所谕饬或差委时用之	上级机关对于下级机关有所谕饬或差委时用之	上级机关对于所属下级机关有所谕饬或差委时用之
指令	凡长官对所属官吏因呈请而有所指示时用之	上级机关对于所属下级机关因呈请而有所指示时用之	上级机关对于所属下级机关因呈请而有所指示时用之
布告		宣布事件或有所劝诫时用之	对公众宣布事实或有所劝诫时用之
任命状	任命官吏时用之	任命官员时用之	任命官吏时用之
状		人民对于公署有所陈述时用之	
呈	下级官署对于直属上级官署，或人民对于官署有所陈述时用之	下级机关对于直属上级机关有所陈述时用之	五院对于国民政府，或各院所组织之机关对于各该院及其他下级机关对于直辖上级机关，或人民对于公署有所陈请时用之
咨	同级官署公文往复时用之		同级机关公文往复时用之
咨呈	非直属而等级较低之官署对于高级官署用之		

	《公文程式条例》 （1927 年 8 月 13 日）	《公文程式条例》 （1928 年 6 月 11 日）	《公文程式条例》 （1928 年 11 月 15 日）
公函	不相隶属的各官署公文往复时用之	同级机关或不相隶属之机关公文往复时用之	不相隶属之机关公文往复时用之
批答	各官署对于人民陈请事项分别准驳时用之		
批		各机关对于人民陈请事项分别准驳时用之	各机关对于人民陈请事项分别准驳时用之

资料来源：《国民政府公布〈公文程式条例〉》（1927 年 8 月 13 日），《民国时期文书工作和档案工作资料选编》，第 262～263 页；《中华民国国民政府训令第二七六号：令内政部：令发〈公文程式条例〉令仰知照并饬属知照由》，《内政公报》第 1 卷第 6 期，1928 年，第 3～5 页；《中华民国国民政府令：兹制定公文程式条例公布之此令》，《国民政府公报》第 20 号，1928 年 11 月 17 日，第 4～6 页。

由表 2 - 1 不难看出，尽管第二、第三部《公文程式条例》在文种数量方面保持不变，但文种设置颇有变化。

第一，取消了"状"这一公文文种，将其功能合并到"呈"这一文种当中。关于取消"状"这一文种的原因，时人认为，将人民对公署的陈请单独列为"状"，下级机关对直属上级机关的陈述用"呈"，"显足表示阶级之悬殊，特废状不用……以符平等之义"。① 而"状"在 1928 年 6 月的《公文程式条例》中出现，却与当时民众追求平等之意有关。根据《申报》的记载，在 5 月 10 日法制局最初拟定的《公文程式条例》草案当中，公文只有八种，并没有"状"这一文种。② 1927 年 5 月 28 日《申报》报道，"嘉兴县公署奉到省令，人民对于官厅所用之公文程式，除司法案件仍用呈诉外，关于行政、民事等案件，一律改用请求书，官厅对于人民之请求书，应用批"。③ 时人黄白虹在 1928 年 5 月撰文呼吁："下级对上级用呈，但人民是国家之主人，不应列在下级。所以我以为人民对官厅另有一名的必要，或

① 参见周定枚编《公文程式详解》，上海法学编译社，1946，第 43 页。
② 参见《首都纪闻》，《申报》1928 年 5 月 11 日，第 6 版。
③ 《地方通信：嘉兴》，《申报》1927 年 5 月 28 日，第 10 版。

定名为'书'。或用公函，更为省事。"① 不知国民政府颁布第二部《公文程式条例》之时是否注意到了黄白虹的建议，不过该条例确实将人民对公署有所陈述时所用的文种单列出来，只是文种名为"状"，而不是更具平等意义的"书"。

第二，第二部《公文程式条例》废除了"咨""咨呈"两类文种，② 第三部《公文程式条例》重设"咨"这一文种，将同级机关间往复行文从"公函"中分离出来，以区别处理"同级机关"与"不相隶属机关"的复杂行文关系。"咨呈"这一文种被废除后就不再恢复，然而由于该文种适用于非直辖而等级较低之官署对于高级官署的行文，有人认为这是"半平行式"，"表示职权上虽非属吏，而体制仍有尊卑之别"，③ 具有抬高上级官署地位的象征意义。因此，从实际情况看，在《公文程式条例》颁布后，一些低级行政机关依然愿意使用它。例如，1930 年 6 月，四川省璧山县团务局向该县公署移交卷及填造外交统计表时，使用的就是"咨呈"。④ 甚至 1933 年 11 月，江苏省教育厅就省市国民军训委员会（办理各省市学校军事教育及学校以外的国民军事教育事宜的专门机构）对教育厅局行文一事呈请教育部解释，教育部还认为应按照原来规定用"咨呈"，"原属极为适宜，唯现行公文程式，已无'咨呈'，自应加以修正，拟即暂行改用'呈'，以符程式"。⑤ 可见这一观念影响至深。又如1934 年，天门等县向湖北省政府呈请整理公安计划，使用的也是"咨呈"，湖北省政府回文则用"准咨呈"。⑥ 此外，由国民党驻豫特派绥靖主

---

① 参见黄白虹编《虹集》，求知出版社，1930，第 26 页。

② 当时法制局认为"公文程式之规定，在使公文形式整齐划一，而公文之实质不外宣达法令、陈述事实诸端，故种类无取太繁而内容贵乎明显"，"形式上之名称虽有更易而实质上之效力并不因之减少"，因此决定"将原有咨与咨呈之类一律废除，概以公函代替"。参见《公文程式条例草案（法制局拟）》（1928 年 5 月 10 日），台湾"国史馆"馆藏国民政府档案，档案号：001 - 012070 - 0043。

③ 《自由谈：凌霄汉阁谈荟》，《申报》1948 年 5 月 30 日，第 8 版。

④ 《团务局查叶前任移交卷填造外交统计表送县公署之咨呈》，《璧山团务月刊》创刊号，1930 年，第 25～26 页。

⑤ 《外埠训练部复教部解释国民军训委会职权教部令苏教厅沪教局遵照》，《申报》1933 年 11 月 24 日，第 12 版。

⑥ 《准咨呈天门等四县整理公安计划暨汉川钟祥两县呈报困难情形函复查照办理》，《湖北省政府公报》第 52 期，1934 年 8 月 31 日，第 53～55 页。

任公署编纂的《绥靖旬刊》于 1933 ~ 1935 年刊登了不少"咨呈"，除少量行文对象为训练总监、参谋本部外，其他均为向军政部或时任军政部部长何应钦的行文，体现出对高级官署的尊重。① 1934 年 10 月，为了调查当时全国学术人员状况与介绍工作或实习事宜，全国经济委员会秘书处向全国经济委员会和教育部行文并请转呈行政院，希望得到协助，该秘书处向全国经济委员会、教育部行文使用的为"呈"，向行政院则用的是"咨呈"。② 1935 年后，"咨呈"的使用明显减少，在南京国民政府的各级正式公报中已经很难找到了。

实际上，民众普遍希望文种简单实用，能够体现民主共和体制下的平等理念。1927 年 8 月 17 日，南京国民政府首部《公文程式条例》颁布不久，上海中央书店就出版了《国民政府公文程式大全》，希望"当此军民合作时代"，为国民掌握"政治知识""实现民治之真精神"提供帮助，《申报》在推介该书时指出："本书材料一洗从前军阀时代阿谀陈腐之官样文章，完全民治下现行适用之一切公文文牍，以民族、民权、民生为依归，具有平民化之价值。"③ 虽然是广告词，却在某种程度上反映了大众对新式公文程式的期待。1928 年 3 月，戴渭清在《国民政府公文程式新编》一书中指出："公文在他行使间的地位关系上讲，有上行、平行、下行三种区分……但这地位上的差异，并不是什么阶级。阶级是指个人与个人间的不平等而言，此上行、平行、下行乃是办理公事的分工设施。"因此，他主张公文程式应"把平民化做个标准……就是一切要合平民心理、平民程度，以办理简单为前提、手续省略为归宿"。④ 1928 年 4 月，南京特别市教育参观团成员陈鹤琴在参观上海教育业的致辞中指出，上海市教育局"把几千年来的旧式公文程式，用大刀斫斧废去"，这一"革命化的精神"令人印象深刻。⑤ 这与时任上海市教育局局长韦悫对"旧式来往公文的老调深不谓

① 具体参见 1933 年 11 月 10 日 ~1935 年 12 月 21 日间出版的《绥靖旬刊》（第 1 ~77 期）。
② 《呈全国经济委员会、教育部请转咨呈行政院通令直属各机关对于本处调查介绍事宜予以协助由》，《全国学术工作咨询处月刊》第 1 卷第 1 期，1935 年，第 12 页。
③ 《国民政府公文程式大全》，《申报》1927 年 8 月 17 日，第 18 版。
④ 戴渭清编辑《国民政府公文程式新编》，第 2、7 页。
⑤ 《本埠：市教育局欢迎京参观团盛况》，《申报》1928 年 4 月 12 日，第 7 版。

然"有关。① 1928 年 5 月，在第二部《公文程式条例》由法制局拟订完毕但尚未公布之前，黄白虹就曾发表《我对于公文程式的意见》一文，认为该条例与 1916 年 7 月北京政府公布的公文程式"相差无几"，"仅将咨与教令、咨呈二三种删去而已"，他主张"公文种类，无须过繁，仍有减少必要"，例如：令不必分出令与训令，统统一个"令"即可；指令原有批答之意，机关对机关与机关对人民，实无分开之必要，通用一个"批"就行；下级对上级用呈，但人民是国家之主人，不应列在下级，应另有一名的必要，或曰"书"，或用公函更为省事。因此，他认为公文只需简简单单六种：令、呈、批、书、布告、公函。他还曾为某官办机关代拟了一个"文件条例"，将机关对内行文分为五种：公告、通告、报告、批答、通知书。② 虽然这些过于简化的建议未被此后的《公文程式条例》采纳，但其倡导平等、简化实用的理念对此后国民政府开展公文改革提供了参考。

（二）署名、盖印的频繁变动

署名、盖印是公文制作的关键程序，既表示公文办理机关及行政长官对公文内容负责，同时也是公文产生实际效力的标志。在君主专制时代，署名、盖印是一种权力的象征，历来受到统治者的高度重视。民国初立，在借鉴西方议会制度的同时，引入了"副署"制度，并因此多次引发争议。侯吉永认为其根源在于这一时期从西方硬性移植的责任内阁制度与当时的社会文化氛围是相冲突的，这也导致北京政府缺乏责任内阁制的基本形成程序与权力运行机制，副署制"名存实亡"。③ 南京国民政府时期的署名盖印制度虽未引起大的争端，但在军政向训政过渡的初期，围绕着委员制与主席制的废立以及五院制的采用，国民政府的行政体制多次发生重大变革，《中华民国国民政府组织法》也多次修订，这也导致了公文程式在署名、盖印方面的数次变动（见表2－2）。

---

① 《本埠：市教育局欢迎京参观团盛况》，《申报》1928 年 4 月 12 日，第 7 版。
② 黄白虹：《我对于公文程式的意见》，黄白虹编《虹集》，第 25～26 页。
③ 参见侯吉永《北洋政府时期公文的署名盖印之争》，《山西档案》2010 年第 5 期。

表 2 - 2　南京国民政府初期三部《公文程式条例》署名、盖印的变化

公文程式条例	署名、盖印方面的规定
《公文程式条例》（1927 年 8 月 13 日）	一、（令、通告、训令、指令）以上属于国民政府或省政府者，由政府常务委员多数署名，盖用国民政府或省政府之印；属于各官署者，由各官署长官署名，盖用各官署之印。 二、特任官及简任官任命状，由国民政府常务委员主席，及常务委员多数署名，盖用国民政府之印；荐任官任命状，由国民政府常务委员主席署名，主管长官副署，盖用国民政府之印；委任官任命状，由各该官署长官署名盖印。
《公文程式条例》（1928 年 6 月 11 日）	一、（令、训令、指令、布告）以上属于国民政府者，由主席或常务委员署名，盖用国民政府之印；属于其他各机关者，由各该机关之主席或长官或常务委员署名，盖用各该机关之印。 二、特任官及简任官任命状，由国民政府委员会议主席及常务委员署名，盖用国民政府之印；荐任官任命状，由国民政府委员会议主席署名，主管长官副署，盖用国民政府之印；委任官任命状，由各该机关长官署名，盖用各该机关之印。
《公文程式条例》（1928 年 11 月 15 日）	一、（令、训令、指令、布告）以上属于国民政府经国务会议议决者，由主席及五院院长署名，盖用国民政府之印；其例行之训令、指令由主席署名，盖用国民政府之印；属于其他机关者，由各该机关之长官，或主席，或常务委员署名，盖用各该机关之印。 二、特任官及简任官任命状，由国民政府主席及五院院长署名，盖用国民政府之印；荐任官任命状，由国民政府主席及主管院院长署名，盖用国民政府之印；委任官任命状，由各该机关长官署名，盖用各该机关之印。

　　资料来源：《国民政府公布〈公文程式条例〉》（1927 年 8 月 13 日），《民国时期文书工作和档案工作资料选编》，第 262 ~ 263 页；《中华民国国民政府训令第二七六号：令内政部：令发〈公文程式条例〉令仰知照并饬属知照由》，《国民政府行政院内政部内政公报》第 1 卷第 6 期，1928 年，第 3 ~ 5 页；《中华民国国民政府令：兹制定公文程式条例公布之此令》，《国民政府公报》第 20 号，1928 年 11 月 17 日，第 4 ~ 6 页。

　　由表 2 - 2 可见，盖印方面，三部条例基本没有变化，最大的变化在于署名方面，这与南京国民政府初期政治体制频繁更迭相关。1927 年 3 月，国民党中央执行委员会政治委员会第七次会议通过修改《中华民国国民政府组织法》并由武汉国民政府公布，决定不设主席，实行常务委员负责制。① 不久，蒋介石在南京成立国民政府及中国国民党党部，其虽然在行政

① 参见国民政府法制局编，葛建时校印《国民政府现行法规》，卿云图书公司，1928，第 2 ~ 3 页；中国第二历史档案馆编《中国国民党第一、二次全国代表大会会议史料》下册，江苏古籍出版社，1986，第 996 ~ 997 页。

体系上有所变更，却并未立时废除 1927 年 3 月颁布的《中华民国国民政府组织法》。①

因此，首部《公文程式条例》废除了颁布法令须由国民政府主席及各部部长署名的规定，改为：颁布令、通告、训令、指令等"属于国民政府者，由政府常务委员多数署名，盖用国民政府之印；属于各官署者，由各官署长官署名，盖用各官署之印"。② 不过，令人费解的是，当时并未设置国民政府主席一职，而该条例却规定，特任官、简任官的任命状"由国民政府常务委员主席，及常务委员多数署名，盖用国民政府之印"，荐任官的任命状由"国民政府常务委员主席署名，主管长官副署"。③

1927 年底至 1928 年初，经过各方的共同努力，宁、汉双方达成妥协，并于 1928 年 2 月 3 日在南京召开国民党第二届中央执行委员会第四次全体会议，全会议定了南京国民政府的第一部《中华民国国民政府组织法》，重设政府主席。④ 这部组织法第六条规定："公布法令及其他关于国务之文书，由主席及常务委员二人以上之署名。其与各部有关者，并由各该主管部部长连署，以国民政府名义行之。"⑤ 而为了适应这一修订，便于政府公务活动的开展，南京国民政府在 1928 年 6 月 11 日以第 276 号训令颁布了第二部《公文程式条例》，⑥ 署名、盖印的规定又为之一变。

1928 年 10 月，国民党中央政治会议宣布"由军政时期入于训政时期，允宜建立五权之规模"，再次修正《中华民国国民政府组织法》，决定正式

---

① 王世杰、钱端升：《比较宪法》，第 455 页。
② 王世杰、钱端升：《比较宪法》，第 455 页。
③ 参见《国民政府公布〈公文程式条例〉》（1927 年 8 月 13 日），《民国时期文书工作和档案工作资料选编》，第 262~263 页。
④ 该《组织法》第二条规定："国民政府由中央执行委员会推举委员若干人组织之，并推定其中五人至七人为常务委员；于常务委员中推定一人为主席。"参见《第二届中央执行委员会第四次全体会议纪录》，中国第二历史档案馆馆藏国民党中央秘书处档案，档案号：711（4）-164。
⑤ 中国第二历史档案馆编《中华民国史档案资料汇编》第 5 辑第 1 编"政治"（1），江苏古籍出版社，1994，第 21 页。
⑥ 该条例由国务委员会议主席谭延闿、李烈钧，常务委员张人杰、蔡元培、于右任联合署名签发，具体参见《中华民国国民政府训令第二七六号：令内政部：令发〈公文程式条例〉令仰知照并饬属知照由》，《内政公报》第 1 卷第 6 期，1928 年，第 3~5 页。

实行以五院制为架构的中央行政体系。① 为了适应南京国民政府行政运作机制的这次重大调整，1928 年 11 月 15 日，南京国民政府第三部《公文程式条例》出台，② "国民政府主席及五院院长署名"成为署名方面的新规定。③ 这一规定，体现出当时蒋介石虽然掌握了国民政府的军事实权，但国民党内部派系丛生、地方军事实力派并存的政治格局并未发生根本改变，因此通过会议制（国务会议）和合署制（国民政府主席及五院院长署名）实行集中领导制，是当时五院制的一个特点。因此，时人认为，"国民政府是委员制，是以国务会议处理国务，所以国家、重要政务和各种法律命令，都要经过国务会议的议决及主席和五院院长署名，方才可以公布施行"，这"和专制时代的独裁制既不相同，和民主国家的总统制亦大有区别"。④

这次修订颁布的《中华民国国民政府组织法》是历次国民政府组织法当中最重要的一部，"一因该法是试行孙中山先生五权制度的第一种具体方案；再因自十七年（1928）十月以来，中央的政制，除了因所谓责任内阁制的问题而引起的变化以外，大体上尚始终未脱离该法所设立的规模"。⑤ 此后，国民政府先后在 1930 ~ 1945 年十次修订《中华民国国民政府组织法》，⑥ 不过，由于这

① 该法以中华民国国民政府第 565 号训令正式颁布，其中第一章第五条规定："国民政府以行政院、立法院、司法院、考试院、监察院五院组织之"，从而正式确立了以国民政府主席、五院院长为核心的国民政府行政组织体系。具体参见《中华民国史档案资料汇编》第 5 辑第 1 编 "政治"（1），第 22 ~ 26 页。

② 《中华民国国民政府令：兹制定公文程式条例公布之此令》，《国民政府公报》第 20 号，1928 年 11 月 17 日，第 4 ~ 6 页。

③ 根据 1928 年 10 月颁布的《中华民国国民政府组织法》第十三条规定，"公布法律、发布命令，经国务会议议决，由国民政府主席及五院院长署名行之"。具体参见《中华民国史档案资料汇编》第 5 辑第 1 编 "政治"（1），第 23 页。

④ 参见朱文中《中央行政制度概要——十九年十月在中央政治学校西康特别班讲演》，《中央周刊》第 135 ~ 136 合期，1930 年，第 9 页。

⑤ 王世杰、钱端升：《比较宪法》，第 457 ~ 458 页。

⑥ 时间分别为 1930 年 11 月、1931 年 6 月、1931 年 12 月、1932 年 3 月、1932 年 12 月、1934 年 10 月、1942 年 12 月、1943 年 5 月、1943 年 9 月和 1945 年 11 月。参见《中华民国史档案资料汇编》第 5 辑第 1 编 "政治"（1），第 26 ~ 45 页；《国民政府公布第 10 次修正之〈中华民国国民政府组织法〉》，中国第二历史档案馆编《国民党政府政治制度档案史料选编》上册，安徽教育出版社，1994，第 134 ~ 138 页。

些修订并没有动摇以"五院制"为基础的行政架构，[①] 因此也未引起公文程式的重大修正，署名、盖印的规则也一直保留。

（三）公文用语、分段及标点规定的昙花一现

南京国民政府第二次（1928 年 6 月 11 日）颁布的《公文程式条例》第四条规定："公文书得用语体文，并得分段叙述使用标点。"[②] 所谓语体文，即北京政府时期胡适、陈独秀、钱玄同等知识分子在文学革命中所倡导的白话文。政府的用意是"以清文义"。[③] 这是民国以来政府首次在国家层面的公文程式条例（令）中对公文用语、分段及标点做出明确规定，不过，这款极具革新精神的条文，却在第三次修订的《公文程式条例》（1928 年 11 月 15 日）中被删除了。那么，该条文出台的背景是什么？为何仅仅存在了五个多月即被废止？

时人对该条文评价颇高。张鸿来认为该条文"改造精神，则在创行语体文，及分段叙述，使用新式标点。此为前所未叙及者"。[④] 1934 年，钱文忠在《应用文讲话》一书中指出，"这一次改订公文……最主要的一点，是规定公文可以用语体文，而且分段标点，这是有公文程式以来的最大的革新

---

① 根据国民政府五院制的架构，法律的公布、命令的发布由国民政府主席的签署和关系院院长的合署或副署两部分构成。合署体现的是委员制的政治运作模式；副署则与主席负责制或独裁制相关。1928 年 10 月至 1931 年 12 月蒋介石任国民政府主席之时，国民政府主席由"虚位元首"变为"实权元首"。1931 年 12 月蒋介石辞去国民政府主席，此后至 1943 年 8 月，由林森担任国民政府主席，国民政府主席则变为"虚位元首"，不负实际责任。1943 年 11 月，蒋介石再次担任国民政府主席，恢复了主席独裁制。不过，从历次《中华民国国民政府组织法》的变迁看，无论国民政府主席是否负政治责任，副署制始终与公布权相伴随。因此，这一时期副署所具备的权力制衡意义其实仅为一种形式。参见陈之迈《中国政府》第 1、2 册，商务印书馆，1946；董霖《战前之中国宪政制度》，世界书局，1968；张皓《中国现代政治制度史》，北京师范大学出版社，2010，第 132～135 页；卞琳《南京国民政府训政前期立法程序综述（1928～1937）》，华东政法大学法律学院编《2007 法学新问题探论》，北京大学出版社，2007，第 32～44 页。从署名的角度看，当五院制架构基本定型，国民政府及主席职权的变迁对公文处理流程已无实质性的影响，公文程式的修改意义也就不大了。

② 《中华民国国民政府训令第二七六号：令内政部：令发〈公文程式条例〉令仰知照并饬属知照由》，《内政公报》第 1 卷第 6 期，1928 年，第 3～5 页。

③ 《公文程式条例草案（法制局拟）》（1928 年 5 月 10 日），台湾"国史馆"馆藏国民政府档案，档案号：001－012070－0043。

④ 张鸿来：《民国公文沿革略说》，《师大月刊》第 17 期，1935 年，第 243 页。

了"。① 1946 年周定枚在《公文程式详解》一书中提出，《公文程式条例》
的"特点尤在规定得用语体文，并得分段叙述使用标点"，"此为前式所无，
盖欲适应当时之需要也"。② 近人凌远征则认为，该条文表明国民政府对使
用语体文及标点符号"态度很明朗"，"但是并没有贯彻，而且五个月后再
次公布这个《公文程式条例》时，竟然把这个规定条文一笔勾销，完全删
掉"。③ 既然出台的时候，"适应当时之需要"，且"态度很明朗"，那么肯
定有其推行的理由。对此原因，目前尚未看到有力的原始材料。不过，根据
南京国民政府初期力图"刷新政治"、打造革命政府形象的时代背景，结合
当时公文程式的重要制定者之一——内政部部长薛笃弼的个人经历，不难看
出该条文的出现有其合理性。

1928 年 2 月，历经宁汉分流至宁汉合流的曲折过程，南京国民政府完
成重组，其时有两大目标：一是继续北伐以完成对全国的统一，二是探索
由军政向训政过渡的方式。这两大目标的实现，需要大力宣扬国民党及国
民政府之革命精神以赢得民众的广泛支持。1928 年 4 月 9 日，上海职业指
导所、中华职业学校合办的文书讲习所举行"始业式"，有关人士在演讲
中对传统公文程式进行了较为激烈的批判。侨务局局长钟荣光指出，"中
国文书向极讲究，但不免官僚化、阶级化太深而不负责任，易生弊端，尤
应改革"；上海市教育局教育科科长曹伯权则强调，"文书宗旨当趋于平民
化，办理应简单、手续应省略、文字应根据事实，从前文书最坏之三点，
一为虚伪、二为掩饰、三为陈腐而口气之骄傲卑鄙，尤不合于民主国
家"。④ 董浩在《标点公文程式》中对此问题的分析颇能代表当时民众的普
遍看法：

我国数千年来，政治注重专制，所以封建思想的遗毒，深入人心，
历久不变。公文程式，更是历代政令所寄托，所以从前的种种公文，专
制封建的气味，充满在字里行间，使得人家不耐卒读。在现在的党治

---

① 钱文忠编著《应用文讲话》，乐华图书公司，1934，第 31 页。
② 周定枚编《公文程式详解》，第 41 页。
③ 凌远征：《标点符号推行小史》，《语言教学与研究》1986 年第 3 期。
④ 《文书讲习所开学纪》，《申报》1928 年 4 月 10 日，第 7 版。

下，一切弃旧布新，处处要平民化，事事要革命化，如果公文程式而不能表现民治与党化的精神，影响于党治前途，必定很是重大；因此无论形式方面和内容方面，都有革新的必要。①

1928 年上半年正处于二次"北伐"的关键时期，但国民党政权内部随着派系斗争而日渐凸显"蜕变"之象，这在公文程式方面也有比较明显的表现。北伐之初，民众普遍认为，"革命的人当然用一种新文字了，革命的秘书先生们总不再会做那骈四骊六的雕刻文章了"。国民党政权建立后人们却发现，"原来所谓革命的人也用'叩''伏乞'等字的，也做那晦涩的八股文的"。② 为此，时任国民政府秘书长兼任江苏省政务委员的叶楚伧于1928 年 3 月 22 日发表"文书革命"的倡议，主张废除"等因奉此"等旧式公文用语，得到了国民党高层的认同及普通民众的广泛欢迎。③ "文书革命"一时成为报刊的重要议题。④ 不久，大学院教科图书审查委员会国文国语组召开会议，规定初中国文国语教科图书暂行标准在内容方面是"革命化的"，要求教材使用"近代浅易文字而非古代奥涩文字"，"用新式标点并倡行分段"。⑤ 上海市教育局在响应大学院号召方面走在时代前列。1928 年 4月，上海市教育局颁布《上海特别市教育局与所属各机关来往公文程式》，要求"教育局与所属各机关往来公文，一律采用平等体例"，虽然对"各机关往来文书的文体"不限制语体文和文言文，但要求"教育局去文，一律用语体"，且所有往来公文"均须加标点符号"，并规定"文尚简捷，旧式套语，一律不用"。⑥ 这部"鉴于旧式公文程式等级严重、曲折太多，颇不

---

① 董浩编《标点公文程式》，会文堂新记书局，1946，第 47 页。

② 钦洛：《从文书革命所想到的几句话》，《新评论》第 9 期，1928 年，第 33 页。

③ 到了 1929 年 8 月，还有人撰文怀念叶楚伧"此种打倒封建形式的倡议"，并将这一"旧主张""直到现在还未曾实行"导致"封建式文书"依然大行其道"引为遗憾"。参见大凤《封建式的公文》，《铁报》1929 年 8 月 1 日，第 2 版。

④ 参见《职教社之文书讲习所》，《申报》1928 年 3 月 24 日，第 10 版；《文书革命之新演说：等因奉此一概删除》，《新闻报》1928 年 3 月 6 日，第 4 版；秀生《文书改革杂谈》，《暨南周刊》第 3 卷第 8 期，1928 年，第 66 ~ 70 页。

⑤ 《大学院审查国文国语组会议》，《申报》1928 年 4 月 10 日，第 7 版。

⑥ 《上海特别市教育局与所属各机关来往公文程式》，《上海教育》第 6 期，1928 年，第 39 ~ 41 页。

适合于革命时代，为扫除一切官僚习气而扶植平等精神"而制定的新式公文程式，被时人誉为"文书革命之先声"。① 同月，江苏大学教育行政院文书课课长程光甫认为"'等因奉此'之文，既久为时人所厌恶"，因此提出改革"文书形式"的议案，建议文书要"依文字之段落分作数节"，"文稿中参用标点符号"。② 面对社会改革的声音，服务于"改进训政""革新""建设"的大计，1928 年 5 月 10 日，国民政府秘书处要求该处职员将有关的议案和建议"以简明文字、以书面提出交秘书长室"，并由此启动了第二次公文程式条例修改工作。③ 1928 年 5 月底，上海市教育局在"国民政府未正式颁布改革及颁定新式以前"，制定了九条注意事项，要求"公文书以能达意为度，宜求简单明了，避免繁冗曲折太多之弊"。④ 1928 年 6 月，蔡元培、吴稚晖、于右任等人在国民政府第七十一次会议起草的国民政府对内宣言中提及，"于此结束军事开始训政之时……立即举行者数事，以刷新政治，解除人民之痛苦"。⑤ 由此可见，此时国民政府高层力图"刷新政治"，打造全新的革命政府形象。

这一时期，内政部作为主管政务的重要机构，在推动公文改革方面有重要作用。根据中国第二历史档案馆馆藏内政部档案的记载，内政部首倡革新公文的是时任土地司司长的马铎。马铎于 1928 年 3 月 31 日上任，⑥ 5 月 23 日就提出了《公文革新案》，认为在"此革命时期，万端刷新"之际，"公文往来以传达真情实意为依归"，"所有一切腐词滥调，套语僻典，皆应扫除净尽"，并提出了 7 条具体建议。⑦ 两天后（5 月 25 日），内政部秘书处孟广澎、雷啸岑、曹焘麟、刘武对马铎的《公文革新案》进行审核后认为，

---

① 《市教育局之新式公文程式》，《申报》1928 年 4 月 19 日，第 19 版。
② 《苏大行政院议改文书形式》，《申报》1928 年 4 月 16 日，第 11 版。
③ 《国民政府秘书处关于建议之规约》（1928 年 5 月 10 日），台湾"国史馆"馆藏国民政府档案，档案号：001 - 012070 - 0043。此外，1928 年 5 月 12 日《申报》刊发的法制局拟定的《公文程式条例》草案第四条就与此后正式公布的正式条例完全一致。参见《法制局拟定公文程式条例》，《申报》1928 年 5 月 12 日，第 10 版。
④ 《市教局改良公文程式》，《申报》1928 年 5 月 22 日，第 22 版。
⑤ 高平叔撰著《蔡元培年谱长编》第 3 卷，人民教育出版社，1999，第 233 页。
⑥ 《内农两部派定部员》，《申报》1928 年 4 月 1 日，第 4 版。
⑦ 《内政部关于实行公文革新办法之文稿》（1928 年 5 月），中国第二历史档案馆馆藏内政部档案，档案号：十二（6）- 2667。

公文革新案综其内容，不外两要素，即"公文外形之革新"和"公文内容之革新"。具体意见如下：

> 主张改良公文者，为中央党部委员叶楚伧所倡。目下法制局对于改良公文外形，正在拟定新公文程式，不久即将提交中央政治会议公决，本部似无庸另拟。至改良公文内容一节，前经大学院在国府提议，公文应采用语体文，由国府通令各方查照办理在案。公文既可采用语体文，不但套语浮词、艰涩语句、孤僻典故，将一扫而空，即一切官样文章，如等因奉此、致干未便等滥套，均将屏弃。本部亦不必再事赘言。至公文照录全文，殊觉耗时费事一节，查旧公文程式，下行文本不录原文，平行文在中央各院部素仅摘录来文要义，至上行文，亦向有除原文有案邀免全录外尾开……之格式，即属撮要之法，固不待再行提议也。如本部各外司所拟稿件，仍沿前项各陋习，即由秘书处传谕改革可也。①

经内政部秘书处审议修改后的《公文革新案》有三个方面的较大修改：一是由 7 条减少为 6 条，将原案第四条"公文往来以传达真情实意为依归……使人见而生厌之词，一律革除"删去，融入新案第二条；二是旧案主张"各机关公文往来……应通行文言"，"直接对民众者言"的批示、布告等则"应一律采用白话文"，新案虽然没有明确主张机关间行文要用语体文，但删去了"应通行文言"这一表述，增加了"并用新式标点"这一提法，间接地表达了一种更为积极的改革态度；三是新案对公文承转的全文转录、撮录要文的做法进行了更为翔实的规定，使公文形式革新更具可操作性。

值得注意的是，时任内政部部长的薛笃弼颇具改革精神。薛笃弼毕业于山西省立法政专门学校，早年曾任冯玉祥的书记官，后任河南省民政厅厅长和甘肃省省长。薛笃弼善于对行政工作进行总结，并撰写了不少手册，如《常德从政录》（1924 年）、《县长除弊须知》（1927 年，河南民政厅）、《改良社会办法汇

---

① 《内政部关于实行公文革新办法之文稿》（1928 年 5 月），中国第二历史档案馆馆藏内政部档案，档案号：十二（6）-2667。

存》（1929 年）等。在甘肃任职期间，曾用通俗易懂的白话文撰写了不少歌谣，如《戒鸦片歌》《戒好讼歌》《戒纸烟歌》《戒嫖妓歌》《告农人歌》。① 为了向普通民众宣传新生活及政府政策，这些歌谣简短、通俗易懂，现试举一例：

告农人歌②

我农人耕种天地，最戒是懒惰；早起晚睡多劳苦，可望好收获。

国税总要早完纳，莫等官追索；男耕女织儿读书，田家自有乐。

薛笃弼还颇有平等思想。时人曾记载，他主政河南省民政厅期间，在公文文尾署名时，没有按官场惯例署"财政委员会主席"之衔，"仅于薛笃弼三字之上冠以'你的仆人'四字，颇似西人尺牍之末 Yours Sincerely 之称"。③ 据时任内政部警政司礼俗科科员关民权回忆，薛笃弼任内政部部长时实行签到制度，严格遵守办公时间，形成了锻炼身体、充实知识、纪律严明的"进步的革命的作法"，"系由冯玉祥部下带来的精神活泼、朝气蓬勃的作法"。④ 他于 1928 年 5 月 31 日签发的《暂行公文革新办法》开篇即指出，"政治革新，旧日官厅陋习，均应扫除，而公文程式尤应彻底刷新，力求简明"；并在第六条明确指出，"凡批示、布告之类，直接对民众而言者，应一律采用白话，并用新式标点，俾通晓文义者，一目了然，即不识文字者，亦可一听即解"。⑤ 这一条款，与 6 月 11 日公布的《公文程式条例》第四条颇为类似。1928 年 6 月 7 日，国民政府委员会第七十次会议讨论由经亨颐、王伯群提送的公文程式条例修正草案时，薛笃弼与王世杰、易培基等七人同为列席者。⑥ 据此判断，时任内政部长的薛笃弼对这次《公文程式

① 具体参见薛笃弼在《西北汇刊》1925 ~ 1926 年第 1、2 卷中所撰写的相关内容。
② 薛笃弼：《告农人歌》，《西北汇刊》第 2 卷第 15 号，1926 年，第 38 页。
③ 《你的仆人薛笃弼》，《真光》第 11、12 号合刊，1927 年，第 90 页。
④ 关民权：《内政部阎系人员之始末》，全国政协文史资料委员会编《文史资料存稿选编·军事派系》（上），中国文史出版社，2002，第 643 ~ 645 页。
⑤ 《国民政府内政部令第二六九号：暂行公文革新办法六条》，《内政公报》第 1 卷第 2 期，1928 年，第 39 ~ 40 页。
⑥ 《国民政府委员会会议纪录（二）》，国民党中央秘密处存案本，台湾中国国民党党史馆馆藏国民政府档案，档案号：会 00.83/6。

条例》的修订贡献甚大。

提倡语体文及分段标点的条文，极具革命意义，符合时代潮流，却为何仅仅存在了 5 个多月就被删除了呢？主要原因是该条文的贯彻实施遇到了相当大的阻力。首先，《公文程式条例》虽提倡用语体文，且使用标点符号，但只是一种倡导，"增进公文内容之明显，则拟准许各机关于命令、呈文、批示、公函及布告等公文书内，概得酌量情形，采用语体文并许其分段叙述、酌加标点"，[①] 并没有附上具体的实施方案与细则，其在全国范围内实施，难度就可想而知了。其次，经过晚清废科举、办新学，以及教育部在中小学推行语体文等铺垫性工作，全国民众对语体文及新式标点有所了解，但长期延续下来的传统势力依旧强大，政府机关里面具体办理公文的人员有不少是来自清朝的书吏，他们对语体文及标点符号颇为抵制。事实上，时人也认为，一时完全推行白话文难度颇大，如黄柏涯认为，"群众于文字上的修养不同，有的是习于文言，有的是习于白话，文白兼擅的，固然不少，偏长文言而不擅白话的，也很多很多，如果一定要偏长文言的做白话，岂不是困人所难"。[②] 改良公文方面颇为先进的上海市教育局在制定公文程式及相关注意事项时，虽然反对如"切切此令""致干未便"等"旧式向来沿用之腐化语句"，认为公文"不加用新式圈点"，"或字句不加断逗"，会"令人不得其得，殊为可惜"，但主张"公文内字贵切实中肯、表明真义，不尚形式而尚精神，故用文言或语体均可"。[③] 因此，当时国民政府中新、旧两派协商后认为，旧式公文虽有缺陷，但"也有许多长处，未可偏废。并且新体公文的提倡者，对于旧式公文的特长之处，还没有准备替代材料以前，如果骤然废止，恐怕要闹成新旧脱辐的状态"，遂决定"调和新旧，拟定折中办法"，[④] 由教育部等先行试点，[⑤] 在条件成熟后再普遍推行新式公文。因此，当 1928 年 11 月再次修订《公文程式条例》的时候，该条文被删去，就不

---

① 《公文程式条例草案（法制局拟）》（1928 年 5 月 10 日），台湾"国史馆"馆藏国民政府档案，档案号：001 - 012070 - 0043。
② 黄柏涯：《标点活用：时代公文程式大全》，东方文学社，1934，编辑大旨。
③ 《市教局改良公文程式》，《申报》1928 年 5 月 22 日，第 22 版。
④ 金寒英编著《公文新范》，第 28 页。
⑤ 具体试点过程参见本书第四章的相关内容。

足为奇了。

总之，国民政府早期，既是孙中山逝世后国民党最高权力轮替的关键时期，又恰逢国民党由在野党转变为执政党的转型调适期，各派政治势力为争取最高权力而多方博弈。从广州国民政府到南京国民政府，从《公文程式令》到《公文程式条例》，国民政府行政机关间的行文规范基本确定，1928年之后，各级行政机关以公文程式条例（令）为基础，相继出台与之相匹配的细则，形成了较完备的公文运作体系，为这一时期行政事务的正常开展提供了较为可靠的保障。

第二节　博弈："以党治国"形态下的党部公文程式

国民党自 1924 年改组之后厉行"党治"，仿照俄共体制自上而下建立了一套与行政层级并行的党务组织。国民党中央党部之下依次设立省党部、县党部、区党部和区分部，分别与省、县、区、乡等行政系统相对应。在"训政"体制下，党政两大组织系统双轨并进，形成一种双重衙门体制。这是中国有史以来政治控制体制由单轨制向双轨制的重大转变。① 此后，"党治"虽历经党权支配军政（1924～1926）、党权与军权分裂抗争（1927～1931）、军权控扼党政（1931 年以后）等诸多变化，但形式上"以党治国"的原则一直未曾废止。围绕"以党治国"的名与实，党权与军权、政权多次冲突博弈，国民党各级党部的公文程式也逐渐磨合并趋于稳定。

一　党政机关间行文规则的探索与确立

国民党改组后，党政关系最初并未形成定制。从 1924 年国民党改组至 1926 年初，党权"至高无上"，广州国民政府不仅实际上由国民党指挥监督，而且在形式上，党的决议与命令也常见于国民政府的公文法令当中。②

---

① 王奇生：《党员、党权与党争——1924～1949 年中国国民党的组织形态》，上海书店出版社，2003，第 180 页。
② 王世杰、钱端升：《比较宪法》，第 453 页。

这一时期，各级政府与各同级党部间行文多用"咨"这一公文文种。① 根据1925年8月广州国民政府颁布的《公文程式令》，"咨"为"同级官署公文往复时用之"的公文。由此可见，此时同级党部、政府之间保持着平级的关系，以咨行文，互不干涉对方的具体事务。这一时期党权与政权的斗争不似党权与军权那么激烈，一方面有人事方面的原因，廖仲恺遇刺身亡后国民党中央政治委员会主席一职由广州国民政府主席汪精卫兼任，党政权力集于一人；另一方面也与国民党最初设计的党政制度有关。1926年1月，广州国民政府通告国民党所属各党部不得干涉地方财政和一切行政。该通告称："国民政府基于以党治国之精神而成立，凡政府所举措，皆本于党之主张。最高党部代表本党对于政府施行指导、监督，其余各属党部及各种人民团体对于政治问题，固有自由讨论及建议之权，而对于财政收入及一切行政事项，不容直接干涉；否则破坏行政统一，纪纲不存，国无以立。"② 由此可见，最初国民党所设计的党政关系模式，只打算在中央一级实行直接党治，而在地方则保持行政权的统一性与独立性，实行"党政分立"，不允许地方党部直接干涉地方行政。

地方党部不干涉地方政府行政权的这一原则在北伐期间曾一度为"以党治政"的方针所取代，1926年11月，广州国民政府公布的《修正省政府组织法》规定："省政府于中国国民党中央执行委员会及省执行委员会指导、监督之下，受国民政府之命令，管理全省政务。"③ 因此，这一时期，国民党中央执行委员会及省执行委员会对省政府直接以令行文的情况比较常

① 广西省政府秘书处编辑出版的《广西公报》就刊载过不少"咨"类公文。例如，1926年8月，广西省政府就北京师范大学教育学士莫震旦请求取消驱逐出境之处分一事发文广西省党部，使用的为"咨"这一公文文种（《广西省政府咨省党部据教育学士莫震旦呈请取销驱逐出境之处分等情请即查核复复文》，《广西公报》第8册，1926年，第16~17页）。又如，1926年5月广西恩隆县知事立中为该县罗明山等七人贴发通告抗税一案，请求省政府裁决，因为罗明山等七人为国民党党员，故8月广西省政府又发文至广西省党部执行会，请求革除这七人的党籍。该文使用的也为"咨"（《广西省政府咨省党部执行会据恩隆县呈据罗明山等七人通告抗税情形除饬县缉究外应请查照革除党籍文》，《广西公报》第8册，1926年，第9页）。而查阅1927~1928年《中国国民党广西省党部党务月报》可以发现，广西省党部行文广西省政府也多用"咨"文。
② 《国民党政府政治制度档案史料选编》下册，第260~261页。
③ 《国民党政府政治制度档案史料选编》下册，第546~547页。

见，省政府也常以"呈"文行至国民党中央执行委员会。1927年4月，江西省政府主席朱培德因为减租问题致电中国国民党中央执行委员会请求解释时，使用的是"呈"。① 南京国民政府成立之后，一些省政府依旧采用呈文的方式直接向国民党中央党部行文。例如，甘肃省政府在向南京中央党部、国民政府军事委员会开封政治分会发表支持北伐的通电中，使用的文种为"呈"。② 江西省政府在1927年9月颁布的《江西省政府暂订公文程式》中明确规定，"省政府对于中央党部、国民政府均用呈"。③

但南京国民政府成立后，国民党高层又重新恢复了地方上"党政分立"的基本原则，地方党政机关的行文方式开始发生变化。在南京国民政府直接控制的浙江省变化最为明显。国民党军队攻克浙江之后，首先于1927年4月成立"浙江省务委员会"主持日常政务，当时国民党中央执行委员会政治会议浙江分会是以"训令"向浙江省务委员会公布省务委员会条例及秘书处、民政厅、教育厅等组织条例。④ 到了1927年7月，国民党中央执行委员会政治会议决议将浙江省务委员会改组为浙江省政府时，浙江分会则是以"公函"的方式通知浙江省务委员会的。⑤ 这一变化源自1927年6月国民党中央执行委员会第101次常务会议批准的《县党部与县政府之关系条例》，该条例规定，"县党部于县政府有监督职权，及建议之责，但不得强制县政府执行（县党部非正式成立时，只以努力党务工作为限）"，"县政府对于县党部有维护之责，不得干涉党务之进行"，"县党部不满意于县政府之措施，应提出意见于省党部，由省党部转咨省政府处理；如县政府对于县

① 《江西省政府呈中国国民党中央执行委员会请明令解释减租问题由》，《江西省政府公报》第23期，1928年，第75～76页。
② 《甘肃省政府呈中央开封并通告各省电》，《甘肃省政府公报》第15期，1927年，第1～2页。
③ 《江西省政府暂订公文程式》，《江西省政府公报》第1期，1927年，第58页。
④ 具体参见《中国国民党中央执行委员会政治会议浙江分会训令第七号：令浙江省政务委员会》，《浙江建设厅月刊·公牍》第1号，1927年，第3～4页；《中国国民党中央执行委员会政治会议浙江分会训令第一四号：令浙江省各委员会：饬遵任用人员办法由》，《浙江建设月刊·公牍》第1号，1927年，第4页。
⑤ 《为改组浙江省政府并召集新任各委员就职由》，《浙江建设厅月刊》第3号，1927年，第86～87页。

党部之措施，有不满意时，亦应提交省政府转咨省党部处理，各不得直接行动"。① 这一规定，实际上确定了在遇有重大或有争议需要协商解决时，同级县党部与县政府间不能直接行文，须由上级机关转行处理的规则，从而防止省党部直接指挥县政府，或是省政府指挥县党部。虽然这一条例并没有明确指出省党部与省政府间的关系，但浙江分会行文方式的变化表明党政分立的原则并不限于县级党政机关。当时成立不久的上海特别市由于"不入省、县范围，直隶中央政府，体制较崇"，"事属创始"，而"上海中外法团林立"，"对于各机关行文程式既无成法可循，办理殊感不便"，1927 年 10 月张定璠市长就该市如何与"不属于管辖以内而为中央或各省所设置者如上海特别市市党部及各区党部、各区分部"等机关行文一事呈文国民政府，"拟请颁定公文程式"。② 国民政府法制局依据 1927 年 8 月公布的《公文程式条例》第二条之规定，认为"上海特别市政府与上海特别市市党部、各区党部、各区分部……纯为不相隶属之官署，公文往复应用公函"。③ 这一规则很快在地方政府公文程式当中体现出来，例如 1927 年 9 月，江西省政府公布的《暂订公文程式》规定，"省政府对于省党部用公函，各县市各级党部由省党部转"。④ 不过如前所述，该程式同时规定，"省政府对于中央党部、国民政府均用呈"，这就意味着此时的国民党中央党部不受县党部与县政府间行文规则的限制，可以令行省政府。

1928 年以后，这一规则的适用范围进一步扩大。1928 年 2 月，国民党第二届中央执行委员会第四次全体会议上通过的《整饬党纪之方法案》规定，"各地政府与党部有冲突时，须分别呈明各上级机关，共同处理"。⑤ 1928 年 8 月，蒋介石在国民党第二届中央执行委员会第五次全体会议上提

---

① 《县党部与县政府之关系条例》，《江都县政治月刊》第 5 期，1927 年，第 56 页。
② 《呈为上海中外法团林立请颁定公文程式以资遵循由》（1927 年 10 月 17 日），台湾"国史馆"馆藏国民政府档案，档案号：001 - 012070 - 0043。
③ 《呈复关于上海特别市市长张定璠为上海中外法团林立请颁定公文程式案胪举各端请转呈政府核定由》（1927 年 10 月 31 日），台湾"国史馆"馆藏国民政府档案，档案号：001 - 012070 - 0043。
④ 《江西省政府暂订公文程式》，《江西省政府公报》第 1 期，1927 年，第 58 页。
⑤ 荣孟源主编《中国国民党历次代表大会及中央全会资料》（上），光明日报出版社，1985，第 522 页。

出"党部与政府、政府与民众之关系及其职权案"，提出"约法三章"，其中"党员与行政间之约法"即要求"党员决不直接干涉或处理行政"。① 此次会议通过了《各级党部与同级政府关系临时办法案》，规定："凡各级党部对于同级政府之举措有认为不合时，得报告上级党部，由上级党部、政府依法查办。各级政府对于同级党部之举措，有认为不满意时，亦得报告上级政府转咨其上级党部处理。"② 由此，各级党部均不能直接对下级行政机关以令行文，干涉行政事务的运行；反之，各级政府也不能直接对下级党部以令行文。根据党员或党部不直接干涉行政的精神，在中央一级虽实施直接"党治"，但国民党中央执行委员会依然不能直接对各级地方政府下达命令，必须通过国民政府咨转来实现。考察这一时期各地方政府的政府公报，涉及传达国民党中央精神的公文，须先由国民党中央执行委员会以"公函"送至国民政府，再由国民政府传达至各省、市、县行政机关。各级地方党部若有事务需通知地方政府或要求地方政府执行，则须通过呈请上一级党部转发。同样，各级政府对各地党部的行文规则也是如此，不能对下级党部直接行文。至此，各级党部与各级政府在处理下行机关事务时互相行文的程式基本确定。

事实上，省级以下同级党部与政府机关间的直接行文，在实际政务活动中也时常发生。对此，地方政府多根据《公文程式条例》中同级官署或不相隶属之机关间的行文规则，以"咨""公函"行文。例如，1927 年 9 月，江浦县公安局局长梁孝咏呈文江苏省民政厅，请求核示县公安局与县党部的行文程式，江苏省民政厅以第二千一百号指令回复："公安局对于县党部职权不相隶属，行文程式应用公函。"③ 这实际承认了县政府下属机关具备直接对县党部行文的合法权限。

在地方一级党政分立原则之下，地方各级党部对地方各级政府只有监督责任而并无指挥之权，一些地方甚至发生地方政府以令行文地方党部的情

---

① 《第五次中央全体会议重要提案汇存：党部与政府、政府与民众之关系及其职权案》，《国闻周报》第 5 卷第 32 期，1928 年，第 2～3 页。

② 《国民党历次会议宣言及重要决议案汇编》第 1 册，中国第二历史档案馆藏国民党中央秘书处档案，档案号：711（4）-521。

③ 《江苏民政厅指令第二千一百号：令江浦县公安局长梁孝咏呈请核示对于县党部公文程式由》，《江苏省民政厅公报》第 73 期，1927 年，第 7 页。

况。1928年初，由于处理"缙云县民治科科长电控叶迈鼓动风潮案"，缙云县县长李开福竟以"令文"训示县党部，这也引发了浙江省党部临时执行委员会委员的强烈不满，他们认为，"以党治国，载在党纲。县党部为县政府之监督机关，并非隶属于县政府之下。是则县政府对于县党部不能用令，其义甚明"，并致函浙江省政府，要求"通缉""归案惩办"已经卸任县长的李开福。① 浙江省政府以民字第二一三七号令通告全省，明确规定"县政府对县党部行文，应用公函"。② 国民政府施行"训政"之初，地方党部势力一度压制地方政府，地方党部侵蚀地方政府职权的现象时有发生，"现在我们看到各地的党部，好似当地的太上政府，无论甚么事不是干涉政府的行政，就是扰乱人民予以不良好的影响"。③ 比如，1929年2月，由于上海特别行政市各区党部及分区党部经常干涉区政府及分区政府的行政事务，行政机关深感"殊难应付"，不得不呈请上海市公用局并由上海特别市政府致函上海特别市党部指导委员会，要求各区党部"对于行政方面如有建议或要求主张事项"，应由市党部转咨市政府加以解决。④ 1930年前后，湖南省一些县党部甚至以呈文直接行至省民政厅，要求"惩处或任免县长"。⑤ 因此，1930年6月，国民党中央监察委员会做出两点决议：（1）县监察委员会毋庸派员列席县政府各种会议；（2）县监察委员会派员列席县执行委员会有发言权，无表决权。⑥

1932年11月24日，中国国民党中央第四届执行委员会第四十八次常务会议重申党部不能干涉地方事务的原则，规定"党部门额印章及文牍之样式，另行规定，不得悬挂类似官署之匾榜或袭用类似官署之印信，及沿用

---

① 《杭州快信》，《申报》1928年2月2日，第10版。
② 《令各县对县党部行文应用公函由》，《浙江省政府公报》第215号，1928年，第9~10页。
③ 孙科：《办党的错误和纠正——十九年二月一日在中央党部总理纪念周讲》，《中央党务月刊》第29期，1930年12月，第236页。
④ 《上海特别市政府训令第三五三九号 令公用各局 为各区党部对于行政方面主张应呈由市党部转咨由》，《上海特别市政府市政公报》第20期，1929年，第6~7页。
⑤ 《省指委会函复将党部政府行政系统详加解释令各县市党部遵照由》，《湖南民政刊要》第17期，1931年，第28页。
⑥ 参见《令各级党部：令知县监委会毋庸派员列席县政府各种会议县监委会派员列席县执行委员会有发言权无表决权仰即饬属一体知照由》，《中央党务周刊》第23期，1930年，第7~8页。

官署之公文程式格调，以矫正党衙党官之恶习。除党部与党部间或党部与党员间之相互关系外，不得以党部或党员之名义对外，尤不得以党部或党员之名义干涉地方行政或司法事务，但遇公务员有违法渎职之行为者，得搜集实据，由县党部陈报省党部转达本部或省政府查办"。① 此后，由于国民党中央并不支持各级党部直接干涉地方行政，再加上受国民党"清党"及内部派系斗争影响，② 国民党地方党部对地方事务的干预能力进一步弱化，甚至最后变为各级地方政府的附庸。③ 由于党部的权力"有名无实"，很多党员甚至不愿意参加党的会议，党部的工作更加单调，且流于形式，此时的党部公文跟行政公文相比，其重要性就大大降低了。曾任职于行政院秘书处的陈克文在 1939 年 2 月 11 日的日记中对此有记述："党部办事大部分公文化了；党的会议没有内容，徒耗时间，令人生厌。"④ 由于各级党部职权的弱化及地方党部对地方政府监督的"名存实亡"，行政公文在国民政府公文运作体系中的主体地位基本确立下来。

二　党部公文程式的基本定型

相对于党政机关间复杂的行文规则与程式，各级党部内部的行文程式则简单许多。北伐期间，一些地方党部或党务整理委员会就曾制定党部内的公文程式或公文处理办法。⑤ 1928 年 5 月 10 日，由法制局初步拟定并向国民

---

① 《中国国民党第四届中央执行委员会第四十八次常务会议记录》，具体参见中国第二历史档案馆编《中国国民党中央执行委员会常务委员会会议录》（19），广西师范大学出版社，2000，第 227～228 页。

② 崔之清认为，国民党"清党"运动及内部派系斗争，造成了三方面的后果：一是省市党部党员数量和质量严重下降，二是军队党员数量大幅上升，三是地方党部重建困难重重。这使得国民党军事化的程度加深，军人干预党政的政治格局进一步得到强化，最终使国民党的组织恶质化。参见崔之清《从传统到现代：近代中国史节点考察》，生活·读书·新知三联书店，2014，第 410～412 页。

③ 参见王奇生《党员、党权与党争——1924～1949 年中国国民党的组织形态》，第 181～199 页。

④ 陈方正编辑、校订《陈克文日记：1937～1952》上册，社会科学文献出版社，2014，第 348～349 页。

⑤ 如 1927 年 6 月，广西省党部执行委员会公布了《各党部暂行公文程式》，对党部内及党部与民众团体间的行文规则进行了规定。参见《通告本会订定各党部暂行公文程式仰饬一体知照由》，《广西省党部党务月刊·公牍》第 2 期，1927 年，第 94 页。

政府第六十三次委员会议提请审议的《公文程式条例草案》当中没有出现
"党部"字样，[①] 但到 6 月再次提交国民政府第七十次委员会议的《公文程
式条例审查报告》中有三处出现了"党部"二字，不过这次会议讨论后
"党部"二字均被删去，[②] 而 6 月 11 日公布的《公文程式条例》最终也没有
出现与"党部"有关的内容。这一变化过程反映当时国民党高层一度有制
定"党政一体"公文程式的动机，不过，最终国民党政权还是选择专门制
定党部公文程式。

　　早在 1927 年 11 月底，上海特别市党部临时执行委员会第七次常委会就
批准了"书记长召集各部处文科主任联席会议议决"的"党部对内对外公
文程式"。[③] 国民党中央党部于 1929 年 1 月召开的第 190 次常务会议通过了
由国民党中央各部处会秘书事务会议呈送的《中国国民党中央党部公文程
式》，即国民党各级机关处理事务的公文规定。该程式共有 12 条，对党部
通用公文文种、党政机构间的行文规则、公文用纸等做出了规范化的要求，
重点对党部内部、党部与国民政府及党部与人民团体间的行文关系进行了较
为明确的规定，使得处理中央党部与国民政府间的行文程式问题有了可靠的
依据。文种方面，第二条规定，公文分训令、指令、通告、任用书、呈、公
函、批答七类，"训令，对于所属下级机关有所指挥或告诫时用之"，"指
令，对于所属下级机关因呈请而有所指示时用之"，"通告，宣布关于普遍
性质之事件时用之"，"任用书，任用工作人员时用之"，"呈，下级机关对
于上级机关有所呈请时用之"，"公函，不相隶属之机关往复启答时用之"，
"批答，对于党员个人或人民呈请事件之答复时用之"。此外，该程式第三
条规定"中央所属各部处会对于中央执监委员会用呈；各部、处、会相互
间用公函"，第四条规定"中央及所属各部、处、会对于国民政府及其所属

① 《公文程式条例草案（法制局拟）》（1928 年 5 月 10 日），台湾"国史馆"馆藏国民政府档
案，档案号：001 - 012070 - 0043。
② 这三处均出现在第二条关于公文文种的规定方面，如对"令""训令""指令""布告"定
义后，就规定"以上属于党部或国民政府者，由主席或常务委员署名，盖用党部或国民政
府之印"；而对第七种公文文种"状"定义时，明确规定，"人民对于党部或公署有所陈述
时用之"。具体参见《公文程式条例审查报告》（1928 年 6 月），台湾"国史馆"馆藏国民
政府档案，档案号：001 - 012070 - 0043。
③ 《市党部临时执委会记》，《申报》1927 年 12 月 1 日，第 14 版。

各机关，概用公函"。① 以上规定清楚地表明：当时中央执监委是国民党中央的最高决策机关，党与政府之间并无直接隶属关系，国民党中央党部所属各部、会、处具备直接对外行文的权限。

《中国国民党中央党部公文程式》的适用范围虽为中央党部，但其所使用的文种及规则可以推广到地方党部。比如，国民党浙江省执行委员会制定的《中国国民党浙江省省县党部公文程式》所使用的文种在中央党部公文程式的基础上增加了"通令"一种，用于"对于所属下级机关宣布含有普遍性质之中央事件"。② 不过对于地方党部而言，尚有两点问题需要解决：第一，各省、各特别市党部内各部可否对外向政府及其他机关直接行文；第二，地方党部如何与各级人民团体行文。

对于第一个问题，国民党中央执行委员会在1930年拟具了两条办法：第一，省或特别市党部内各部如遇事关各部之部文而直接进行，为便利者，则此一部得单独对外行文，唯事后须报告各该省或特别市执委会；第二，如事关两部以上或全部党部者，省或特别市党部内各部须呈由各该省或特别市执委会核办，得其指令委办者，始得对外行文。③

第二个问题相对复杂一些。《中国国民党中央党部公文程式》第五、七条规定了人民团体与中央及所属各部、处、会间的行文关系，但第七条"在民众团体法规未修订公布以前，中央民众训练委员会对于各人民团体之指导监督，得以令行之"这一条款比较笼统。各地人民团体与当地党部及其所属部、会间如何行文？人民团体与各地党部的主管部、会（有隶属关系）和非主管部、会（无隶属关系）间如何行文？这里实际上也涉及国民党对人民团体的监督、管理问题。

早在1927年6月，广西省党部执行委员会公布的《各党部暂行公文程式》就明确规定，"省党部对民众团体用令，民众团体对省党部用呈"；"省

① 具体参见《第一百九十次中央常务会》，《中央周报》第1~2期，1929年，第22~23页；《中央党部决定公文程式》，《军事杂志》第9期，1929年，第1~2页；朱翊新《现行公文程式集成》，世界书局，1946，第14页。

② 《中国国民党浙江省省县党部公文程式》，《浙江党务》第39期，1929年5月25日，第22~23页。

③ 《中央执委会通告省市党部各部行文规定》，《湖北省政府公报》第140期，1930年10月8日，第43页。

党部内之各部对市县党部内之各部及所属民众团体用令，市县各部及所属民众团体对省各部用呈"；"省党部内之各部对市县党部及非所属之民众团体来往用公函"。① 可见，此时的党部行文民众团体，已将隶属（所属）与非隶属（非所）作为划分标准了。1929 年 1 月《中国国民党中央党部公文程式》第七条规定，"在民众团体法规未修订公布以前，中央民众训练委员会对于各人民团体之指导监督，得以令行之"。② 这也为国民党政权通过公文形式加强对人民团体的控制埋下了伏笔，部分地方党部在制定公文程式时延续了这一精神。1929 年 5 月《中国国民党浙江省省县党部公文程式》第五条规定："省县党部及其各处、部、会，对于人民团体有所指挥、诰诫、批答或差委时用令，其他事件得用公函。"③ 值得注意的是，该部公文程式第九条明确规定："公文书得用语体文，并得分段叙述，使用标点。"④ 而这一时期《浙江党务》上刊发的文章和公文，已经非常熟悉地分段及使用标点符号，体现出与《内政公报》等刊登行政公文的不同，这也是 1928 年 6 月国民政府第二部《公文程式条例》倡议推广语体文与标点符号后为数不多的官方回应。1929 年 6 月，中国国民党第三届中央执行委员会第二次全体会议议决通过《人民团体组织方案》，该方案首先指出国民党关于民众运动的方针之一，就是"全国农工已得有相当之组织者，今后必须由本党协助之，使增进智识与技能，提高其社会道德之标准，促进其生产力与生产额，而达到改善人民生计之目的"，进而要求人民团体实行申请许可制度，"接受申请之党部应即派员视察，党部认为合格时即发许可证书并派员指导"，"团体组织完成，经当地高级党部认为健全时，应呈请政府核准章程立案"。⑤ 由此，人民团体逐步纳入国民党各级党部的监督管辖之下。1930

---

① 《通告本会订定各党部暂行公文程式仰饬一体知照由》，《广西省党部党务月刊》第 2 期，1927 年，第 94 页。
② 参见《第一百九十次中央常务会》，《中央周报》第 1~2 期，1929 年，第 22~23 页；《中央党部决定公文程式》，《军事杂志》第 9 期，1929 年，第 1~2 页；朱翊新《现行公文程式集成》，第 14 页。
③ 《中国国民党浙江省省县党部公文程式》，《浙江党务》第 39 期，1929 年 5 月 25 日，第 23 页。
④ 《中国国民党浙江省省县党部公文程式》，《浙江党务》第 39 期，1929 年 5 月 25 日，第 23 页。
⑤ 立法院秘书处：《立法专刊》第 2 辑，民智书局，1930，第 2~3 页。

年2月，国民党中央执行委员会颁布了《人民团体与党部往来公文程式》，该项公文程式共六条，内容如下：

第一条、人民团体与党部往来公文依本程式之规定；

第二条、各人民团体对于各该地高级党部及主管部会行文用呈，对于其他各部会得用公函；

第三条、各人民团体对于各地党部无隶属关系者行文得用公函；

第四条、各地高级党部及主管部会对于各该地主管人民团体有所指挥或告诫时用训令，对其呈请有所指示时用指令；

第五条、各地党部及其所属总会与各地人民团体无隶属关系者行文均用公函；

第六条、本程式由中央执行委员会核准施行。①

这一公文程式是南京国民政府时期制定的有关人民团体的第一个规定。综观这一公文程式，规定二者间行文的主要依据为是否有隶属关系，有隶属关系者党部与人民团体间行文用令、呈，其余均为公函。依照前项之《人民团体组织方案》，各地高级党部对人民团体的组织具有审查复核之责，为其主管机关，所以只有各地高级党部对隶属之人民团体行文才可用训令、指令，人民团体对该地高级党部及其主管部会用呈。除此之外，其他机关与人民团体均以公函相行文。这一规定简单易行，以直接隶属为原则确定行文，人民团体只认其主管机关，其余机关不论行政级别多高都以公函行文，显示其应有之社会地位。

至此，经过数年党政机关公文运作的实践，先后形成《中国国民党中央党部公文程式》《人民团体与党部往来公文程式》等法令及其他相关条款，为党部与政府机关、党部与人民团体以及党部内部的行文程式确定了基本规范。

---

① 《人民团体与党部往来公文程式》，《中央党务月刊》第19期，1930年，第61页。另参见中国第二历史档案馆藏国民党中央秘书处档案，档案号：711（5）-5。

第三节 "亲睦之意"：《蒙藏公文程式》
及其象征意义

中国是一个多民族的国家，边疆少数民族问题也为历代中国政府所高度重视。民国初立，即于 1912 年 5 月成立蒙藏事务处，隶属内务部，同年 7 月改为蒙藏事务局，直隶于国务总理。一战前后，西藏等边疆地区受帝国主义势力干扰与破坏，与北京政府的关系一度紧张，为了进一步加强对西藏等边疆地区的管辖，袁世凯政府将蒙藏事务局改为蒙藏院，直隶于大总统。北京政府覆灭之际，南京国民政府即开始筹划成立蒙藏委员会，以取代北京政府的蒙藏院。[①]

1928 年 4 月 3 日，国民政府公布《国民政府蒙藏委员会组织法》，[②] 并于当年 6 月修正通过。[③] 1928 年 7 月，国民政府在南京成立蒙藏委员会筹备处，并于 1929 年 1 月正式成立蒙藏委员会，直属于国民政府，负责"关于蒙藏行政事项"，"关于蒙藏之各种兴革事项"。[④]

从蒙藏事务处、蒙藏事务局到蒙藏院，再到蒙藏委员会，民国时期关于边疆事务的行政管理机构一直存在，但在处理中央政府、各省行政机构与蒙藏地方机构及宗教领袖的行文关系方面，却一直缺乏一个有效的程式规范。早在 1912 年 9 月，蒙藏事务局就各将军、都统、都督、办事长官与蒙旗王公、扎萨克之间的行文问题发布照会，认为"从前理藩部及各路将军大臣行文蒙旗王公、扎萨克均用'札'、'饬'字样，蒙旗王公、扎萨克对于理藩部及各路将军大臣均用呈文。此系专制时代制度。现在国体既改共和，所有公文程式亟宜变更"。因此，蒙藏事务局要求"本局及各路将军、都统、都督、办事长官等行文各蒙旗王公、扎萨克等，一律改用照会；各蒙旗王

---

① 喜饶尼玛、苏发祥编《蒙藏委员会档案中的西藏事务》，中央民族大学出版社，2006，第 1~9 页。

② 《国民政府蒙藏委员会组织法》（十七年四月三日公布），《司法公报》第 9 期，1928 年，第 79~80 页。

③ 《修正国民政府蒙藏委员会组织法》（十七年六月八日公布），《司法公报》第 13 期，1928 年，第 70~71 页。

④ 《国民政府蒙藏委员会组织法》，《行政院公报》第 22 号，1929 年，第 5~6 页。

公、扎萨克等行文本局及各路将军、都统、都督、办事长官等，一律改用咨呈，以昭划一"。① 不过，这份作为公文颁发的规定，主要涉及中央及省级行政机构与蒙藏地方机构间的行文关系，没有考虑蒙藏地方机构间以及其他省级以下地方机构与蒙藏地方机构间的行文程式，也没有涉及各级行政机构与蒙藏地区宗教领袖间的公文往来问题。面对"中央各机关与蒙藏地方长官应用之公文程式，迄今无明文规定，以致往来文件式样纷歧，殊不一致"的情况，成立不久的蒙藏委员会很快"拟具蒙藏公文程式十条"，并经过行政院第五十三次会议决议通过，于1930年1月17日以院令第八号正式颁布，即《蒙藏公文程式》。②

作为规范国民政府机关与蒙藏地区少数民族机构及宗教领袖之间的公文处理流程的法令，《蒙藏公文程式》内容非常精简，共计十条，具体条款如下：

一、国民政府及五院对盟、旗用令，盟、旗对国民政府及五院用呈。

二、各部、会与盟互用咨或公函。

三、各部、会对旗用令，旗对各部、会用呈。

四、盟对旗用令，旗对盟用呈。

五、盟、旗与省、县一律互用公函。

六、其他机关与盟、旗除有特别规定外，一律互用公函。

七、国民政府对达赖、班禅用令，达赖、班禅对国民政府用呈。

八、各院、部、会与达赖、班禅一律互用公函。

九、各省与达赖、班禅一律互用公函。

---

① 《蒙藏事务局通行酌定各将军都统都督办事长官对于蒙旗王公扎萨克等及王公扎萨克等对于本局及各将军都统都督办事长官公文程序请照饬办理文》，《政府公报》第146号，1912年9月23日，第5~6页。

② 参见《令蒙藏委员会：呈送蒙藏公文程式草案鉴核指令祗遵由》，《行政院公报》第118号，第55页；《令直辖各机关：为抄发蒙藏公文程式由》，《行政院公报》第118号，第38~39页；《令：第八号（十九年一月十七日）：兹制定蒙藏公文程式公布之此令》，《行政院公报》第118号，第18页。

十、其他机关与达赖、班禅除有特别规定，一律互用公函。①

由上可知，该程式分别就国民政府，五院及其所属部会，各省、县行政机关与蒙藏各盟、旗及达赖班禅之间的行文关系做出了明确规定，除确定双方上行、下行及平行的行文程式外，并无其他内容。不过，从该程式的条款中，我们可以解读出以下两点内涵：第一，第一、三、七条从行文程式上明确了中央政府对蒙藏地方及宗教领袖的领导权，有利于强化中央政府对这些地方的管理；第二，第二、五、八、九条表明国民政府实际上承认了盟、旗与省、县具有平等地位，② 达赖、班禅与各部、会及各省级行政机关具有平等地位，是从公文程式方面礼遇蒙藏地区上层僧俗人物，以增强蒙藏地区对中央政府的认同。时人认为，"此种规定，因蒙藏人民有历史上特殊制度，故承认其超然地位，于公文程式中特寓亲睦之意"。③

《蒙藏公文程式》颁布不久，很快收到了两个方面的反馈。第一，章嘉呼图克图致函蒙藏委员会，认为"《蒙藏公文程式》并未提及该大国师应行文件"；国民政府文官处则认为"《蒙藏公文程式》以现有政治地位者为限，章加呼图克图（按，"加"应为"嘉"）既与政治无关，似无加入之必要"，对该建议予以驳回，④ 依然只保留达赖、班禅两位宗教领袖的行文程式。第二，察哈尔、绥远省政府电请行政院修正《蒙藏公文程式》第五条："各盟、旗与省政府往来公文，向用照会、或咨、或公函"，希望保留照会、咨等公文文种，并请求省政府对旗行文用"令"。对此，行政院认为，《蒙藏公文程式》第五条"互用公函"，一方面是为了形式上的"划一"，另一方面，"各盟、旗应否隶属省政府管辖，此时尚属疑问，若对旗用令转，恐发

---

① 《令第八号（十九年一月十七日）：兹制定蒙藏公文程式公布之此令》，《行政院公报》第118号，第18页；国民政府训令第26号：蒙藏公文程式（十九年一月二十一日）》，《国民政府公报》第376号，1930年，第5～6页。

② 段金生在《南京国民政府的边政》一书持这一观点。参见段金生《南京国民政府的边政》，民族出版社，2012，第110～111页。

③ 胡慕萱：《服务经验：公文程式之演进及其撰拟原则（续完）》，《盐务月报》第10期，1942年，第48页。

④ 具体参见《指令第一一〇〇号（十九年四月五日）：令蒙藏委员会》，《行政院公报》第141号，1930年，第30页。

生误会。事关体制……拟请将察、绥省政府所陈意见暂为保留，对盟、旗公
文仍照成案办理"。① 行政院驳回这两条建议，表明了国民政府颁布《蒙藏
公文程式》对维护与强化边疆事务管理的重要意义。

此外，为了加强民族团结、体现民族平等，国民政府逐步改善对蒙藏及
西南少数民族地区的公文称谓、用语。1928 年 9 月，蒙藏委员会委员格桑
泽仁致函刘文辉："愿西康政委会以后对于公文、布告，减除蛮夷番等名
辞，而以康人、藏人或康民、藏民替代，以表民族平等。"② 1929 年，格桑
泽仁建议"以后对西藏民族不得再沿用番蛮等称谓"，他认为：

> 我国专制时代，对于蒙藏民族视为化外，故于称谓之间，已表
> 现轻鄙之态，相沿至今，不幸犹然……本党统一全国，训政伊始，
> 对于国内任何民族，无论在形式上、精神上，当遵总理遗教，一律
> 平等。似前此对于西藏民族，加以猥亵轻鄙之称，应明令禁止，乃
> 今沿边各省，多数人民仍习以为常，而青康川滇各省政府，亦狃于
> 积习，虽在公文布告之中，仍滥用夷番等名辞，此实于名不正则言
> 不顺之旨。③

国民政府根据格桑泽仁的提案和行政院的建议，于 1929 年 10 月发布通
令，"以后对西藏民族，不得再沿用番蛮等称谓，以符中华民族一律平等之
旨"。④《申报》以"中华民族待遇一律、矫正陋习昭示平等"一句高度赞
誉了这一做法。⑤ 不过，这一通令的效果并不理想，在当时中国社会，民族
优先与民主优先、国族构建与民族自决的矛盾，使得族群的国家认同面临诸

---

① 《训令第一四〇号（十九年四月十六日）：令察哈尔、绥远省政府》，《行政院公报》第
144 号，1930 年，第 5 页。
② 《刘文辉经营西康》，《申报》1928 年 9 月 28 日，第 6 版。
③ 《呈行政院：为本会委员格桑泽仁提请由会转呈中央废除以前之蛮番夷等名称经会通过呈
请鉴核以正称谓由》（中华民国十八年九月二一日），《蒙藏委员会公报·公牍》第 8 期，
1929，第 16～17 页。
④ 《令各部、省政府委员会、特别市政府：为对于西藏民族以后不得再沿用番蛮等称谓由》，
《行政院公报》第 91 号，1929 年 10 月 16 日，第 14～15 页。
⑤ 《禁止沿用番夷名辞》，《申报》1929 年 10 月 28 日，第 13 版。

多深层次困境，① 因此导致现实中违背这一宗旨的行为常有发生，② 以至于国民政府不得不又数次发文加以纠正。1935 年 6 月，行政院通电全国，"禁止生番蛮、鞑子等称呼加诸蒙藏民族，以符中华民族一律平等之旨"。③ 教育部于 1939 年 8 月呈文国民政府称，"国民政府前据蒙藏委员会委员格桑泽仁提议，曾通令禁止用番蛮等称谓……时逾十载，不独积习未除，益以近来国内人士逐渐注意边疆问题之故，不妥名称之使用，有日趋扩大之势"，因此建议"固不照广西省前例，将含有侮辱之名词一律予以改订，而普通文告及著作品宣传品等，对于边疆同胞之称谓，似应以地域为区分"。④ 国民政府接受了这一建议，并委托教育部、中央研究院与国民党中央社会部共同拟定了《改正西南少数民族命名表》，于 1940 年 9 月正式公布。1942 年 5 月，行政院重申："嗣后各机关行文……凡属禁止加诸边疆同胞之名词，不得再行滥用，以期泯除界限，加强民族之团结。"时人评论道："此种泯除歧视同胞之界限，纠正分化民族之错误，实为千百年来公文革进之异彩。"⑤

总之，在国民党的指导监督下，南京国民政府初步建立了国家宏观层面的党政公文制度体系，通过公文符号所体现出的政治象征意义，在形式上实现了对中国各省包括蒙藏在内的行政区域的统治。由此，清末民初以来文种繁多复杂、格式规范不一的政府公文发生了较大变化："程式和形式（用纸式样），已经由国民政府规定颁布了。繁复的已经改为比较简单了，参差的已经改为比较整齐了。"⑥ 这一套公文程式，在此后的十多年内未进行过大的修正。

---

① 刘永文、李玉宝：《近现代藏族精英国家认同的演变与形成》，《西藏大学学报》2018 年第 3 期。

② 1935 年 5 月，蒙藏委员会委员格桑泽仁条陈行政院称，甘肃、青海一带"对于蒙藏人民的称呼，极不一致"，对藏人通称"番子"，"稍通汉语以耕种为业者"称"熟番"，"专事牧畜者"称"生番"等；对于蒙古族则统称"鞑子"。具体参见《训令直辖各机关奉令禁止沿用番蛮鞑子等称呼加诸蒙藏各民族仰遵照并饬属遵照》，《内政公报》第 8 卷第 16 期，1935 年，第 75 ~ 76 页。

③ 《行政院禁止生番蛮鞑称呼》，《申报》1935 年 6 月 16 日，第 3 版。

④ 《对于边疆民族称谓之指示》，中国第二历史档案馆编《中华民国史档案资料汇编》第 5 辑第 2 编"文化"（1），江苏古籍出版社，1998，第 604 ~ 605 页。

⑤ 胡慕萱：《服务经验：公文程式之演进及其撰拟原则（续完）》，《盐务月报》第 10 期，1942 年，第 49 页。

⑥ 教育部：《划一教育机关公文格式办法》，中华书局，1930，"序"，第 1 页。

第四节　国防最高委员会与战时《公文程式条例》的修正

抗战全面爆发后，为集中全力对抗日本的侵略，1939 年 2 月 7 日，国防最高委员会正式成立，成为抗战期间统一党政军指挥的最高决策机构。战时决策层的机构变化必然导致行文秩序的变动，为了适应这一改变，提高行文效率，国民政府启动了《公文程式条例》修正工作。国防最高委员会首先做出反应，1940 年 1 月，该委员会秘书处要求"中央及国府所属各院部会对于本会有所陈述时，其行文程式除函由本会秘书厅转陈者外，如系径向本会行文，自应一律用呈以符体制"。① 国民党中央及国民政府所属各院、部、会皆须以"呈"文向国防最高委员会行文，这从公文程式上确定了国防最高委员会在战时的最高决策机构地位。

经过一段时期的酝酿、讨论，1942 年 6 月，行政院第 569 次会议讨论通过了《公文程式条例修正草案》。② 教育部受邀参加了此次会议，并书面提出了讨论稿。教育部认为，"现行公文程式条例，颁行已久。依据统一简单原则，其内容可予革新者，约有两点"：第一，关于公文类别，"令、训令、指令可并为一类"，"咨与公函可并为一类"，从而保持令、呈、布告、函、通知、批六种公文类别；第二，"现行条例规定，五院对于各省政府及其所属机关之公文，以令行之。查公文程式作用之一，即在表示政府机关之系统，各省政府在系统上，仅属于本院，其他与省政府平行之机关，如各省高等法院、铨叙处、监察使署等，皆不属于行政系统，本院对此等机关，亦未当直接行文。其他四院对省政府，似亦不能立于指挥地位，其与省政府行文，似应当由本院核转，如有直接行文，比要应以函电行之"。③ 教育部的第二条建议被行政院全部采纳，第一条关于修正公文种类的建议被部分采

---

① 《社会部关于改善处理公文格式内容行文程式等事项的文书》，中国第二历史档案馆馆藏社会部档案，档案号：一一－5059。

② 《国防最高委员会核定〈公文程式条例修正草案〉》（1942 年 7 月 10 日），《民国时期文书工作和档案工作资料选编》，第 272～273 页；《修正公文程式条例》（三十一年六月二十六日院令公布），《资源委员会公报》第 3 卷第 1 期，1942 年，第 13～14 页。

③ 《教育部关于文书处理办法、档案查调规则及简化公文格式等有关文件》（1942 年 6 月），中国第二历史档案馆馆藏"教育部"档案，档案号：五－1882。

纳，此后国防最高委员会核定通过的《公文程式条例修正草案》所列的公文文种还是保留了训令、指令，增加了报告这一文种。

行政院认为此次修改的要点有：

（一）咨之程式删除。凡平行机关及不相隶属机关之往来行文均用公函。

（二）任命状系属政府援与之一种证物，与证章或证明书等同，其性质无庸列入公文程式。

（三）现行公文程式条例有关于印及署名之规定，与现在实际情形已有不合之处，经酌予修改，另订一条。又副署关系重要，应另定单行条例。

（四）通知及报告，方式简单明了。凡上下级机关、同级机关、不相隶属机关以及机关对于人民均可适用通知方式。而下级机关对于上级机关或人民对于政府有事实之陈述时，均可用报告方式。

（五）电或代电系为时间节省便利，本身并非一种公文，亦无程式可言，内容以简单扼要为主，故另列一项不排列于其他公文程式类别之中。

（六）五院对于非所属机关，均不直接用令以重政府机关之系统。①

根据这些修改要点，结合《公文程式条例修正草案》原文，可以发现，与1928年11月国民政府颁布的《公文程式条例》相比，这次修正的变化主要体现在以下几个方面。

第一，对公文文种进行了增减：② 删去了自南京临时政府以来一直存在

---

① 《审计部训令：令各省审计处、审计办事处等：奉院转奉府令饬公文程式条例修正草案经国防最高委员会常会决议照法制专门委员审查意见办理一案转令遵照由》，《审计部公报》第83期，1944年，第6~7页。

② 根据相关档案资料的记载，在颁布《公文程式条例修正草案》之前，1942年上半年蒋介石曾颁布手令要求"各级政府之公文程式，应设法改良，以统一、简单、明了与容易为主"。而在同年6月召开的"公文改良会议"上，受邀参加的教育部人员在书面讨论稿中提出，"令、训令、指令可并为一类"，而这次会议形成的"关于改良公文程式"的决议中，将公文压缩为六大类：令、呈、布告、函、通知、批。不知何故，在最后公布的草案中，还是保留了训令与指令。参见《教育部关于文书处理办法、档案查调规则及简化公文格式等有关文件》，中国第二历史档案馆馆藏教育部档案，档案号：五–1882。

于公文体系中的"任命状"；"函无分公函、笺函"，统称"函"；增加了"报告""通知"等新的公文文种。[①] 共有令、训令、指令、布告、呈、报告、函、通知、批等九个文种。

第二，将公文署名盖印的规定，从命令体公文（令、训令、指令）和布告扩大为所有公文。

第三，专门说明在"时间紧迫时"，为了更快地处理公务，所有公文"得以电或代电行之"，标志着电文成为正式公文。

第四，规定"五院除行政院外，对各省市政府行文时，应函电行政院转行，或直接以函电行之"，从而维护行政机关的系统性。这些调整能够推动战时行政公文的快速有效处理。

此后，1943年12月6日，国防最高委员会第一百二十五次常务会议专门讨论了行政院拟定的《公文程式条例修正草案》，法制专门委员会认为"该草案未尽妥洽，且监察、考试两院尚有异议，似应由行政院召集有关院、会会商重拟"[②]。这里所指的未尽妥洽者包括："第二条之六呈（这里的第二条之六，指的是1928年11月15日颁布的《公文程式条例》中的条文——注）……下级机关对直辖上级机关……有所陈请时用之，而修正案则删去'直辖'二字，因此凡下级机关虽对于非直辖之上级机关皆须用呈，在事实上是否妥洽似有斟酌余地。"建议行政院会同相关院会商后再拟定。[③]这是南京国民政府对国家层面的《公文程式条例》进行的最后一次正式修订。

---

① "报告"是第一次出现在公文程式条例当中，而"通知"首次出现于1940年7月汪伪临时政府颁布的《修正公文程式条例》。参见北京市档案馆馆藏，档案号：J181-17-88，转引自孙爱萍主编《北京档案信息资源管理理论与实践新探》，世界图书出版公司，2010，第172~174页。

② 《国防最高委员会第一百二十五次常务会议纪录》（民国三十二年十二月六日），中国国民党中央委员会党史委员会：《最高国防委员会常务会议记录》第5册，台北，近代中国出版社，1995，第813页。

③ 《审计部训令：令各省审计处、审计办事处等：奉院转奉府令饬公文程式条例修正草案经国防最高委员会常会决议照法制专门委员会审查意见办理一案转令遵照由》，《审计部公报》第83期，1944年，第6页。

| 第三章 |

规范与论争： 南京国民政府公文
程式的演化 （下）

《公文程式条例》的颁布与修订，是南京国民政府时期公文程式在国家
层面演化的重要表征。当前学术界对公文程式的研究也多以此为线索展开论
述。不过，公文程式条例所确定的基本规范在具体运行过程中常常会受多种
客观条件与主观因素的制约，行政级别与权责的模糊，行政机构的合并重
组，自由平等与尊卑有序的文化观念的对立，都会导致激烈的行文程式论
争。这些论争背后所隐含的时代意蕴，比《公文程式条例》变迁的内容更
丰富、更多元。

第一节　分级负责制：行政机关间行文
程式的调整

《公文程式条例》从行文文种、署名盖印以及发布等方面对法定公文
进行了详尽说明，为省、市、县各级行政机关间公文往来所需程式提供了
很好的参考。但在实际政务活动中，行政机关间常常因行文程式发生论
争。首先，南京国民政府时期行政机关的关系非常复杂。由于实行五院
制，中央各部之上有院，院之上有国民政府，而根据"党治"原则，国
民政府之上还有国民党中央执行委员会，抗战期间又有国防最高委员会，
此外，各院部又设有许多附属机关，且在各地成立办事处。如此一来，仅
仅中央政府这一层级的行政结构就非常庞杂。地方政府的行政机关也存在

类似的情况。① 中央与地方行政自成体系，但又相互联系，若涉及跨机构的行政运作，文书往来程式就非常复杂了。其次，南京国民政府时期在中央及地方行政体制方面进行过多次改革，行政机关的设置、裁撤、重组等，都会涉及不同机构行政权责的调整，引起公文程式的变化并导致论争的出现。此外，民初以来地方参政议政机构的成立以及地方自治运动的兴起，打破了传统中央集权政治的秩序与运行规则，对传统的行政文化及行文程式造成了巨大冲击。政治秩序的变动、行政系统的复杂，使得行文效率低下，进而影响政府的行政效能。为提升和强化省政府、县政府作为一级政府的权威与地位，从 20 世纪 30 年代中后期开始，南京国民政府推出了省政府"合署办公"、县政府"裁局设科"等重大地方体制改革措施，对中央与地方行政机关间的行文程式产生了巨大影响，表现为限制省政府及县政府所属机关对外直接行文的权力，强化省政府、县政府统一行文的责任以减少"政出多门"现象。这些措施的实质就是划清行政机关的行政事权、维护一级行政机关职权的完整，从而提高各级行政机关的执行力与行政效率，其核心思想是蒋介石所提出的分级负责制。② 从另外一个角度看，分级负责制也是南京国民政府调整行政机关间行文程式、解决各机关行文程式争端的根本原则。

一　省政府合署办公制度对行文程式的影响

1934～1949 年，南京国民政府在地方行政中实行省政府合署办公制

---

① 这一点在湖北省建设厅给湖北省政府的呈文中有所体现。该厅呈文称"省属各机关均辖有附属机关，其掌管事务，与各厅具有连带机关，亦属不少，各厅遇有重要事件，应行调查咨询，以无统属关系，不便直接指挥，必须由主管各厅转饬，往返函咨，稽延时日，殊感困难，厅长愚见所及，为谋处理事务使得敏捷起见，拟请钧府察核，将各厅对于非直接之附属机关，及各该附属机关对于非主管之各厅，往来公文，应用程式，明白规定，通信公布，俾有遵循"《训令发字第五六六号：令本厅职员及所属各机关学校为奉省府抄发省范围以内各机关往来公文程式办法三项转饬遵照由》，《湖北教育厅公报》第 2 卷第 8 期，1931 年，第 40～41 页。

② 1940 年蒋介石在《行政三联制大纲》中提出："这种制度（分级负责制）就是要维持该级机关的完整性，这是我多年经验所发现的原理。我在民国二十三年南昌行营中就颁布了具体的办法，如省政府的合署办公，县政府的裁局改科，就是这种原则的实现。从前上级机关不明白指挥与监督的分别，所以如由中央的教育部直接指挥省的教育厅，省的教育厅指挥县的教育局，这样就破坏了省县行政的统一性。这样省县必不能有整个行政计划的出现。省主席与县长就不能负全省全县的行政责任。所以就有省合署办公、县裁局改科的办法的颁布。"参见《中央党部秘书处编印之行政三联制大纲》，中国第二历史档案馆馆藏国民党中央秘书处档案，档案号：711－226。

度。变革前后，中央各部、会、署与省政府各厅、处之间行文程式、公文运转相应发生变化。

（一）"系统不明，层级凌乱"：改革前省政府行文系统的空心化

省政府合署办公之前，依据 1931 年 3 月颁布的《修正省政府组织法》的规定，省政府实行委员制，由国民政府从省政府委员中任命一人为省政府主席，主要行政事项的决策权由省政府委员会议决，省政府主席于会议时为主席。当时省政府一般设置"四厅一处"，即秘书处与民政厅、财政厅、教育厅、建设厅。同时该组织法规定，"各厅于不抵触中央法令或省政府委员会议决之范围内，对于主管事务，得发厅令"，厅长被赋予行政实权。[①] 由此可见，这一时期各省的重要行政事项由省政府委员会集体决定，省政府下设的各厅具有直接行文的权力，因此省政府主席的权限受到比较大的制约，省政府主席并不掌握实权。这一点在 1931 年 4 月湖北省政府制定的《省府范围以内各机关往来公文程式办法》中体现得比较明显，该办法规定，"主席兼领之机关对于各厅局会处均用公函；不隶属于各厅局会处由本府直辖之机关对于各厅局会处得用公函；各厅局会处附属机关对于其他不相隶属之各厅局会处均用呈"。[②] 该《办法》基本上是将省政府主席与各厅长置于行政上的平级关系，省主席并没有指挥监督之权。在这一前提下，省政府作用被放小，各厅作用被放大。而中央部会在处理相应的地方行政事务之时，往往径直与所属各厅直接行文；省政府各厅也往往争取自己的权力，在行政上取得对县级政府的直接指挥监督权。

1928 年 11 月 5 日国民政府修正公布的《公文程式条例》第三条规定，"五院对于各省政府及其所属机关以令行之"。[③] 根据这一规定，不仅行政院可以对省政府所属机关直接以令行文，立法院、司法院、考试院、监察院等非行政系统院部在处理相关事务时，也可以对省政府及其所属机关用令，甚

---

① 《国民政府公布〈修正省政府组织法〉》（民国二十年三月二十三日），《国民党政府政治制度档案史料选编》下册，第 325~328 页。
② 《训令发字第五六号：令本厅职员及所属各机关学校为奉省府抄发省府范围以内各机关往来公文程式办法三项转饬遵照由》，《湖北教育厅公报》第 2 卷第 8 期，1931 年，第 40~41 页。
③ 《中华民国国民政府令：兹制定公文程式条例公布之此令》，《国民政府公报》第 20 号，1928 年 11 月 17 日，第 4~6 页。

至绕过省政府直接向有关厅处行文。例如，考试院铨叙部成立之初，"各省厅局来文，或用呈或用函"，铨叙部与各省厅局行文"亦各用令用函"，为了统一行文程式，后经与考试院协商，行政院于 1931 年 4 月正式公布《铨叙部行文程式》，规定铨叙部"以后对于中央各部会所属京内各机关往复行文时，概由各主管部会咨转；其部会所属京外各机关及省政府所属各厅、处、局、所，与该部公文往来时，拟比照公文程式内关于有所指挥或谕饬及指示者得用令之规定，一概用令。其各该机关及省政府所属各厅、处、局、所，与该部行文时一概用呈"。① 由上述规定可以看出，铨叙部与中央各部会往来公文，须通过各自之上级机关咨转，以完成对中央各部会公务员的考核，如铨叙部（属考试院）与实业部（属行政院）往来公文，须经考试院咨行政院，行政院再转实业部方能完成流转。在与地方机关行文方面却采用了直接行文的方式，虽然铨叙部为考试院所属之部，与各省政府及所属厅局无隶属关系，按照《公文程式条例》的规定，相互之间行文应用公函，但因行政院及考试院以"铨叙关系公务员之任免升降"为由，规定铨叙部可以向省属各厅（如教育厅）直接以令行文，对各地政府的公务员任用考核事务进行直接的监督指挥。

与此同时，各省厅也努力通过上级机关的批准、授权获得对县级政府的指挥监督权，在行文程式上表现为力争"以令行文"。例如，浙江省政府曾呈请国民政府解释杭州、宁波两市政府对省政府各厅的行文程式问题，对此国民政府秘书处的回复是"应照公文程式以公函行之"。② 在国民政府看来，虽然各市县在行政上属省政府所管辖，二者均为一行政区域的综合管理者，但负责民政的专项事务部门与综合部门不相隶属，故互用公函，这一解释并无不当。不过，1929 年以后，国民政府却对这一规定做出了修改。1928 年12 月召开的内政部第一期民政会议上浙江省民政厅厅长朱家骅提出《划一民政厅与市县政府行文程式案》一案。在该议案中，朱家骅请求将各省民政厅对市县政府由互用公函改为以令、呈行文。他认为，内政部颁布的

①《规定铨叙部行文程式令：行政院训令第一四九〇号（二十年四月三日）》，《法令周刊》第41 期，1931 年，第 3 页。
②《划一民政厅与市县政府行文程式案》，内政部第一期民政会议秘书处编《内政部第一期民政会议纪要》，台北，文海出版社，1990，第 129 页。

《禁蓄发辫条例》《禁止妇女缠足条例》等"均明定市县政府呈请或呈报民政厅字样"，且"由民政厅督饬市县政府执行，及由民政厅予市县政长以记过、罚俸、免职或记过、加俸、晋级等惩奖之规定"，于是推定"民政厅为市政府之上级机关，其互相行文，应与县政府同以令、呈分别行之"。① 这一提议在大会上讨论并认为可行。后经内政部呈请行政院转呈国民政府批准。②

各厅与中央各主管部门、各县所属部门相互行文，会导致各厅独立行事、各自为政，省政府又不能实行有效监管，失去行政监督的效能。如此一来，省政府的组织体系便会弱化，省政府的行文系统就处于空虚状态，难以在处理地方事务上形成"合力"。对于这一问题，在"围剿"红军的过程中，蒋介石深有体会：

> 欲革除今日省政濡滞、矛盾、重复、隔阂、推诿、龌龊之弊，惟有打破各厅、处并立之分割局面……就纵的方面观察，政府与各厅、处，县府与各局、科，均各截然形成两级，中央部、会往往认省之厅、处为其直属机关，省之厅、处亦认县之局、科为其直属机关，而彼此直接行文，流弊所及，遂使省府与县府不克层层节制，顿失以身使臂、以臂使指之效，所谓主席代表省监督所属执行省政、各县长综理县政之规定，乃徒托空言！③

（二）省政府合署办公制度中公文程式的改革思路

"系统不明，层级凌乱"会导致公文程式紊乱无序，省政府难以对全省政务实行有效的治理，这一弊端对于身处"剿匪"前线的蒋介石来说是不能容忍的。20世纪30年代初期，要求改革省政府委员制的呼声开始出现，

---

① 《划一民政厅与市县政府行文程式案》，《内政部第一期民政会议纪要》，第129~130页。
② 《令行政院：呈据内政部长转呈浙江民政厅长朱家骅提议民政厅与市县政府行文应以令呈分别行之惟关于各厅与市府往来行文程序前奉国府解释应用公函可否准予变更之处转请核示由》，《国民政府公报》第84号，1929年，"指令"，第3页。
③ 《蒋介石为陈述改革省政各理由并送省政府合署办公大纲事致中央政治会议电》（1934年8月1日），《国民党政府政治制度档案史料选编》下册，第357~362页。

意见大致有四类：一是缩小省区；二是于省、县间设置一中间行政机关；三是改现行省、县二级制为省、府、县三级制；四是不改变现有省级行政区划而扩大行政督察专员的管辖区。① 不过，彻底改革省制的难度很大，"省政府合署办公"作为一种过渡性、实验性的改革方案随即出台。蒋介石为推行省政府合署办公而致电国民党中央政治会议时阐述了他的公文程式改革思路：

> 系统不明，层级凌乱，何以率属而责效?! 故欲革除此弊，必须使整个省府对中央院、部负绝对责任，整个县府对省府负绝对责任，凡省之厅、处，县之局、科，乃省与县之补助组织，不能离而为二，一切斜枝旁出之行文办法，自应毅然废除。②

实际上，1933 年 11 月浙江省为适应合署办公需要而制定的《浙江省政府处理公文规则》就体现了这一精神，如将省政府处理的"府稿"按照事项性质与重要程度分交"秘书处拟办"和"各厅、处拟办"，并规定"各厅、处用府稿办发之文件，由主管厅、处长副署之"。③ 1934 年 7 月，国民政府军事委员会委员长南昌行营公布《省政府合署办公办法大纲》，要求豫、鄂、皖、赣、闽五省开始试行省政府合署办公制度。这份大纲对省政府及所属各厅处的行文程式进行了明确的规定：

> 第四条　省政府合署办公后，一切文书概由省府秘书处总收总发，由主管厅、处承办，分别副署或会同副署，签呈主席判行，但主管厅、处依其职权监督指挥所属职员或所辖机关之事务进行者，在不抵触省令之范围内，仍得发厅令或处令。
>
> 第五条　省政府合署办公后，省府所属各厅、处上对中央院、部，

---

① 尚静波：《我国地方行政动向论》，《民族》第 4 卷第 10 期，1936 年，第 1664 ~ 1665 页。
② 《蒋介石为陈述改革省政各理由并送省政府合署办公大纲事致中央政治会议电》（1934 年 8 月 1 日），《国民党政府政治制度档案史料选编》下册，第 357 ~ 362 页。
③ 《浙江省政府公文处理规则》（二二年十一月廿三日），《军政旬刊》第 5 期，1933 年，第 480 ~ 482 页。

下对专员、县长或市长及其所属之科或局，均不直接往复文书，概以省政府之名义行之。[1]

依照这一办法，省政府合署办公后各厅处不能直接对中央院、部行文，一方面能够增强省政府行政的统一，另一方面也会影响行政院及各部、会对地方行政事务的监管。因此当这一大纲在行政院第 168 次会议讨论时，各部、会普遍担心，一切文书由省府秘书处总收发，中央各部、会"对于执行主管事务，不能以命令宣达，将无由举指挥监督之实"。因此，以汪精卫为行政院院长的行政长官，首先考虑的是中央对地方的控制，并拟出两条补充办法：（1）将第五条"均不直接往复"六字删去，加上"但中央各部、会，对于省政府所属各厅、处，执行其主管事务，为便于指挥监督起见，仍得一面咨达省政府，一面直接令知各厅、处遵办；各厅、处分别事务之轻重，或以省政府名义咨复，或由厅、处径自呈复。各厅、处对县市各科、局亦同"；（2）"嗣复中央各部、会，对于各省政府行文，拟一律改用令"。如此，可避免"中央各部会与各省间之关系，将又嫌过于松弛，甚或截为两段，有顾此失彼之憾"。[2] 依照《公文程式条例》"五院对于各省政府及其所属机关以令行之"，骤然之间，五院所属之部、会对省政府用令"或生疑虑"，势必影响中央与地方之关系。

颁行这一大纲的初衷虽好，但事关中央与地方的关系，处理起来并不简单。蒋介石认为，中央各院、部直接对各省厅、处直接以令行文，并不在行文限制之列，因此他坚持"主署厅处奉令（中央各部、会）之后，应转呈省府乃能处理耳，此纯属公文程式问题"。换句话说，中央各部、会对省厅、处仍然可以令行文，但从程式上讲，要经过省政府转饬。对于摆正中央院、部与省政府之关系，解决好中央各部、会对省政府行文程式问题，蒋介石提出了分类处理的办法，即"中央政令下行，最重要者，应由院令省府；次要而属于部、会主管者，则由会自行酌定，或咨省府转饬厅、处，或由部、会径

---

① 《省政府合署办公办法大纲》（廿三年七月一日颁发），《军政旬刊》第 27 期，1934 年，第 52 页。

② 《电复行政院汪院长为省政府合署办公办法大纲第五条之规定于公文往复似无妨碍》，《军政旬刊》第 33、34 期合刊，1934 年，第 58 ~ 59 页。

令主管厅、处，均无不可"。① 这一折中办法，一方面可以实现合署办公制度下省政府秘书处对公文的总收发，另一方面也能使中央各部、会对省厅、处直接发令，不失为现有体制下的最好解决方案。蒋介石的这一建议为行政院所接受，"经本（行政）院与军事委员会磋商结果，以后中央政令最重要者，由院令省府；次要而属于部、会专管者，则由各部会酌定或咨省府转饬厅处，或由总会径以命令行主管厅处转陈省府具复，或转呈省府转饬遵行"，行政院以第 4491 号训令发布这一规定，要求在试行省政府合署办公的地区实行。②

（三）省政府合署办公推行后在公文处理工作方面的效应

省政府合署办公实施后，在公文收发方面很快就引起了比较明显的变化。例如，1934 年 9 月实行合署办公后，河南省各厅、处的收文数量均有显著的下降，秘书处、教育厅收文数的降幅均超过 60%，分别为 60.6% 和 60.8%。在发文方面，各厅、处的情形有所不同，民政、财政、教育三厅发文量均呈增长趋势，不过民政厅的增幅高达 72.6%，财政厅为 23.8%，教育厅仅为 0.7%；秘书处、建设厅的发文量则大幅下跌，降幅分别为 68.4% 和 59.0%。从总体数量看，各厅、处的收文与发文总量分别下降了 46.8% 和 24.2%（具体参见表 3-1）。

表 3-1　1934 年度河南省政府合署办公前后平均每月公文收发情况比较

单位：件

		秘书处	民政厅	财政厅	建设厅	教育厅	总计
合署办公前 （1934 年 1～8 月）	收文	3895	3518	5895	2057	2202	17567
	发文	10422	3103	4621	3084	1800	23030
合署办公后 （1934 年 9～12 月）	收文	1535	3027	3084	843	863	9352
	发文	3291	5355	5723	1265	1812	17446

资料来源：《本府合署办公前后概况》，《河南统计月报》第 1 卷第 1 期，1935 年，第 5 页。

---

① 《蒋介石为坚持省府合署办公办法事致行政院电》（1934 年 8 月 7 日），《国民党政府政治制度档案史料选编》下册，第 362～363 页。

② 《福建省政府训令第 3709 号：行政院会议议决关于省府合署办公后中央各部会对各省政府各厅行文程式》（1934 年 9 月 5 日），《福建省政府公报》第 423 期，1934 年，第 6～7 页；《指令张群据呈报奉行政院令规定合署办公后对于各部会行文程式一案令复已悉》，《军政旬刊》第 36 期，1934 年，第 23～24 页。

省政府各厅、处收文与发文总数的减少，表明各厅、处对外直接行文的权限受到限制后，以前由各厅、处直接对外发行的公文，大部分转向了省政府，经省主席判行，改用省政府名义印发。这一程式的变化，导致"省政府主席每日核判的文件之数量，乃骤形大增，大部分精神消耗于文书上，反无余暇考虑省政设施之重大方针"。[①] 事实上，湖北、河南两省在试行省政府合署办公的时候就曾出现类似的问题，对此蒋介石在1933年10月征询各省政府意见时，也表达了同样的忧虑：

> 集各厅、处之文件悉由省府统收分办之后，概须主席核行、厅长副署，一人之精力时间有限，能否肆应裕如，亦属疑问。如认真钩稽，将多所积压，及有欲速不达之虞；倘草草了事、随同画诺、则行政监督之作用全失，凡厅、处所为命令处分之不当者，主席均不能再行中止或撤销之，无法以济其穷。且一省政务较之中央一部、尤为繁杂，向例部中之司署如所属机关较多者为便利事务之指挥起见，类得发布署令、不必事事请示于部而后行，则各省之厅令恐亦不能完全废止。[②]

不过，如果省政府仅仅对文件总收总发，省主席不用对厅、处的公文进行核稿、判行，各厅、处也只是每日派员"诣省府承值"，仅仅在形式上以省政府名义行文，又难以达到省政府合署办公的效果。合署办公所引发的行文程式的矛盾与冲突，一时难以解决，因此，这一旨在提高行政效率的制度，"因文书处理的麻烦迟缓"引发"若干省的厅长"对行文程式的不满。[③] 正如周连宽所说，"合署办公原欲增进行政的效率，而结果反使政令迟缓"。[④]

此外，一些直属中央或省政府的专门委员会，也按照合署办公大纲的要

---

① 周连宽编著《公文处理法》，第88页。
② 《蒋委员长筹划改革省县政制》，《申报》1933年10月14日，第9版。
③ 甘乃光：《文书档案改革运动的回顾与展望》，《行政研究》第2卷第5期，1937年，第465页。
④ 周连宽编著《公文处理法》，第88页。

求，按照厅、处与上下级行文的程式开展公文往来。例如，1936年9月，贵州省农村合作委员会委员长胡嘉诏呈文至贵州省政府，请求解释省府合署办公以后该委员会与相关机关的行文程式。贵州省政府将该文转呈国民政府军事委员会委员长南昌行营，蒋介石回复："照省政府合署办公办法大纲第三条第二项之规定，准照厅长待遇，所有公文程序及手续均与各厅处同样办理。"① 这里所说的第三条第二项规定，即指"前项机关如为推行特种要政之临时组织，应隆其职权，准照厅处待遇，而以直属省府管辖为便者，得暂不改隶，但应仍受主管厅处之指导"。②

经过两年多的实践，此时行政院院长已经由蒋介石担任，国民政府军事委员会与行政院的最高决策权皆掌握于蒋介石之手，省政府合署办公制度由数省试验向更大范围推广的条件随即成熟。1936年10月，行政院公布《省政府合署办公暂行规程》，同时废止1934年7月的《省政府合署办公办法大纲》，将这一制度在全国范围内推行。该规程对公文程式的规定如下：

> 第四条　省政府合署办公后，除本条第二、第三两项规定外，所有文书，应以省政府名义行之；各厅、处对行政院所属部、会、署之命令，应径行呈复。各厅、处依其职权监督、指挥直辖职员或直辖机关之事务进行者，在不抵触省令之范围内，仍得自发厅令、处令或布告。
>
> 第五条　省政府合署办公后，一切文书，概由省政府秘书处总收、总发。凡用省政府名义之文书，由主管厅、处分别或会同主稿，呈主席判行，并由主管厅长副署。③

---

① 《贵州省农村合作委员会在省府合署办理公文程序及手续是否分各厅采用同样办法的有关文书》，中国第二历史档案馆馆藏社会部档案，档案号：一一-789。
② 《省政府合署办公办法大纲（廿三年七月一日颁发）》，《军政旬刊》第27期，1934年，第52页。
③ 《行政院公布〈省政府合署办公暂行规程〉》（1936年10月24日），《国民党政府政治制度档案史料选编》下册，第365~368页。

与1934年的规定相比，这次虽然依旧保持省政府统一行文的基本精神，却明确规定各厅、处对于行政院所属部、会、署的命令，可以直接呈文回复，无须呈请省政府转呈，而立法院等所属部、会、署的行文规程并未修正，这一规定的出台应该与蒋介石此时兼任行政院院长有关。1936年后，中央各部、会机关与省所属厅、处往来公文，大多由原来直接以令行文变为由省政府咨转。例如1938年内政部"规定禁烟总会行文程式"，其中该会"对各省市政府用函；对省市各厅局函由省市政府转行，省市各厅局对总会行文，呈由省市政府核转；对各省市禁烟委员会用令"。① 除对其直辖机关各省市禁烟委员会用令外，其余则需核转。

省政府合署办公后，省政府各厅、处对县（市）直属各机构的行文规则相应发生改变。例如，1942年湖南省政府关于省政府各厅、处对县政府行文程式电请内政部，对此，行政院秘书处认为，"凡省政府合署办公各单位，无论为省政府组织法所定各厅处或其他新设机关，对县政府行文均须承办府令以省政府名义行之。如有直接行文必要，应依公文程式条例规定均用公函；惟各单位依据特别法令就主管之项得以指挥县政府者于其指挥范围内得以令行之，仍须同时报告省政府备查"。② 类似的还有"省救灾准备金保管委员会与县政府行文程式"。③

同时，中央其他院、部在各地的办事机构依相关法令就主管事项也可对其直属县级机关以令行文。如1940年考试院制定"各省铨叙处与地方机关行文程式"，其中规定"铨叙处因铨叙事项，对各厅所属机关及县政府用令"。④ 类似的还有1941年监察院制定的关于"审计处与省内机关往来公文程式"。⑤ 除此之外，针对上述机构的非主管事项，其与中央各部、会，省

① 《准内政部咨告奉令规定禁烟总会行文程式请查照饬知等由令仰知照》，《江西省政府公报》第1069期，1938年，第11页。
② 《秘一字第5019号训令本府各厅处局各县县政府转知省府各厅处局对县府行文程式一案》，《广西省政府公报》第1543期，1942年，第6页。
③ 《训令总字第一八七号》，《察哈尔省政府公报周刊》第1009期，1936年，第2~3页。
④ 《江西省政府训令秘壹1第3994号：奉考试院令规定各省铨叙处与地方机关行文程式等因令仰遵照》，《江西省政府公报》第1199期，1940年，第21~22页。
⑤ 《河南省政府训令洛密一字第20号：奉行政院令以审计处与省内各机关往来公文程式三项饬即知照一案令仰知照并饬属一体知照由》，《河南省政府公报》第2364期，1941年，第39页。

政府及所属厅、处以及县政府及相关机构中任何机构相互行文，均以公
函往来。

抗战时期，行政院为便于各省政府就近处理一切政务，提高地方行政效
率，形成适应战时的政务处理机制，要求各省政府在必要时可以设立省政府
行署，省政府行署秉承省政府之命，在所辖区域内代行省政府职权。① 根据
这一精神，江苏省政府江南行署、安徽省政府皖南行署、浙江省政府浙东行
署分别成立，1940 年 4 月安徽省政府颁布《修正安徽省政府皖南行署组织
暂行规程》，其中第三条明确规定："本行署秉承省政府主席之命，在所辖
区域内执行省政府一切政令，以省政府主席名义行文时，由行署主任副
署。"② 由此不难看出，即使在战时，国民政府在合署办公方面的探索仍未
停止。抗战后期，国民政府不断强化省政府合署办公制度，以期将省级行政
权划归统一，提高行政效率，节约成本，用于县级地方建设。为此，行政院
对所属各部、会、署发布命令的原则予以规范，于 1943 年 4 月特别制定了
《各部会署对省市政府各厅处局颁发命令原则》，③ 要求凡涉及"具有全国一
致性质，为各省市政府所必须一律遵行者"，"对于地方政府组织机构及名
额人员有所变更者"，"对于行政计划有所变更者，须变更预算者"，应一律
呈行政院以命令形式向各省市政府各厅、处、局发布。这样一来，有关普遍
性问题、涉及组织人事及财政预算等重要事项的决议，由行政院统一发令，
避免政出多门。另外，因各部、会、署有发布法令的权力，故其制定的法规
与行政院难免有不一致或矛盾之处；若是两个以上部、会、署颁布的法令相
互之间有歧义，势必影响政策的实行。为此，行政院特别规定，"各部、
会、署颁行之法令，有与行政院所颁行之法令相歧义者，应以院颁法令为
准"，"凡两部、会、署以上颁行之法令相歧义者，由省市政府呈请行政院
决定之"，省去了省政府各厅、处、局的执行麻烦。

---

① 《行政院通过战时各省府设置行署通则》，《申报》1939 年 7 月 19 日，第 3 版。
② 《江苏、浙江、安徽行政公署组织规程及安徽省政府合署办公施行细则》（1939 年 1 月至
　1943 年 11 月），中国第二历史档案馆馆藏教育部档案，档案号：五 - 245。
③ 行政院规定，"各部、会、署颁行之法令，有与行政院所行之法令相歧义者，应以院颁
　法令为准"，"凡两部、会、署以上颁行之法令相歧义者，由省市政府呈请行政院决定之"。
　具体参见《行政院令发〈各部会署对省市政府各厅处局颁发命令原则〉》（1943 年 4 月），
　《民国时期文书工作和档案工作资料选编》，第 274～275 页。

二 县政府"裁局设科"前后的公文程式之争

南京国民政府成立后，于 1930 年 7 月修正并公布了《县组织法》，按照该法，县政府在省政府直接指挥下处理全县事务，并依次按区、乡镇设置行政机构，逐级监督指挥。乡镇居民以闾、邻为单位，设闾长、邻长实行自治管理。与此同时，县还设参议会，实行地方自治。[①] 虽然这一组织法对于县级政府的行政关系给予了明确的规定，但在实际工作中，确定县级所属行政机构之间，县级与省级行政机构之间往来公文的程式问题，涉及各级机关的权限与地位，因此而引发的行文程式之争颇多，是地方行政事务中相当重要的内容。

（一） 省级机关与县政府的行文程式

如前所述，南京国民政府成立初期省政府各厅、处掌握实权，各厅、处可以直接对外行文，如浙江省政府在 1928 年 4 月初就规定"各厅单独行文"。[②] 这实际上与 1928 年 4 月 27 日国民政府公布的《修正省政府组织法》有较为紧密的关系，该法第三条规定："省政府各厅对于主管事务，除中央法令别有规定或省政府委员会别有决议者，以厅令行之。"[③] 因此，在省政府合署办公之前，省级各类机关普遍以"令"向县政府行文，如 1927 ~ 1928 年江苏省民政厅经常就各地方民政、治安等事务向各县政府和县长下达"训令""指令"等文件。[④] 从实践看，地方行政系统内的行文基本没有遇到太多阻力，但各地方司法系统与县政府间行文程式则受到了较多的质疑之声。如陕西省高等法院对"地方法院院长与管辖区域内兼理司法县长及与律师公会之行文程式"一事向上级提出呈请；[⑤] 黑龙江高等法院院长就"高等法院分院对于管辖区域内地方法院及兼理司法县长行文用令抑用公

① 《国民政府修正公布〈县组织法〉》（1930 年 7 月 7 日），《国民党政府政治制度档案史料选编》下册，第 524 ~ 529 页。

② 《杭州军政杂讯》，《申报》1928 年 4 月 3 日，第 7 版。

③ 《中华民国国民政府令兹修正省政府组织法公布之此令》，《国民政府公报》第 53 号，1928 年，"法规"，第 3 ~ 9 页。

④ 具体请参见这一时期的《江苏民政厅公报》。

⑤ 《司法院指令指字第二五号：令司法行政部部长魏道明：呈为据陕西高等法院请示公文程式疑义转呈解释由》，《司法公报》第 5 号，1929 年，第 26 页。

函"一事向司法行政部提出呈请。① 对于此类问询，司法部以相互间是否有管辖关系或监督权为确定依据，认定高等法院分院对管辖区域内地方法院及兼理司法县长行文用令，地方法院院长与管辖区域内兼理司法县长相互行文用公函；地方法院对律师公会用令。

此外，中央机关派驻地方的办事机构与县政府之间也常因往来行文程式问题而发生冲突。虽然从行政归属上看，中央驻地方办事机关原则上可以不受县长的监督管理，然而实际工作中，若不赋予县长发号施令的权力，相应的行政事务往往难以开展。有时为了实际工作的开展，在特定情况下授予县长最高权力，也可以通过变更行文程式的方式达到。在此以高级国税机关为例。1929 年 12 月，内政部和财政部两部奉行政院令，拟定"各省高级国税机关对于县政府往复行文划一办法"，规定"凡省高级国税机关长官以简任待遇者，准用令呈；荐任以下者，互用公函"。② 根据这一训令，1930 年 2 月浙江省民政厅颁布《高级国税机关对于各县政府分别用令呈或用公函办法》，规定"各省高级国税机关遇有主管事务对于各县政府有所指挥督促时用令、呈，其他公文往复仍用公函"。③ 这充分表明，高级国税机关长官在涉及主管事务时，对县政府有指挥监督之责，而县政府对当地国税机关无直接指挥权限。这种"不对等"的行文程式在实际行政事务中常常带来各种问题，从而引发争论。例如，因各县杂税（如印花税、烟酒公卖税、烟酒牌照税、硝磺税等）的办税人员流品太杂，不按章收税，违章索取之事时有发生，于是商人依法向县政府控告办税人员违法行径；而办税人员反向省局捏造事实，控诉县政府不负协助之责，或由该国税机关函至县政府，称商人偷税漏税。双方各执一词，而县长对此类杂税机关只有协助之义务，无监督之权力，致使其虽知晓税收人员的非法行为，却无权过问，难以处理。为此，行政院批准内政部呈请变更双方行文程

---

① 《司法院指令指字第二二五号：令代理司法行政部部长朱履龢：呈据黑龙江高等法院请示高等分院公文程式疑义拟具意见转请鉴核由》，《司法公报》第 76 号，1930 年，第 21～22 页。
② 《财政部训令第一四二六六号》，《财政日刊》第 637 号，1929 年，第 2～3 页。
③ 《高级国税机关对于各县政府分别用令呈或用公函办法通饬遵照》，《浙江民政日刊》第 36 期，1930 年，第 178 页。

式：各县杂税机关之长官以委任待遇者，对县政府行文用呈，县政府对该机关用令；如该机关之长官系荐任待遇者，则互用公函。① 因公文用令、呈表示一定的服从和秉承之意，通过这一变化，县长取得对县杂税机关的指挥监督权，凡遇纠纷县长自然可以全权处置。

不过，从整体上看，由于南京国民政府早期颁布的三部《公文程式条例》，均对呈、令、公函的适用范围进行了较为明确的限定，因此，省级机关与县政府之间基本遵循了遇有相关事务时互用令、呈，无关事务则用公函往来的行文规则，并且得到了较好的执行。

（二）县级以下机构间行文的"令""函"之争

县级以下行政机关对于公文程式的呈请，大致分以下两方面。一是所属辖区内各机构之间行政关系不明确，需要请上级加以确认。如 1932 年 6 月，揭阳县县长谢鹤年代电呈请"关于县地方警卫队管理委员会对县属警卫基干大队长及各中队长的往来公文程式"，② 琼山县县长陈猛荪呈请"县地方警卫队经费管理委员会与区乡镇里往返公文程式"等。③ 二是民国地方自治时期出现的诸如县议会、议员以及村里长等与上级行政机构之间的隶属关系。双方的关系不仅关乎行政事务的处理，更关系各自的社会地位，故往往为人所重视。如潮安县县长辛煜桥呈请县参议会议员个人与县政府往来公文程式。④ 另外，浙江省在实行新县制时，乡村一级组织由村民选举的地方人士组成村里委员会，实行乡村自治。一位名为陈祖荃的指导员认为，县内各乡公安分局对于所辖区域内村里委员会行文，应该由令改为公函。在他看

---

① 《咨各省省政府：为奉令核定各县地方杂税机关与县府行文办法请转行遵照》，《内政公报》第 6 卷第 17 期，1933 年，第 716～717 页。
② 《解答县警卫大队管委会对各队长来往公文程式（广东民政厅训令第二三四四号）》，《广东省政府公报》第 194 期，1932 年，第 43～44 页。
③ 《解释县地方警卫队经费管理委员会与区乡镇里往复公文程式》，《广东省政府公报》第 230 期，1933 年，第 60～61 页。
④ 根据当时的县市自治相关章程规定，县参议会与县政府为同级，两机构之间互以公函行文。因此，县参议会与县政府之间的行文关系已经十分清楚了。然而并无规章明确说明参议会议员个人如何与政府行文，该用何种程式。如果使用不当，很可能出现议员与县长平级或比县长级别高的情况，相互之间用呈或用令，一字之差，身份地位瞬间发生变化，这是身处行政系统之人最为关心的问题，由此看来这个请求事关重大。《令潮安县县长辛煜桥：核示县参议员对县府来往公文程式（广东民政厅指令第五七七六号）》，《广东省政府公报》第 258 期，1934 年，第 20～21 页。

来，"村里长及副闾长等均为地方公正人士，为民众所爱戴，而选举村里委员会为地方自治之基本组织，而其所处地位竟在公安分局之下，对于公安分局有所请求须用呈文，与乡警所处地位相同，势必为民众所轻视。村里长副闾长等及委员会之威信既颇有关系，而于萌芽时代之地方自治尤大有影响，更非改用公函不可"。① 对此，浙江省民政厅以地方人民不论何人，均在政府机关管理之下，对于陈祖荃的呈请予以否决，同时又称"不能因用呈与否而增损其地位，所称尤属思想错误原则"，② 言下之意，用"令"或用"公函"并不代表机关地位本身的高低。事实果真如此吗？我们再来看一例。1930 年 2 月，广东省政府颁布《县政府各局暂行公文程式》，其中第四条规定，"各局对于其所属下级机关，及主管之地方团体均用令。但教育局对于县立中学校，或与中学校同等学校，均用公函"。③ 该程式将教育局与县立中等学校间以公函行文的规定特别单列，其最初的考虑是，"虽教育局有管理全县教育事务之权，但其与中学校长同属委任职，且中学校长之资格，往往在教育局长之上，如用训令，恐于校长人选不无影响，在中央未有法令规定以前，拟用公函"。④ 换句话说，为了体现出校长之资格与教育局局长不同，该公文程式特别将行政上有隶属关系的教育局局长与校长相互行文由令改为公函。可见，用"令"还是用"公函"，在很大程度上是组织机构或个人社会地位高低的象征，这也是各级机关不断论争的重要缘由。

除此之外，当县级行政组织发生变化时，处在行政等级关系中的各机构不自觉地要确定其所属的位置，以便推行政令。比如，蒋介石在"剿匪"期间推行保甲制度时，因四川各县面积广大，而设置的区数量偏少，为此专门设置保长联合办公处，联保主任由各保长互推，以便于保与保之间相互联

---

① 《浙江省民政厅指令第六六〇号：据呈请变更村里委员会对于公安分局往来公文程式所请应毋庸议仰即转饬知照由》，《浙江民政月刊》第 27 期，1930 年，第 130～131 页。

② 《浙江省民政厅指令第六六〇号：据呈请变更村里委员会对于公安分局往来公文程式所请应毋庸议仰即转饬知照由》，《浙江民政月刊》第 27 期，1930 年，第 130～131 页。

③ 《县政府各局暂行公文程式（十九年二月二十二日本府令准备案）》，《广东省政府公报》第 71 期，1930 年，第 1 页。

④ 《核定县立中等学校对县教育局公文程式》，《广东省政府公报》第 178 期，1932 年，第 86～87 页。

系。1936 年初，四川省第七区行政督察员兼泸县县长裴刚文曾就联保主任与各保长之间的行文问题专门呈请四川省主席刘湘。后经呈请指挥"剿匪"的最高行政机构军事委员会委员长行营，认为"保主任与各保长之间并不能全以令呈为之"。后经变通，规定"凡属于保甲及推行政令事务，联保主任对所联各保保长行文，均用通告，保长对联保主任行文，仍用公函；属于壮丁队或'铲共'义勇队指挥事务，联保主任以所兼联队长名义，对直隶各小队长行文用令，小队长对联队长行文用呈或报告，但须视事务之性质为转移，不得滥用"。① 由此可知，尽管联保主任由各保长互推产生，但仅那些实际上具有指挥权的事务才可能以令行之。随着保甲制度实施范围的不断扩大，内政部于 1943 年修正《市县地方自治机关行文办法草案》，对于地方行政组织中县、区、乡镇、保甲之间，各级行政组织与县参议会及乡镇民代表之间的行文程式都予以明确规定。另外，对于保甲级别的机构（如保甲办公处、甲长）之间以及与人民之间，采用通知、报告、申请书等更加便于使用且不体现行政等级的行文方式，以便弱化基层组织与民众之间的等级区别。②

（三）"裁局设科"与县政府整体行文权限的提升及局限

南京国民政府早期，县一级政府层面存在"有了县公署的教育科，还有一个教育局"的重复设置现象，造成人员、财力的浪费，因而就有了"裁局设科"的动议。③ 1927 年 6 月至 1929 年 10 月，国民政府实行以"教育独立、学者主政"为特征的大学院制，在各地方省份废除教育厅，实行大学区制，即把全国设置为若干大学区，每一学区设国立大学一所，以大学校长兼管区教育行政及一切学术事宜。④ 率先试点的江苏、浙江，分别由国立第四中山大学和浙江大学颁布了县教育局与县政府的行文程式，教育局独

① 《奉令以准军事委员会委员长行营函以据四川省政府呈请核示联保主任对保长行文程式一案经指令饬遵请通令各省知照等由一案令仰知照——训令直辖各机关》，《内政公报》第 9 卷第 4 期，1936 年，第 122～123 页。
② 《内政部修正〈市县地方自治机关行文办法草案〉》（1943 年 4 月 30 日），《民国时期文书工作和档案工作资料选编》，第 273～274 页。
③ 《裁局设科之解释》，《国立第三中山大学教育周刊》第 2 期，1927 年，第 4～5 页。
④ 张宪文等：《中华民国史》第 2 卷，南京大学出版社，2005，第 464～471 页。

立行文的权限颇大，县政府对所属教育行政事务没有直接管理权。① 这必然
会引起县政府的强烈不满。1928 年 10 月，上海县政府呈文江苏省民政厅，
抱怨只有公安局与该县政府以"呈、令"正常往来，教育局、建设局则
"去文用公函，来文用呈"，从行政隶属关系上"已似半类属性质"，财政局
对县政府"来往皆用公函"，在行政隶属上"则更似平行"，建议民政厅在
改组县政府时"应一律去文用令，来文用呈，以明统系"。② 蒋介石对此有
颇为深刻的认知，他在颁布《剿匪省份各县政府裁局设科办法大纲》时明
确指出了这一现象的危害性：在县政府"裁局设科"之前，由于"各局局
长多由各厅指派，自成系统……对下则径发局令，对上则径报本厅，县长高
临其上，既非自辟之椽属，复多顾虑其背景，自无从充分行使监督指挥之
权"。③ 县政府各局具有直接对外行文的权力，直接弱化了县政府作为完整地
方行政组织的地位和权威，而行文权限及其背后的政治权威又直接关系县政
府的行政效率，由此这也成为南京国民政府推行县政府"裁局设科"的重要
因素。正如 1938 年 3 月行政院与教育部、内政部调整《整顿县市以下组织方
案》时指出："我国现行制度，县市以下组织，层级愈趋纷繁则事权愈不易统
一，行政效率则愈趋低微，上下推诿卸责，各级组织徒成公文传递之机关。"④

---

① 例如，国立第四中山大学规定"县政府行文县教育局用公函，县教育局行文县政府则用呈"
（参见《县教育局与县政府之行文程式》，《新闻报》1927 年 8 月 13 日，第 3 版）。浙江大学
拟定的"教育局与县政府行文手续"则规定，"省政府或浙江大学除关于教育局本身诉讼案
外，凡关于地方教育问题之公文概送至教育局"，"凡关于地方教育问题，教育局对地方教育
机关或人民可直接行文，若事关重大或规定必须呈报县政府核准者，所发公文由教育局拟稿，
经县政府核定后以县政府名义发出，并由教育局长副署"，"凡关于地方教育问题，教育局对
省政府或浙江大学可直接呈文，若事关重大或规定必须由县政府转呈者，所发公文由教育局
拟稿，经县政府核定后以县政府名义发出，并由教育局长副署"（参见《中华民国国民政府
浙江省政府学字第一二〇七五号：令各县县长、教育局长：制定教育局与县政府行文手续
办法仰一体遵照由》，《浙江省政府公报》第 336 期，1928 年，"命令"，第 15～16 页）。从这
两省颁布的行文程式看，县教育局不仅可以独立行文，而且县政府要对外发布有关教育实务
的公文，还需要教育局局长副署才能完成，县政府对于教育局主管的教育事务并无直接管理
权，只能以"公函"方式进行间接监督，这些均充分表明当时教育局拥有崇高的地位。
② 《呈请解释县组织法疑义》，《申报》1928 年 10 月 28 日，第 14 版。
③ 蒋中正：《通令各省市为令发剿匪省份各县政府裁局设科办法大纲仰办理具报》，《军政旬
刊》第 43、44 期合刊本，1934 年，命令，第 10～11 页。
④ 《行政院与教育、内政两部为调整地方行政机构方案、整顿县市以下组织方案、沦陷区域
行政统一方案及确定西康建省省界等问题的往来文书》（1938 年 3 月），中国第二历史档案
馆馆藏教育部档案，档案号：五－74。

"改进地方行政，允宜以充实县政府为第一要义，而加强省政府之权力次之"被明确写入由内政部部长何键于 1938 年 3 月签署的《调整地方行政机构方案》当中，① 由此可见，国民政府高层更看重县政府权力的完整性。

为更好地与省政府"合署办公"相衔接，1934 年起国民政府首先在湖北、河南、安徽、江西等"剿匪"省份的县政府一级推行"裁局设科"，将各局变为县政府所属的各科室，明确规定"县政府上行下行文书，概以县长名义行之"。② 一方面减少了县政府所属各机关的发文量，缓解了"令出多门"问题，极大提升了县政府的行文权限，增强了县长的政治权威；另一方面则使"文牍或事务员，负撰拟文稿之责者职务已不存在"，③ 节省了"公文承转"办理的时间，④ 提升了县一级政府的行政效率。这一行文程式在实践中得到了较好的执行。例如，1947 年，江苏省教育厅曾就县教育局与区或乡镇行文问题呈请教育部。教育部认为，"省政府（包括各厅处局）及县政府（包括各局科室）应为一行政整体，不论省对县或县对乡镇行使指挥监督时，其行文均应用省政府或县政府名义，以免纷歧。县教育局与区或乡镇行文，似亦应承办县政府府稿，以县政府名义行之。如有直接行文必要，依照公文程式条例，应用公函"。⑤ 言下之意，县教育局不能直接对区或乡镇以令行文。当然，如果依照相关法规，县政府各科局在职责范围内处理相关事务时，也可"以令行文"。例如，1941 年，有关县警察局对乡镇公所行文程式问题，内政部回复，"县警察局在职掌范围内对乡镇公所有所指示时用令，余事用函"。⑥

尽管国民政府高层非常重视县政府一级组织的整体性和行文权威，并通

① 《行政院与教育、内政两部为调整地方行政机构方案、整顿县市以下组织方案、沦陷区域行政统一方案及确定西康建省省界等问题的往来文书》（1938 年 3 月），中国第二历史档案馆馆藏教育部档案，档案号：五-74。

② 《剿匪省份各县政府裁局改科办法大纲》，《军政旬刊》第 43、44 期合刊本，1934 年，"条规"，第 34 页。

③ 《裁局设科之解释》，《大公报》1935 年 2 月 2 日，第 10 版。

④ 比明：《县政府裁局设科》，《时代日报》1935 年 2 月 12 日，第 2 版。

⑤ 《核示省县乡镇行文程式：内政部公函民字第八九五三号》（三十六年八月十六日），《法令周刊》第 10 卷第 39 期，1947 年，第 2 页。

⑥ 《准内政部咨规定县警局对乡镇公所行文程式转行知照由》（三十年十一月一日），《安徽省政府公报》第 88 期，1941 年，第 26 页。

过出台相关法令加以规范。然而，民国时期各地战事不断，因此常常有军队驻防某地区，处在军事长官与县长双重管辖下的区域，如何解决地方政府与军事机关的指挥监督权问题，即如何平衡日常行政行文程式与战时紧急行文程式间的不对称问题，是颇让国民政府为难的事情。例如，1931 年陆军第六十三师师长李扬敬驻防韶关期间，因"剿匪"之事，须与各县政府联系，但因各县政府与该师部及各旅"来往公文，程式不一"，于是呈请军部将该师"对韶属各县来往公文，颁定一程式"。为此，该军部以公函行文至广东省政府，称"县政府与师部，原为不相隶属之机关，往来公文，本可照用公函"，但因正当"剿匪"期间，该师奉令驻防韶关，"北江各县，均为该师所辖剿匪区域"，该师长为该"剿匪"区域军事长官，"对于该剿匪区域内之各县政府，凡关于剿匪范围内诸事，自应有直接指挥之权"。因此，建议"江北各县政府对于该师部公文，似应用呈；该师部对于各该县政府有所指挥或有所谕饬有所指示时，即分别以令或训令或指令行之。各该县政府与该师之各旅团营往来公文，均可仍用公函"。言下之意，师长可以指挥县长，从而"于办事上不致窒碍"；各旅、团、营长与县长以"公函"往来，"体制上亦相符合"。① 对于军部的意见，广东省政府也只得同意。此外，在对红军进行大规模"围剿"的省份，军事指挥官往往拥有最高权力。如1933 年 5 月，福建省政府规定，所有师长以上对于各保卫区指挥官往来公文一律用令。② 1936 年 3 月，广东省政府根据国民政府西南政务委员会第 568 号训令颁布《通令行政机关公文得采用军事机关报告程式》，要求"各行政机关倘遇必要时，得采用军事机关报告程式"，"力求简明以期减省文字上之冗繁"，将更多人员投入"指导监督实际工作"，从而提高行政效率。③

军事长官具有最高指挥权，可以对县长发号施令，这一点在 1937 年全面抗战开始后表现得更为突出。如抗战期间，有关专任之团管区司令对于区内县（市）政府行文，由军政部会同内政部依据兵役系统规定："寻常商洽或联

---

① 《核定六十三师在北江剿匪期间对北江各县往来公文程式》，《广东省政府公报》第 150 期，1931 年，第 77～78 页。
② 《剿匪期间师旅长对各保卫区指挥官往来公文程式》，《福建省政府公报》第 316 期，1933 年，第 24 页。
③ 《通令行政机关得采用军事机关报告程式》，《新村半月刊》第 64 期，1936 年，第 50～51 页。

络之事用公函，指挥兵事用令。"尽管如此规定，实际中全非如此。湖南省政府主席张治中就指出，"各团管区司令，对于区内各县长，事事巨细，动辄用令，任意指挥，稍有未遂，继以斥责，俨视县府为隶属机关"。他认为"县长与团管区司令，行政系统各别，除在职务上相关者互相洽办外，其余自应各依其系统办理，以谋行政之健全，且县长为一县行政最高长官，所负实施政治责任至繁且重，欲求县政突进，以应战时需要，自非赋予县长以相当职权，并提高其地位，不足以资运用而赴事功"，并提议"将团管区司令对县（市）府用令程式，予以修正，一律改用公函"，提高县长地位，如果遇到团管区司令商洽之事而"县长不肯照办，尽可由阶级较高之师管区司令，饬县办理"，即通过各自之上级实施指挥，并且在他看来，各团管区司令动辄对县长以令行文，是对县长地位的不尊重，同时也有侮辱县长之嫌。军政部部长何应钦则认为，团管区司令对县（市）长"因指挥兵事而用令，似不致影响县（市）长之地位"，且"现值非常时期"，如果一律改用公函，不仅会"紊乱系统"，而且会导致"公文迂回"，"有碍兵役要政"，因此要求团管区司令"除指挥兵事用令外"，其他"不属于兵事范围者，应照规定用公函"。① 尽管张治中的呈请并没有改变县长与团管区司令的行文程式，但从中可见，南京国民政府时期处在战事之中的县长们地位何其卑微。

县政府作为国民政府时期最基层的行政单位，是连接国家政权与社会民众的纽带，事关国家政权的长久稳定。因此，提升县长的地位与权威颇为重要。对此，各中央军队进驻某地，首先规定军事长官与地方行政长官的职权范围，以期各自在权力范围内行事，保护县长权力，维护地方行政的权威。如1941年4月，军事委员会颁布《军事长官对于防区内之专员县（市）长行文程式》，其中明确规定战区内之师长、警备司令、戒严司令在指挥军事时，依何种范围对县长用令；同时明确规定"普通军事长官不问其阶级高下，平时对其驻在地之专员公署、县政府、区保安司令一律用代电或公函"。②

---

① 《湖南省政府代电》，《湖南省政府公报》第869号，1938年，第9～10页。
② 《令知军事长官对于防区内之专员县（市）长行文程式》，《广东省政府公报》第744期，1941年，第5～6页。

除此之外，抗战中后期，国民政府多次发布关于各级各类机构对县政府行文程式的训令，以规范、限制各级各类机构对县政府的行文方式。其中，行政院于1940年颁布训令，规定各机关对县政府行文，不论是中央驻省各机关还是省属各机关，只要与县政府无隶属关系，通常函由省政府核转，如有必要直接行文，"一律应用公函，不得径自用令"，只是"就主管事项，得以指挥县政府者，于其指挥范围内，得以令行之"。① 1942年初，国民政府公布《中央各机关及各部队对县政府行文用令限制办法》。该办法明令规定，"中央各机关及各部队，如有必须县政府办理事务时，应经由省政府转令遵办，不得直接用令"，而且明确规定县政府对于各上级"长官擅权滥发命令时，除拒绝接受外，并得呈省政府核办"，另外，"关于滥发命令之官员，由该管上级机关分别议处"。② 虽然国民政府三令五申，制度规范"颇严密"，但地方上执行"不甚切实"，"非直接指挥系统而对县长发号施令者，仍比比皆是"。1947年8月，行政院不得不再次发布通令，责成各省政府加强"对县府滥发命令"现象的督查和惩罚力度，从而切实负责"中央法令之贯彻与县长职权之保障"。③ 到了1948年10月，湖南省政府主席程潜就改进地方政治实施纲要情形向蒋介石汇报时，仍要求"非直辖之上级机关，必须委托县政府办理事务时，应经省政府转令遵办"，建议加强县长职权。④ 可见，在战时状态下，各级机关对县政府直接以"令"行文的现象仍未完全消除。

三　分级负责制：地方公文程式改革的核心及其局限性

行政机关内部行文程式的冲突不断，其根源在于国民政府行政体系的条

① 《行政院关于各机关对县政府行文程式的训令》（1940年1月18日），《民国时期文书工作和档案工作资料选编》，第270页。

② 《国民政府公布〈中央各机关及各部队对县政府行文用令限制办法〉》（1942年2月5日），《民国时期文书工作和档案工作资料选编》，第271～272页；《中央各机关及各部队对县政府行文用令限制办法》（三十一年二月五日公布），《行政院公报》第5卷第2期，1942年，第21页。

③ 《调整县级机构财政慎选严核县级人员政院重申前令通饬遵办》，《申报》1947年8月26日，第1版。

④ 《蒋介石关于湖南省程潜呈报改进地方政治实施纲要情形致行政院电》，中国第二历史档案馆编《中华民国史档案资料汇编》第5辑第3编"政治"（2），江苏古籍出版社，1999，第282～286页。

块化结构。蒋介石推行省政府合署办公、县政府裁局改科，其出发点就是解决行政机构的职权分割造成整体性缺失的问题，然而，省政府合署办公与县政府裁局改科，虽在一定程度上实现了省政府各厅处与县政府各局科在同一地点或场所办公，但刻意追求形式上的省府或县府统一行文，反而极大增加了省政府主席及秘书处的负担，因此1936年颁布的《省政府合署办公暂行规程》专门强调了省政府各厅处可以直接回复行政院各部会的令文。1940年8月至1943年5月担任广东省政府秘书长的郑彦棻的回忆颇能反映省政府合署办公制度在行文程式上的弊端：

> 那时实行省政府合署办公，各厅、处的重要公文都要送主席核判，虽然这些公文大部分都先由秘书处的秘书代为核判，但每天送给我看、请我核判或由我转呈主席核判的文件，还是相当多。我对公文程式不如那些老练的秘书熟悉，对省级机关的系统，也不尽了解，因此，核阅每感困难，而给我看的公文都是较为重要和复杂的，又值战时，往往事机急迫，所以我常常工作到深夜都还不能把当天的公文处理清楚。①

不难看出，合署办公，在公文程式上变为"合署行文"，②并未改变各厅、处各自为政的格局，行政效率自然也难以保障。对此，著名的政治学家陈之迈的分析颇中要害：

> 在我们中国行政的"系统"比西洋国家更占重要的地位，在外国中央政府就是中央政府，至我国则中央政府之内又要分成许多层级。在外国一个部就是构成中央政府的一部分，掌理行政权之一部分。在中国则部以上有院，院以上又有国民政府，国防最高委员会，中常会等。而部以下还有许多附属机关，附属机关下又有附属机关，彼此来文，此呈

---

① 郑彦棻：《我在广东省政府担任秘书长的回忆》，中国人民政治协商会议广东省委员会文史资料研究委员会编《广东文史资料》第66辑，广东人民出版社，1991，第160页。
② 郭培师：《公文改革实验谈（下）》，《政衡》第2卷第1期，1947年，第34~35页。

彼令，又函又咨。这种事情，是一班幕僚的饭碗，一丝一毫不肯放松。

在这种注意"系统"的情形下，一个自然的结果便是平行的机关不能互相管理，只在上级机关可以管理下级机关。例如在外国财政部的职权一方面是征收课税，一方面则是编制预算，财政部一手把住编制预算之权，他对于其他政府机关是有极大的控制力量的。在中国则因财政部只是行政院中的一个部，他与其他各部平行，他还有许多上级机关。在"系统"的论点他对于其他平行或其他的上级机关的预算应当没有控制的力量……过去我们想了许多补救的办法，时而财政委员会，时而预算委员会（均直隶国民政府）……现在的主计处之所以直隶国民政府便是因为非如此他不能编制五院的预算……顾虑"系统"及公文程式使政府平白添设了若干机关，并将财政部的职权割裂。①

由此可见，合署办公的目的之一是防止"政出多门""前后不一"，但国民政府为了推进某项专门事业，不是通过提高某一专门机构职权的方式来实现，而是在一级行政体系之外另设各种专门委员会，这些委员会不仅分化了一级行政组织的职权，而且常常因行文秩序的问题与各级地方政府发生纠纷。不过，广西省在推行省政府合署办公方面颇有创新。1934年1月，广西省政府就开始探索合署办公，将秘书处改为总务处，下分司法、交际、财务、文书四科，在原有各厅处之外成立总办公厅，7月以后改为主席办公室，设秘书长一人，专门负责核稿。② 1938年上半年曹圣芬在调研广西地方行政时发现，广西的省政府合署办公取得的成效比较明显，原因之一在于"广西当局求治甚切"，"增加各级主管长官的权限、提高他的地位，譬如省主席、县长、乡村长的地位和职权，都比外省来得高、来得大"。③ 湖北省政府作为实施合署办公的首创者，"公文几成为科员起稿、厅长核稿、省主席判行"的基本程式，并形成战时多部门集中处理公文的长效机制，时人

① 陈之迈：《行政机关的设置》，《新经济》第7卷第12期，1942年，第232页。
② 孙仁林：《广西省政府实施合署办公办法及其成效》，《建设研究》第2卷第3期，1938年，第1～10页。
③ 曹圣芬：《广西之行（续）》，《申报》1938年5月1日，第3版。

认为"此有利于施政之兴革，为战事发动后可资纪念者"。① 时任教于国立武汉大学法学院的知名政治学者刘乃诚认为，"合署未必能集权，集权未必有赖于合署"，合署办公之后"最高主管官吏因能直接管理各厅处，不必假手于公文和视察"，但这种"形式上的合并"需要配合"精神上的转变"才能达到合署办公的真正目的。② 正如 1936 年 5 月在南京召开的地方高级行政人员会议上讨论民政议案时与会人员所认为的，湖北省合署办公后"人员经费均有减，效率亦较前增加"，虽然"间有因合署办公反增公文手续繁重者，其故不在合署，而在未能彻底合署"。③ 1938 年 3 月，行政院在与教育、内政部讨论《调整地方行政机构方案》往来文书时指出，"各省纷纷实行合署办公，一切行文均由省府直接收发，往时之弊为之矫正者甚多。但因种种原因，省府合署办公之制度，未能普遍推行，而已实行合署办公之省府，亦未能完全按照该制度之原旨切实办理，致使该项善良制度未能收获预期之效果"。④ 可见，切实推进省政府合署办公，一方面须保持各级行政组织职权的完整性，另一方面须提升各级行政机关及其附属机关在所属事务范围内的权威地位与至高权限，如此才不致将"合署办公"变为"合署行文"。抗战期间，蒋介石在提倡并推广行政三联制的时候，开始注重将以合署办公为核心的分级负责制与强调分层负责⑤的文书处理程序结合起来，以提高行政公文处理的效率。

第二节 行政机关与人民团体的公文程式

南京国民政府时期，公文不仅指各行政机关间相互往来之文书，而

---

① 《武汉之政治经济》，《申报》1938 年 10 月 10 日，第 15 版。
② 刘乃诚：《论合署办公》，《中兴周刊》第 6 卷第 2 期，1936 年，第 4~6 页。
③ 《地方高级行政人员会议讨论民政教育议案 今讨论治安议案下午闭幕》，《申报》1936 年 5 月 13 日，第 6 版。
④ 《行政院与教育、内政两部为调整地方行政机构方案、整顿县市以下组织方案、沦陷区域行政统一方案及确定西康建省省界等问题的往来文书》（1938 年 3 月），中国第二历史档案馆馆藏教育部档案，档案号：五 - 74。
⑤ 分层负责制，强调公文处理上的层层负责，并不属于本章所说的程式问题，关于分层负责的具体内涵与做法，请参见本书第五章第三节的相关内容。

且包括行政机关与人民往来之文书。1928 年 11 月 15 日《公文程式条例》对机关与人民间的相互行文有如下规定：人民对于公署有所陈请时用呈，各机关对于人民陈请事项分别准驳时用批。实际上，人民团体与人民视同一律，因人民团体①类别多样，故人民团体与行政机关相互间行文程式较为复杂。

各行政机关对人民团体用令用批，来实现对该团体的管理与控制，这一点早在广州国民政府时期就已有体现。1927 年，广东省农工厅厅长陈孚木就农工团体与政府机关往来公文程式，认为"全省人民，农工实占多数，若地方官厅命令，不能行于各法团，则行政上必生障碍；如农民与人民纠纷，工人与工人纠纷，或农工与雇主及其他职业人民纠纷时，倘地方行政官厅不能实施其行政命令，则风潮必难解决，流弊所及，势必扰乱公安"，"故官厅之行文程式，事虽甚微，关系甚大"。②

南京国民政府成立之初忙于巩固新政权，无暇顾及对团体的管理事项。国民政府就机关与人民行文程式的解释，表明此时政府对人民团体持平等、友好态度。1928 年初，江苏省农矿厅就机关对人民有所通知（且这种通知并未经人民陈述）时如何行文呈请江苏省政府。③ 国民政府法制局对此的解释是：

> 机关对于人民有所指挥时得用令，对于陈述事项分别准驳时得用批，宣布事件或有所劝诫时用布告，在公文条例第二条第一款、第四款及第九款已有明文规定。令有强行力，在受令者无自由考量之余地。若无强行性质，仅对个别人民或私团体有所通知，布告与批均不适用时，

---

① 根据 1930 年 7 月 28 日国民政府颁布的《修正人民团体组织方案》，人民团体分职业团体和社会团体两种。其中，职业团体有农会、工会、商会及工商同业工会等，社会团体有学生团体、妇女团体、文化团体、宗教团体及各种慈善团体等。参见《修正人民团体组织方案》，《法令周刊》第 6 期，1930 年，第 1～4 页。此外，关于南京国民政府时期人民团体分类及组织系统，可参见魏文享《制约、授权与规范——试论南京国民政府时期对同业公会的管理》，《华中师范大学学报》2004 年第 4 期。

② 《规定农工团体往来公文程式案》，《广东行政周刊》第 20 期，1927 年，第 18～19 页。

③ 《呈省政府为请训示官厅对于人民个人有所通知究用何种程式文》，《江苏省农矿厅农矿公报》第 3 期，1928 年，第 52 页。

自可准照公文程式条例第二条第八款采用公函。易言之，即凡属通知事项不具指挥强行之性质者，不特机关相互间得用公函，即机关对于人民亦得用之。①

这一回复至少说明了以下问题：（1）机关向人民宣布事件，可用公函；（2）机关与机关、机关与人民间均可以公函相往来。同时回应了"人民与行政机关所用程式似应有别"的疑问，② 从这一点可以看出，人民与机关处于平等地位。同时，法制局专门指出，由于公函内容"初无法定格式，各机关可酌量情形，自行决定，不过造词立式，总以力求切实明显为是"，并且要求机关摒弃旧时公文"炫示"政府威严的不良习惯，"此则不独不宜见诸公函，即批令布告今亦不当袭用"。③ 可见，新政府要求各级行政机关以平等、友好的态度对待人民团体，至少在批、令、布告、公函等公文方面要与旧政府有所区别，以显示除旧革新的姿态。

训政初期，国民党各级党部负责指导各地民众运动，承担与之相关的各团体的组织管理工作。因此，各级党部与人民团体接触最多，故 1930 年 2 月 10 日，国民党中央执行委员会颁布《人民团体与党部往来公文程式》，规定党部与人民团体间行文的主要依据为是否有隶属关系，有隶属关系者党部与人民团体间行文用令、呈，其余均用公函。④ 以是否有直接行政隶属关系确定公文之行文，简单明确，这也为政府机关与人民团体间的行文关系提供了很好的参照。1930 年 3 月，汉口特别市社会局向行政院工商部呈文称，该市"工商团体，对于该局行文用令，多不遵办"，请求转咨中央训练部解释。汉口特别市社会局认为，"职业团体应受当地官厅及全省工商行政主管

---

① 《令遵划一公文程式：安徽省政府教育厅训令第九六三号》，《安徽教育行政周刊》第 1 卷第 27 期，1928 年，第 19 ~ 20 页；《法制局解释公文程式》，《申报》1928 年 9 月 26 日，第 14 版。

② 《呈省政府为奉令解释公文程式第二条第八款之规定尚有疑义仍祈转呈示遵文》，《江苏省农矿厅农矿公报》第 3 期，1928 年，第 52 ~ 53 页。

③ 《令遵划一公文程式：安徽省政府教育厅训令第九六三号》，《安徽教育行政周刊》第 1 卷第 27 期，1928 年，第 19 ~ 20 页；《法制局解释公文程式》，《申报》1928 年 9 月 26 日，第 14 版。

④ 《人民团体与党部往来公文程式》，《中央党务月刊》第 19 期，1930 年，第 61 页。

长官之监督"，这些民众团体"对于当地官厅及全省工商行政主管长官行文应一律用呈"。中央训练部收到行政院的公函（第7154号）后，以公函（第7571号）回复行政院称："人民团体与党部往来公文前经本部规定程式，呈奉中央常会核准施行在案。至各团体对于政府行文应用何种程式，似可参照该项规定程式，另行规定。"很快，行政院就根据《人民团体与党部往来公文程式》，以行政院第956号训令规定：

> 人民团体（包括士农工商）对于当地官厅及全省行政主管长官有所陈述时用呈；当地官厅及全省行政主管长官对于人民团体陈述事项分别准驳时用批，有所指挥或告诫时用令，宣布事件或有所劝诫时用布告；至人民团体对于其他不相统属之机关，公文往复时用公函。①

这份训令不仅由行政院发至各省地方政府，也由各省党部传达到各民众团体，成为此后处理政府与人民团体间行文问题的基本准则。由于各级地方官厅及各省行政主管长官的主管地位及范围比较明确，根据行政院工商部在1930年7月25日同时修正公布的《商会法施行细则》②和《工商同业公会法施行细则》③规定的商会主管官署，"在隶属行政院之市为社会局"，"在市为市政府"，"在县为县政府"，人民团体与市、县政府等主管官署间行文并不存在太大问题。

不过，"人民团体对于其他不相统属之机关"的行文问题比较复杂。在人民团体看来，《商会法施行细则》和《工商同业公会法施行细则》的规定已经表明，除特别市社会局及市、县政府之外的地方行政组织，皆属于不相统属的机关。而各市、县政府所属各机关则认为，作为市、县政府的一部

---

① 《训令：第九五六号：令工商部：为抄发人民团体与党部往来公文程式由》，《行政院公报》第133号，1930年，第12~13页。
② 《商会法施行细则（十九年七月二十五日修正公布）》，《工商公报》第22期，1930年，第32~33页。
③ 《工商同业公会法施行细则（十九年七月二十五日修正公布）》，《工商公报》第22期，1930年，第33~36页。

分，它们有权对当地人民团体以令行文。因此，市、县政府所属各机关常常在其职责范围之外，也以令行至人民团体，而各人民团体则依托行政院第956号训令及《商会法施行细则》《工商同业公会法施行细则》据理力争，从而不断引发行文程式的论争。

1932年3月，湖南省湘潭县酒米业同业公会成立之际，湘潭县党部委员陈振球出席成立大会并对该会的行文程式做出专门解释："本会属于地方主管监督之公法团体者，在特别市为社会局、特别市党部，在市为市政府、市党部，在县为县政府、县党部，均属上行呈递文件，应以呈文式为适合。余如法院、教育、财政、公安……各省税征收局等均属平行往来，文件均以公函为适用。"不过，该会成立后，"虽有国民政府公布工商工业公会法及本会章程可资遵守，然本会本身职责与县中各机关团体相互关系往来文件每感不便，窒碍时间不知凡几"，该县公安局甚至对该会常以令行文。这引起该会主席陈子卿的困惑与不满，他在7月的呈文中指出，"兹本会必需文件，亟待拟办，所有县中各团体、各机关，除党部、县政府外，究应何为上级何为平行，均不明悉"，希望相关部门给予明确的解释。这一呈文由湖南省政府转交国民党湖南省执行委员会处理，湖南省执行委员会查证后认为：根据《工商同业公会法施行细则》第五条规定，"同业公会应以县政府为其主管官署，该会往来文书除对县政府用呈外，其他当地各机关团体应援照《商会法施行细则》第三十三条不相统属之规定，一律用公函，以符法则"。中国国民党中央执行委员会民众运动指导委员会核准了湖南省执行委员会的意见并予以转发函达各省。[①] 与此同时，在湖南省浏阳县，一位名叫谢人杰的商旅暂停营业，由该县旅业同业公会以"公函"行文县公安局，请求予以豁免捐税。县公安局称："该会系人民团体，对本局应用呈文，竟用公函，殊属谬误。"这引发了浏阳县商会主席的强烈反应，商会主席认为："以此类推，本会亦民众团体之一，该局亦包括在内，是本会与该局往来文件亦当用呈矣。因忆上年本会有所请求于国民政府，由文官处批复，系用公函。岂县公安局之尊严竟高于国府文官处耶？"该县商会主席特别强调国民

---

① 《社会部（中央民运会）承办公文登记簿及工会行文程式的有关文书》（1932年7月），中国第二历史档案馆馆藏社会部档案，档案号：一一–10764。

政府文官处以公函行文该会一事，借此打压县公安局要求该会以呈行文的无理要求，比单纯引用条文更具说服力。最后国民党中央执行委员会民众运动指导委员会批准了该会以"公函"与县公安局行文的要求。① 到了 1935 年 1 月，上海市出租汽车司机业公会呈请国民党上海特别市执行委员会，要求解释该公会与上海市公安局、教育局如何行文的问题，国民党中央执行委员会民众运动指导委员会依旧将公安局、教育局列入不相统属之机关范围，表示该公会与之行文可用公函。②

由于行政机关对人民团体之主管机关并不像党部那样明确，实际中多头管理是客观存在的现象，各类人民团体因自身所从事的业务与公安局、教育局、财政局等行政机关产生公文往来的情况也很常见，因此，在职权范围内，这些行政机关与人民团体的行文常以令、呈往来。这一点到 1937 年后得到了进一步的确认。例如，内政部就中国佛教会关于"行政机关与人民团体行文"问题进行审查后做出统一规定："各级行政机关，对于人民团体所用公文程式，依照定例，在职权范围内，有所指挥，无论是否为直接隶属机关，一律用令；对于人民团体之陈述事项，分别准驳时，无论是否为直接隶属机关，用批。若非职权上之指挥，仅为通知之性质，批、令均不适用时，用通知或函。"③ 按照内政部的解释，对于宗教团体之一的中国佛教会，任何行政机关在职权范围内均可对其以令行文，这一方面反映出人民团体社会地位的降低，另一方面则表现出国民政府行政系统对人民团体控制能力的增强。自此以后，人民团体与地方行政机关的公文程式论争明显减少。

实际中，不仅主管官署及其目的事业主管官署会与其管辖的人民团体产生业务往来，其他行政机关也会与辖区内的人民团体产生公文往来。如

---

① 《社会部（中央民运会）承办公文登记簿及工会行文程式的有关文书》（1932 年 8 月），中国第二历史档案馆馆藏社会部档案，档案号：一一–10764。

② 《社会部（中央民运会）承办公文登记簿及工会行文程式的有关文书》（1935 年 1 月），中国第二历史档案馆馆藏社会部档案，档案号：一一–10764。

③ 《解释行政机关对于人民团体公文程式疑义事项：据呈为行政机关对于人民团体所用公文程式有无明文规定请核示等情批仰知照——批中国佛教会圆瑛等》，《内政公报》第 10 卷第 3 期，1937 年，第 111 页。

1936 年湖南省耒阳县公安局呈请县公安局对于辖地人民团体之行文程式，[①]
1936 年鄂盐务稽核处分处对黄陂县油盐杂货业同业公会行文等。[②] 为此，
1943 年，国民党中央社会部社组三字第 51028 号未元代电，规定了人民团
体主管官署及其目的事业主管官署以外之行政机关与其辖区内人民团体行
文程式：（1）前项行政机关（这里指主管官署及其目的事业主管官署之外
的行政机关）在行使职权有所指挥督率时用令，人民团体有所呈请时用
呈，但前项行政机关以依法设立领有印信者为限（如各县税务员办公处对
当地商会及各同业公会应互用公函）；（2）非行政职权而为一般事项之洽
办时，互用公函或笺函。[③] 这一规定对人民团体使用令的行政机关进行了
限定，即必须是有印信者才可对人民团体以令行文，否则只得以公函相互
往来。

　　行政机关与人民团体往来公文时，大多以是否具有直接隶属关系为用令
之原则，并且各人民团体有明确之主管机关，但在实际行政活动中依然出现
行政机关动辄对人民团体施行指挥监督之权。如 1947 年 5 月，北平市政府
第五十次会议决定政府各局行文：本市各民众法团（如市商会总工会）对
本府各局一律用呈，对其他各局（如市立医院对公用局行文）一律用函。
根据这一决议，北平市商会须对市政府各局用呈。对于北平市政府的这一决
议，北平市商会立即做出反应，向主管商会的北平市社会部提出异议。首
先，依据 "《商会法施行细则》[④] 第二十九条规定商会对于不相统属之官厅，
得用公函。条文规定，极为显明"，商会对于其他市政各局无隶属关系。接
着，以 "查本会受本市市政府社会局之监督指导，历来行文用呈，对其他
各局，因不相统属，历来用函"，说明实际中商会与其他各局之行文关系。

---

① 《二十五年四月十八日呈一件为呈请示公安局对于辖地乡镇公所及人民团体等行文程式
　 由》，《湖南省政府公报》第 407 号，1936 年，第 6 页。
② 《中国国民党中央执行委员会民众训练部公函第二五四八号》，《中央训练部公报》第 5 期，
　 1936 年，第 31 ~ 32 页。
③ 《规定人民团体主管官署及其目的事业主管官署以外之行政机关与其辖区内人民团体行文
　 程序电仰知照伤遵由》，《社会部公报》第 11 期，1943 年，第 118 页。
④ 国民政府成立之初，于 1929 年 11 月 13 日颁布《商会法施行细则》，后又于 1930 年 7 月 25
　 日颁布《修正商会法施行细则》。抗战期间，国民政府于 1938 年 1 月 13 日公布《修正商会
　 法》，随后颁布《修正商会法施行细则》，此处所指的《修正商会法施行细则》即后者。

最后，就市政府决议中有关商会对市政府各局均以呈行文的决定要求给出法律之解释。对于商会的要求，社会部做出回应，"查商会对不相统属官署之行文体制，依《修正商会法施行细则》第二十九条之规定，其平时洽办一般事项，得相互用函，但于该官署主管事项有所呈请或申述时，仍应用呈，据呈前情相应函请更正"，即商会与其他官署之间就一般事项行文可用公函，但若事关该官署主管事项，商会行文须用呈。这一回复与市政府决议相比，显然对行政机关起到了约束作用，同时也在一定程度上体现了商会的社会地位。最终，北平市政府同意了社会部的意见，即商会不必对市政府各局凡事以呈行文。①

人民团体除与行政机关因公事需要相互往来公文外，不同人民团体之间、人民团体组织与成员间都有可能因公事以公文相互行文，比如商会与同业公会之间、商会与其会员间等。为此，20 世纪 30 年代初，"教育部实业部规定教育会农会上下级会来往公文程式均用公函"，即认为各民众团体在国民党和政府的监督管理之下，同一团体无须有等级区别，不存在上级对下级的指挥监督之责。同时，国民党中央执行委员会民众运动指导委员会对人民团体中会员与会的行文程式进行了规定，其中以会员的不同构成（个人或团体）形成会员对会的不同行文程式。② 这一行文程式如若具体到单个人民团体，在使用中难免出现误用。为此，1936 年 7 月 3 日，中央民众训练部对人民团体间行文程式进行了重新规定，同时废除此前的相关规定。具体内容如下：

一、凡有系统组织之人民团体，即有隶属关系者，上级对下级行文用令，下级对上级用呈，但会与个人会员，得互用公函。注：依照修正人民团体组织方案第二节第四项说明所谓有系统组织者，系指有隶属关系而言，如省市以下之农会、县市（包括直属于行政院者）以下之工

① 《准社会部函请饬知市商会对不相统属之官署行文体制改正办法等因仰知照由》，《北平市政府公报》第 2 卷第 13 期，1947 年，第 34 页。
② 《实业部训令总字第二二三〇七号：奉院令为中央民训部重行规定人民团体行文呈（"呈"应为"程"的误写——注）式通行知照一案令仰知照由》，《实业部公报》第 291 期，1936年，第 6 ~ 8 页。

会、省以下之妇女会、省市以下之教育会等。

二、有级数而无隶属关系之人民团体一律用函。注：依照修正人民团体组织方案第二节第四项说明所谓有级数组织者，系指虽有省县等级数而无隶属关系者而言，如渔会、商会，及其他有明白规定之特种社团等。①

可见，此时国民党中央对不同类型的人民团体性质有了比较明确的认定，并依此制定行文程式，体现并认同人民团体的个体差异。具体说来，根据各团体不同级别之间有行政隶属关系者，如农会、工会、妇女会、教育会等团体属于一类；而商会、渔会等与前者不同，虽有省、市（县）商会之称，但实际中并无隶属关系。与行政机关间公文程式相类似，有行政隶属关系之人民团体间相互行文用令、呈，反之则用公函。这一规定成为各类人民团体间及人民团体内部行文程式的重要标准。1943 年 8 月，贵阳市总工会就贵阳市各团体与该总工会之间如何行文呈请贵阳市政府，贵阳市政府转呈国民政府社会部，社会部对行文关系做出明确回复："县市以下之工会，为有系统之组织，总工会与各业工会有隶属关系，相互行文可用呈令。"应当来说，这一标准是非常清楚且易于判断的，但抗战胜利后，湖南省常宁县（1946 年 2 月）、浙江省定海县（1946 年 7 月）、江西省九江县（1947 年 10 月）仍再就县总工会与所属各会、团体的往来行文问题进行请示，对此，社会部在回复九江县总工会理事长的呈文时专门指出："有系统之人民团体，即有隶属关系者，上级对下级行文用令，下级对上级用呈……该会与所属各工会行文，应互用呈令。惟为避免团体机关化起见，上级对下级用通知，下级对上级用报告亦属可行。"② 一方面反映了国防最高委员会核定的《公文程式条例》中所提出的通知、报告两类文种开始应用，另一方面则隐含国民政府社会部对人民团体在公文程式论争中展现出的"团体机关化"倾向的不满与忧虑。

---

① 《重行规定人民团体行文程式》，《中央党务月刊》第 96 期，1936 年，第 739～740 页。
② 《社会部（中央民运会）承办公文登记簿及工会行文程式的有关文书》（1943 年 8 月至 1947 年 10 月），中国第二历史档案馆馆藏社会部档案，档案号：一一 - 10764。

第三节 商会对区署制度下公文程式的抗争

商会作为社会职业团体之一，在北京政府时期享有较高的社会地位。1916年2月颁布的《商会法施行细则》第十三条规定："总商会、全国商会联合会对于中央各部署及地方最高行政长官行文用禀，对于地方行政长官得用公函。商会对于中央各部署及各地方自道尹以上各行政官署行文用禀，对于县知事行文得用公函。总商会、商会及全国商会联合会自相行文均用公函。"① 由此可见，各地方政府对总商会、全国商会联合会并无直接指挥监督之权，而县政府对于各级商会也不能直接以令行文。国民革命军攻克武汉后，"凡国民军所到之处，纷纷组织商民协会，与商会成对峙之局"，② 由此国民党政权加紧了对商会的改组，并逐步实现政府对商会的监督管理，商会的社会地位较之以前发生了较大变化，这在政府与商会间的公文程式方面也有比较明显的体现。

一 新《商会法》颁布前后国民政府与商会公文程式的确立

南京国民政府成立之初，并未颁布新的《商会法》，而北京政府时期颁布的《商会法》（1915年12月）③ 和《商会法施行细则》（1916年2月）④ 依旧为各地商会所遵从，直到1929年8月国民政府颁布新的《商会法》。1927年4月至1929年8月，就规定商会与行政机关间的行文程式，商会与政府两方各有看法，展开了激烈的交锋。

商会方面希望沿用旧例，以公函互相往来。商会的初衷，一是旧《商会法》还未真正失去效力，且国民政府规定在新法规颁布之前，旧有的法

---

① 袁世凯死后，北京政府恢复临时约法，凡"禀"文通通改为"呈"文，因此这一条中所涉及的"禀"实际上已经被废止，改为呈。不过，北京政府此后并未再颁布新的施行细则。参见《商会法施行细则（教令第八号二月一日公布）》，《东方杂志》第13卷第4号，1916年，第7页。

② 《商会法、工商同业公会法诠释》，工商部工商访问局刊行，1930，第3页。

③ 《法律第十一号：商会法》，《政府公报》第1295号，1915年，第12~18页。

④ 《商会法施行细则（教令第八号二月一日公布）》，《东方杂志》第13卷第4号，1916年，第7~8页。

规只要不与党训政纲领相抵触，自可继续延用；二是若商会与政府可以公函相往来，至少商会之活动不会受太多行政干预，商会可以保持其独立行事能力，商会之社会地位也与旧时无大区别。例如，1928 年 3 月，南昌总商会致函总商会，"承询总商会对外公文程式，应采用何种制度"，总商会认为南京国民政府尚未颁布新的《商会法》，应当"依据旧例"处理，并指出，根据 1916 年 2 月制定的《商会法施行细则》第十三条规定，①"敝会现时对于中央各部及各省政府行文用呈，此外对于政府以下各官厅，皆用公函，即与省政府同等地位、而非直接隶属监督官署，亦用公函"。② 1928 年 9 月，广东省曲江商会提交至"广东全省商会代表大会"的议案更有代表性："关于商会地位之提高，尤以改善公文程式，最为重要……各埠商会，多数成立于清光、宣年间，其时为君主专制政体，而地方官与商会往来公文，或用照会，或用咨文。民国以来，改用公函，无非尊重商人团体机关之意……忽奉省政府明令，县长对于商会用令，商会对于县长用呈等因，自此商会地位一落千丈……似宜建议政府，恳发明令，嗣后地方官与商会来往公文，仍用公函，免启官商隔膜之渐。"③ 不难看出，商会非常珍惜其在北京政府时期获得的社会地位，希望继续对省级以下地方政府互用公函，"以崇体制"。

不过，南京国民政府则竭力将各地商会纳入地方政府的管辖范围，要求它们以呈行文。政府认为，商会为职业团体，与行政管辖区内之其他民众团体一样，均应受政府的监督管理。有关商会与政府行文程式问题，在南京国民政府创建之初即被提上日程。首先是 1928 年 10 月，广

---

① 1916 年颁布《商会法施行细则》时正逢袁世凯恢复帝制，因此该《施行细则》在公文程式方面的规定也体现出明显的帝制色彩，如第十三条规定："总商会、全国商会联合会对于中央各部署及地方最高行政长官行文用禀，对于地方行政长官得用公函。商会对于中央各部署及各地方自道尹以上各行政官署行文用禀，对于县知事行文得用公函。总商会、商会及全国商会联合会自相行文均用公函。"参见《商会法施行细则（教令第八号二月一日公布）》，《东方杂志》第 13 卷第 4 号，1916 年，第 7 页。袁世凯死后，北京政府恢复《中华民国临时约法》，凡"禀"文通通改为"呈"文，因此这一条中所涉及的"禀"实际上已经被废止，改为呈。不过，北京政府并未就此再颁布新的施行细则。

② 《商会行文程式仍依商会法》，《申报》1928 年 3 月 28 日，第 14 版。

③ 《江门洬洸曲江商会提议：请政府通令各属对于商会与县知事来往公文应照商会法施行则仍用公函案共三宗》，《商业特刊》第 1 期，1928 年，"提案汇录"，第 42～43 页。

东商会联合会事务所主席团就县商会与县政府行文程式事项两次致函广东省建设厅。针对这一问题，广东省民政厅认为，"民国四年，北京所颁行之法令，似无援用之必要，县长为一县之最高行政长官，属内团体对之，自应用呈文"，后经广东省政府核准并决定以此办理。① 就在该事务所就此事再次函请时，省政府转发了国民政府训令，这一训令即前文所引国民政府回复江苏省农矿厅有关"行政机关对人民无呈请时，直接行文可用公函"。国民政府的这一训令，内容并非直指商会与政府可用公函往来行文，此处援引国民政府的训令，一时虽可以使商会以公函与县政府行文，但这一依据并未以法令条文的形式固定下来，因而会随着情势的改变而发生变化。

随后，各级政府纷纷要求规定商会对政府行文程式，以期统一。1929年初，因"江苏省各级商会对于官厅所用公文，不合程式"，江苏省政府主席钮永建呈请行政院工商部予以"明白规定"。对此，工商部部长孔祥熙认为，虽然此时新的《商会法》未公布，处于过渡时期本应依照旧法，"但其中变更之处亦甚多；且省商联会系新设机关，更为旧法所未规定，势不能概沿旧法以为准绳"，而"建设厅兼掌工商，为全省工商行政之主管长官，凡属本省各工商团体，当然在其指导监督之下"，即各省建设厅对工商团体有直接监督权；另"商会为职业集团，亦人民团体之一，似与行政机关不同，自无阶级之可分"。言外之意，不论总商会，还是省商联会，自无高下，没有等级差别。依上两点，规定"各总商会、各省商联会，对于本省主管工商之建设厅、工商厅或原有之实业厅，均应一律用呈，以明系统，而专责成"。据此，行政院于4月24日发布训令，规定各省各级商会对于本省主管厅行文，一律用呈。② 根据这一规定，各省总商会及省商联会等商会团体，对省级主管机构行文须用呈。省商会与省主管厅间的行文程式确定之后，很快被推行到省级以下行政机关与相应商会间的行文实践。不久，河南密县县长谷振翔就县政府与县商会的行文程式问题向上级机关呈文。谷认为，对照

---

① 《函复建设厅关于各县与商会来往公文应用程式请查照由（十七年十月廿五日）》，《广东民政公报》第7期，1928年，第45～46页。

② 《令知各总商会各省商联会对于本省工商建设实业等厅行文均应一律用呈由》，《行政院公报》第42号，1929年，第30～31页。

公文程式，"上级机关对于下级机关有所谕饬或差委时用训令，又不相隶属之机关公文往复应用公函"，故商会与县政府是否有隶属关系确实需要明确的解释。工商部依照行政院之训令，认为，"县商会对于县政府事同一律，似应查照公文程式第二条第六项之规定，并总商会对厅行文成案一律改用呈文，所有县政府对于境内各商会一律用令，以明系统而专责成"。① 根据这一训令，在县一级行政范围内，对于县商会、镇商会等凡县政府所辖区域内之组织，县政府具有直接监督指挥之权，县商会、镇商会对县政府均应以呈行文。综合来看，在新旧商会法过渡时期，各级行政机关都想以令与商会行文，并依据"商人团体应与人民相对待，无阶级区别"，将各总商会、省商联会等视同一律，置于政府行政监管之下。

1929 年 8 月 15 日，行政院正式公布《商会法》，② 随后于 11 月 13 日出台《商会法施行细则》，该细则规定商会的地方主管官署"在市为市政府，在县为县政府"（第二条），"在特别市为社会局"（第三条），并在第三十三条规定了商会与政府机关的行文规则："各商会对于官有所陈请时均适用《公文程式条例》人民对于官厅公署之规定，商会、全省商会联合会、中华民国商会联合会及同业公会彼此往来用公函。"③ 不久，工商部对该施行细则进行修正，出台的《修正商会法施行细则》（1930 年 7 月 25 日）对商会的主管官署做了明确界定，并对行文程式的规定进行了微调，规定"各商会对于官厅公署有所陈请时，均适用《公文程式条例》人民对于官厅公署之规定，但对于不相统属之官厅得用公函"。④ 这些相关规定明确了各级商会与主管机关行文程式以及各商会间往来公文程式，以期实现国民党政府在训政时期对商会这一社会团体的规范管理。此后，有关商会与政府官署行文的呈文，政府部门均以此为依据进行解释规定。如 1931 年 7 月 16 日，河北省实业厅对于"唐山商会关于本县行文"的呈文，回复中首先依据《修正

---

① 《呈行政院商字第四二五二号》，《工商公报》第 14 期，1929 年，公牍，第 7~8 页。
② 《商会法》，《行政院公报》第 75 号，1929 年，第 1~7 页。
③ 《令工商部公布商会法施行细则令：兹制定商会法施行细则四十四条公布之此令》，《行政院公报》第 105 号，1929 年，第 67~70 页。
④ 《修正商会法施行细则》第二条对商会的主管官署的界定为："在市为市政府，在县为县政府，在隶属行政院之市为社会局。"具体参见《修正商会法施行细则（七月二十五日公布）》，《工商半月刊》第 2 卷第 15 期，1930 年，第 25~29 页。

商会法施行细则》第三十三条之规定，后称"各商会对于主管官厅行文均应用呈，既据称唐山县现未设市，该县即系地方主管官署，该会对于县政府行文自应用呈，以符法令"。①

可见，国民政府显然已将商会纳入民众团体，商会已经不是游离于政府之外的、只受行业监管（如北京政府时期商会仅受工商部管理）的社会团体。与北京政府时期相比，此时的商会与政府间的关系发生了重大变化。一方面，依据《商会法》，商会是隶属地方官署的下级机构，其活动（如设立、联合会的设立、资金预算等）受地方政府的管理和控制，这使商会在商事活动中不能很好地起到为商人团体保驾护航之作用；另一方面，因《修正商会法施行细则》规定商会与地方主管官署行文用呈令，且各类商会、商会联合会没有等级差别，均以呈向主管官署陈请，商会的社会地位随之改变，商会组织内部之结构亦发生变化。

尽管如此，这已是商会在自身努力下，在当时政局下所能取得的最好结果。南京国民政府甫成立，商会之地位岌岌可危。一方面，国民党登上执政舞台，对各类民众团体进行整顿改组，以使原有的民众团体从"破坏"走向"建设"，以适应训政时期的建设需要；② 另一方面，商会的存在还受到商民协会的威胁，③ 商会能否像以前一样开展有组织的活动都成问题。1927年底，上海总商会发起召开各省总商会代表联席会议，各商会代表所讨论之五个议题中，"商会存废问题"即为关键性议题，可见商会的处境十分危急。④ 1928 年 10 月，在全国商会代表会议上，有人提议，此次会议之任务之一便是要巩固商人之地位："查去年我国自东南底定以后，为恶化分子之宣传分化工商界，兼之有商会与商民协会之分立，一则为劳资之冲突，一则为资方之分途。我商界在此四面楚歌，亦既备尝艰苦，欲求生存，是非团结

---

① 《河北省实业厅指令第一六四二号令滦县县长：呈一件为唐山商会对于本县行文应用何种程式请示遵由》，《河北省政府公报》第 1054 期，1931 年，第 16 页。

② 朱英：《再论国民党对商会的整顿改组》，《华中师范大学学报》2003 年第 5 期。

③ 商民协会由国民党中央执行委员会商会部组织。有关商民协会及其与商会斗争之详细内容，可参见朱英《再论国民党对商会的整顿改组》，《华中师范大学学报》2003 年第 5 期。

④ 《总商会等明日开联席会议　讨论旧商会存废问题》，《申报》1927 年 11 月 20 日，第 13版；《沪总商会召集各省总商会开会电》，《申报》1927 年 11 月 25 日，第 14 版。

自己力量，巩固自身地位不可一也。"①

在此情势之下，商界之代表选择与国民政府合作。商人历来以谋利为第一要义，而良好商业活动的开展有赖于社会稳定、政府强大。当时的中国，北京政府财政捉襟见肘，各地军阀盘剥，商会若依附于此，必定苦不堪言。而国民革命军从南到北，节节胜利，定都南京，让商人看到国家结束战争、走向建设的可能。因此，商人此时与南京国民政府合作是明智之举。在上海总商会发起的各省商会联合会上，商会主席冯少山在开幕词中就指出，"商业之不能离政治独立，商人之不能埋头政治、不问政治"，并希冀"官厅能诚意与商民合作"，寄希望于国民政府。② 纱商巨子穆藕初发表言论，坦言"交通"与"废除不平等条约"为中国生存之两大命脉，若政府将"整理交通"作为一项建设事业大力开展，商业就会有生机。不平等条约的存在，使得当时的中国企业在国际商务活动中无法获得利润，不仅于商人不利，而且不利于国家工商业的整体发展，为此，穆氏呼吁"特处此时代，吾人询谋签同，以为惟一之要图者，在希望政府之统一，消弭党派之倾轧，然后号召全球，排除吾国不平等条约之压迫，庶农工商业可以推广，购买力可以增进，而各国对于吾国之商务，亦可有振兴之望"。③ 可见，由于当时中国长期的社会动荡，社会各阶层包括商人在内期待有一个强大的政府出现，以维护社会的长期稳定发展。国民革命军一路北上，表现出与旧军阀不一样的新气象，使人精神一振，并寄希望于国民党建立的新政府真正成为人民的政府。在商会代表会议中，商人普遍看好新政府，并希望商会与政府合作。

正是如此，商会决议修改《商会法》，并组织全国经济会议，借商会集中农、工、商、金融以及交通等社会团体各代表会议，为国民会议有关经济部分建言献策。在商人看来，商人应专心发展经济，参与政府活动，此乃商会生存之本。虽然在生存问题上，商会受到商民协会的干扰，政府一度有取消商会只保留商民协会之设想，但商会始终坚持发展商业，

---

① 亮之：《全国商会代表会议之感想》，《钱业月报》第 8 卷第 10 期，1928 年，第 43 页。
② 《各省商会联合会行开幕礼记》，《商业杂志》第 3 卷第 2 号，1928 年，第 2 页。
③ 穆藕初：《今日中国生存之两大命脉》，《商业杂志》第 3 卷第 2 号，1928 年，第 3~5 页。

少有破坏行为，最终改变了政府决策，使政府决定取消商民协会而保留和改组商会。

可见，在新《商会法》颁布前后，商会面临生存、改组等关乎生死存亡之大事，商会与政府之间公文程式以呈令往来还是互用公函，就显得不那么重要了。况且政府对各类民众团体进行改组，并将它们一一纳入其监督管理之下，商会自不会去深究自身地位的高低，毕竟生存是第一位的。

新《商会法》颁布后，商会与政府之间往来公文均能依照政府制定的有关规定办理，彼此相安无事。直到 1936 年，国民政府在"剿匪"区内施行分区设署制度，导致县以下之县商会、镇商会与区署相互行文程序出现争端。对于两者之间的关系，政府与商会在认识上存在差异，使得这一问题一度成为商界关注的焦点，商会向政府各院部陈述意见，对政府的规定进行抗争，最终双方达成一致，商会为自身赢得了应有之地位。

二　区署制度的施行及商会与政府公文程式的变化

1934 年底，国民政府军事委员会委员长南昌行营颁布《剿匪省份各县分区设署办法大纲》，其主要目的是将原县以下之区公所或区办公处改设为区署，以便于各区切实协助县长工作，提高行政效率。其中区长的职责主要有：监督管理区内保甲壮丁，指挥保安队并训练区内民众，监督指导区内教育事业、农田水利、户口调查、土地清查等事项。[①] 随后这一制度在河南、湖北、福建、江西等省逐步施行。

由于该办法及《商会法》均未对区内商会（尤其是镇商会）与区署间的关系进行明文规定，因此起初区内商会依照《商会法》仅视县政府为其主管机关，未对区署的行政地位予以承认。1935 年起，便有区长呈请上级机关解释区内商会与区署的行文程式，以期改变商会对区署地位的认识。1935 年 9 月，江西省万载县第四区区长请求所辖大桥市商会与区署行文应改函用令，后经军事委员会委员长南昌行营核准。该指令中明确指出："区

---

① 《剿匪省份各县分区设署办法大纲（二十三·十二·卅颁发）》，《军政旬刊》第 43～44 期合刊，1934 年，第 26～33 页。

署地位，为县以下之地方行政机关，区镇商会，属于民众组织职业团体之一，应比照商会主管官署在县为县政府之例，各区署对于辖境内区镇商会往来行文，准用呈令。"① 即区署为县政府的下级行政机关，有行政上之隶属关系，对其所辖之镇商会有指挥监督之权，故往来行文用令呈看起来没有什么不妥当的。这一处理方式很快也得到其他省份的响应。1935 年 10 月，浙江省绍兴县县长为该县"区署对驻在地商会行文似应用令"一事呈文至浙江省政府，浙江省政府同样以《修正商会法施行细则》第三十三条为依据，判定"区署对于辖境内商会及人民团体行文，自应用令"。②

1936 年 3 月，福建闽侯县县长呈请福建省政府解释区署对区内各农工商团体行文程式。该县县长陈世鸿呈称，据第三区署区长之呈称，因其在日常事务中奉上级命令督促所在区署的农民组织农会，这些团体（或其他工商等团体）成立后，与主管区署之关系如何？行文应用何种程式？陈认为，依《农会法》及其他工商团体法规之规定，区乡以下农会，及区商会、区工商同业公会之监督机关，皆为所在地之县政府，对于所在地区署，自不产生统属关系，依照《公文程式条例》规定，行文自用公函。但根据《剿匪省份各县分区设署办法大纲》第五条之规定，区署有依照民众组织法规组织训练区内民众之职权，区署对于区内民众团体，似非用令，难收组织训练实效。福建省政府就此呈请行政院，"区署对于区内农工商各团体行文可否用令"，等候回复。很明显，依据闽侯县县长的分析，二者之间按理应用公函，用令只因达到行政上的目的。故福建省政府转而要行政院给予解释。4 月 1 日，行政院秘书处就此事致函内政部和实业部，责成两部给出意见。内政部以"查现依《剿匪省份各县分区设署办法大纲》设立之区署，按照上项办法大纲规定，原系县行政机关，负有训练区内民众，及辅助县长执行区内一切县政之职权"，认为"为指挥便利起见，对于区内农工商会各团体行文，似以用令为适当"。内政部的意见函达实业部，该部依据《农会法》第

---

① 《据万载县长呈据第四区区长呈请对于大桥市商会行文改函为令一案经呈奉行营核准令仰饬属遵办：民二字第二六八八三号》，《江西省政府公报》第 308 期，1935 年，第 9 页。
② 《浙江省政府指令建、民字第四二七七号（二十四年十二月十日）：令绍兴县县长：呈一件为区署对驻在地商会行文似应用令请核示由》，《浙江省政府公报》第 2509 期，1935 年，第 11～12 页。

三十条"省农会之监督机关为省政府，县市农会及以下各级农会为县市政府"，《商会法施行细则》第二条"地方主管官署在市县为市县政府，在隶属于行政院之市为社会局"，《工会法》第四条"主管监督机关为省市县政府"，认为"区署既无明文规定，自不得认为农工商团体之主管官署"。言下之意，实业部并不认为区署为农工商团体的主管官署。可见，在这一问题上，内政部从行政上之指挥便利出发，主张用令；而实业部依据各民众团体之法规，而区署对商会无直接管理之权限，从一定程度上维护了各民众团体（包括商会）的利益。在综合两部意见的基础上，行政院于 4 月 23 日颁布训令，规定"各县区署依法虽不得认为农工商团体之主管官署，但对于人民团体之指挥命令，并不以主管官署为限，嗣后各县区署对于区内农工商等团体行文，应照内政部意见一律用令，以期便利"。①

行政院原本以为这一训令对区署和商会之地位均有关照，是对内政部与实业部意见的折中处理，应不会有什么大的反应。但仔细分析行政院的训令，看似对两者平等，实际上还是偏袒区署。因为，既然承认各县区署不是农工商团体之主管官署，那么就不应有指挥监督之权限，可见此处的"不以主管官署为限"违反了各民众团体的法规。各民众团体的章程明确说明了各级各类组织由哪个行政组织主管，对于非主管机关，商会行文可以互用公函，这是没有异议的。另外，区署对于区内工商等团体行文一律用令，此处行政院似认为工商等人民团体没有等级之分，不论县级还是镇级都视同一律。也就是说，原本该对县政府用呈的县商会转而对所在区之区署用呈，这必然会引来对自身地位非常敏感的各地商会组织的强烈反应。

此次有关区署与区内农工商团体行文程式的训令因行政院发布，因此内政部以及实行区署制度之省区也随即转呈发布。全国各地商会得知这一规定后，纷纷致函致电，表达不满、要求更正的立场。汉口市商会、湖北全省商会联合会、湖北英山县商会、湖北省石首县藕池镇商会、江西南昌市商会、河南开封市商会、湖南长沙市商会、北平市商会、陕西长安县商会等先后电呈各自省政府，传递出"各县区署，对于农工商团体行文用令，请予更正"

---

① 《奉行政院令为核定各县区署对于区内农工商团体行文程式仰知照等因令仰知照：江西省政府训令秘壹 2 第二九〇三号》，《江西省政府公报》第 491 期，1936 年，第 2~3 页。

的态度。各省政府将商会之意见转呈至内政部，后行政院于6月9日发布训令称，"现在区署制度，已成官治性质，各县区署对于农工商等团体行文用令，对于各该团体人格，并无影响"。① 可见，此时行政院更加坚定区署的行政地位，坚持各县区署对农工商团体行文用令，置各商会之呼吁于不顾。

三 商会对政府有关区署对区内农工商团体行文一律用令的抗争

行政院的有关区署对区内农工商团体行文一律用令的规定，政府部门通过公报向社会公告，各大新闻媒体也纷纷报道。这一规定在商会界引起了轩然大波，在1936年上半年转变成一场抵制官方行文程式的运动，成为全国性事件。

虽然政府一再强调此事对于商人团体人格没有影响，但商界并不这样认为。江西乐平商会认为，"县区署本由自治制度之分区制脱胎……系自治机关，于官治性质截然不同，其地位与人民团体最为接近。向章行文以公函往来，区长遇事和衷商榷，并无扞格，何必改制。今突改行文用令，恐区长误会法意，夜郎自大，对于人民团体轻蔑蔑视，不肖者借此横施压迫，强人民团体以难行之事。一不如意，动以违抗命令相劫持，徒此惹起纠纷，所关非细"。事实上，中央"不知区署下视人民团体，一切以命令推行，位不期侈而自侈。农工商人民必有忍恨吞声，帖然受令，而团体无法纠正"。进而指出，"政府与民更始，揭橥三民主义以扩充民权相号召，而以伸张官权为依归；农工商团体至不得与自治初级之区署等量齐观，其贱视农工商人格昭然若揭"。② 该商会不仅证明政府的做法将影响商人人格，而且表明若不良之区长借此横行，以令压制民众，必将导致官民关系之紧张，想必这也不是政府愿意看到的。

当然，商人们意识到此事更关乎农工商团体之地位。其中，江西余干商会列举理由："一、商会为法定人民团体机关，同时亦为代表商民之团体。

---

① 《地方行政公文程式事项：奉令关于汉口市商会等电呈各县区署对于农工商等团体行文用令请予更正一案指示各节请查照转饬知照——咨河南等十省政府》，《内政公报》第9卷第6期，1936年，第64页。

② 《全国商会联合会紧要文件：（一）关于商会对区公署行文程式案》，《实业季刊》第3卷第3期，1936年，"记述"，第1页。

政府为提倡民权计，似应稍事增高人民团体之地位以示优异。二、宪法（规定）人民有选举被选举权，被选举者有代表人民发言之权，其身份地位自异于民众。商会为选举制，为商民代表机关，如对区署用呈，其地位似无别于商民。三、区署为统治保甲机关，在行政上商会无受其管辖之必要。又查县府对区署用令，如区署对商会行文用令，愈足抑低商会之地位。"① 商人们从政府所倡导的三民主义之"民权"出发，认为政府应当提高民众团体之地位；紧接着，又从宪法出发，分析商会应与商民有别，故不应对区署用呈；后具体分析，若县商会对区署用呈，那么商会之地位降低是再明白不过之事。正因为事关商会地位，该商会函电，呼吁各省市商会联合起来，抵制政府之规定，以期巩固商人之地位。

究其原因，商会地位降低的原因之一，在于政府对区署官制性质的认定。显然，商会方面对此并不认同。有商会就指出，"查各县本由自治制度之分区制脱胎，而其经费亦以自治经费为挹注明，系自治机关于官治性质截然不同。其地位与人民团体最为接近"。也有商会指出，区署为统治保甲机关，商会本不受其管理。在此基础上，商会从当时国内外局势出发，指出此事之利害关系："区署为官治性质，是根本推翻自治制度，而外力得借以收买汉奸，反标自治旗帜以欺饰人民。华北已成僵局，华南亦在酝酿。为家国收拾人心计，非提高农工商人格别无张弭患之方。"② 县地方自治制度下实行的区署制度是否为官治，关乎商人团体的地位。

鉴于全国商会界的极大反响，7 月 15 日，全国商会联合会主席林康侯电呈南京国民政府行政院、内政部及实业部，恳请政府收回区署对农工商团体用令成命，以后行文互用公函。7 月 24 日，江西省商会电呈全国商会联合会，转达该省内商会意见，并请全国商会联合会呼吁，以便政府将区署对工商团体行文用令之规定撤销。而在此刻，全国范围内的湖北汉口市商会，河南赊旗镇商会，湖北藕池口商会，安徽霍山县商会，湖北彭家场商会，江西乐平县商会、余干县商会，福建上洋镇商会、福清县商会，江西全省商会

① 《全国商会联合会紧要文件：（一）关于商会对区公署行文程式案》，《实业季刊》第 3 卷第 3 期，1936 年，"记述"，第 2 页。

② 《全国商会联合会紧要文件：（一）关于商会对区公署行文程式案》，《实业季刊》第 3 卷第 3 期，1936 年，"记述"，第 1~2 页。

联合会等函电全国商会联合会，表达对此事的态度。为此，8月2日，全国商会联合会再次致电行政院、内政部、实业部，恳请政府"收回区署对农工商团体行文用令成命"，区署对辖区内工商团体"以后仍互用公函"。①

值得注意的是，7月20日，福建福清县商会致函全国商会联合会，对此事进行了另一番解读。该商会首先援引《商会法》，界定县商会与区署内管辖团体之关系：

> 查商会法第五条规定"县商会即以各该县之区域为区域"是县商会系全县商人组合之团体，原无分区性质。若就事务所所在地而言，则各县商会皆设在县城，而管辖范围，依照商会法规定，则包括全县。各区署固皆有商会会员，亦皆可设立商会分事务所，但对外往来文件，则统属事务所。以县商会名义行之，与区内管辖团体，究属有别。②

言下之意，县商会设在县城，应不包含在区署内，即区署内管辖之商人团体，县商会不在其中。紧接着，福清县商会对内政部拟具文中的"区内"二字进行了解读，认为"区内"似系指区商会、区农会、区教育会、区妇女会等。随后指出，区内之范围与县商会以一县为范围者不同，故与《商会法》不相抵触。这样一来，所谓政府之规定就可以解释为：不在区署管辖范围内的县商会只需对县政府以呈、令行文，对区署则以公函互相行文，区内之镇商会才需对区署以呈、令行文。为此，该商会将这一理解函电全国商会联合会，并请转呈政府之实业、内政两部，以期得到官方的明确解释。与其他商会所表达之意见相比，这一解释颇具合理性。该商会之解释均依法而来，对县商会及镇商会的界定，特别是"区内"二字所指为镇商会而非县商会给出了充分的理由。如此一来，区内的镇商会对区署行文用呈，合乎情理，也不存在政府的规定有降低商人地位、贱视商人人格之意。正是如

---

① 《准代电请将各县区署对于区内农工商团体行文用令原案收回成命互用公函一案电复查照——代电全国商会联合会》，《内政公报》第9卷第9期，1936年，"民政"，第62~63页；《区署对团体应以公函往返》，《申报》1936年8月3日，第11版。

② 《全国商会联合会紧要文件：（一）关于商会对区公署行文程式案》，《实业季刊》第3卷第3期，1936年，"记述"，第3页。

此，该解释可以达到缓和政府与商人团体关系的作用。对政府而言，接受这一解释，此事即可平息，无须回复有关区署之性质等更为复杂的问题；对商会而言，这一解释既然不包含县商会须用呈文与区署往来，那么也就不存在商人地位降低、人格受辱等情况。综合分析，这一解释既合乎法理，又照顾了行政机关和商会双方的"面子"，不失为解决问题的好方法。

虽然在七、八月份，商界之函电呈请纷纷抵达行政院及内政部、实业部，似乎政府与商界之关系又趋紧张，不过，行政院 9 月 2 日的第 3191 号指令则接受了福建福清县商会对"区内"二字的解读："查嗣后各县区署，对于区内农工商等团体之行文一律用令，原令文中'区内'二字，自系指县农工商会之下级团体驻在各该区内者而言，并非包括区辖地域内所有之农工商团体。"① 随后，内政部于 9 月 5 日、9 月 8 日分别将行政院的解释转至全国商会联合会以及河南等七省政府。至此，有关区署对于区内农工商团体行文一律用令一案宣告结束，紧张一时的商人团体也恢复了原有的秩序。此后有商会与政府行文程式的呈请，均以行政院第 3191 号指令为原则来执行。②

民国以来，商会与政府之间公文程式几经变化，民初即有商会抵制北京政府的公文程式，朱英对此有专门论著，并认为商会的抵制活动持续时间较长、行动一致、态度较坚决，并最终以商会基本上取胜而结束。③ 与之相比，南京国民政府时期，商会对区署制度下公文程式的抗争呈现出以下特点。

第一，持续时间较短。如前文所述，此次有关县以下区署对区内商会行文程式，从福建闽侯县县长提请政府答复到行政院之训令，引起全国商会的

① 《为奉令核定福建省政府转据长汀等县县长呈请解释各县区署对于区内农工商等团体行文一律用令一案各疑义请查照并转饬知照——咨河南省七省省政府》（1936 年 9 月 8 日），《内政公报》第 9 卷第 9 期，1936 年，"民政"，第 61～62 页。

② 类似的呈请有江西省吉安县就区署对县商会行文是否用令请求上级、广西省南丹县政府请核示镇商会与区署行文程式等。具体参见《据吉安呈为区署对县商会行文是否用令请核示等情指令转饬知照：江西省政府指令密壹 2 第六九四四号》，《江西省政府公报》第 624 期，1936 年，"公牍"，第 4 页；《三十年九月民壹字第一九四三〇号：敬代电核示镇商会与区署行文程式》，《广西省政府公报》第 1209 期，1941 年，"政令"，第 2 页。

③ 朱英：《民初商会对公文程式的抵制》，《近代中国商人与社会》，第 406 页。

关注，成为全国性事件。而全国商会界纷纷予以抗争则集中于六、七月。与民初商会的抵制活动相比，此次持续时间较短。

第二，商会齐心协力，一致行动。此次公文程式真正涉及的是县及以下商会组织与地方政府之关系，然而参与抗争活动的商会则不限此列，大到省商会联合会以及市商会，小到县、镇商会，都参与其中。而且商界的报纸杂志等也积极行动，刊登有关商会的函电，为商会一致行动起到信息传播的良好作用。① 在此期间，全国商会联合会也三番五次与政府相关院部联系，表达商人之看法，以引起政府对此事的重视。由此可见，商会在涉及商人利益事件中所表现出来的团结一致是没有改变的。短时间内，各级各类商会表达意见，步调一致，给政府和决策部门造成相当的压力，推动了事情的积极解决。

第三，商人表达意见趋于理性。虽然商人从自身地位、人格等角度出发，认为政府之规定不合现实政策，需要改变，这也是民与官较量时运用的一贯策略，但并不能说服人。然而在此事上，商会的抗争活动除了这一策略外，还从《商会法》出发，对与此事有关的法律条文进行解读，尤其是福建福清县商会对政府部门的训令内容进行逐字逐句的解读，更是促成政府接受其看法，使事件的处理进一步简单化。

第四，商会尤其是县商会取得了应有之地位，与区署以公函相往来。仔细研读政府的规定，会发现文中"各县区署对于区内农工商团体行文，应照内政部意见一律用令"，并未明确指出各区署须对县商会用令。但因未明令指出，所以不能排除在实际中各区署"令"行县商会现象的发生。因此该规定一出，商会就提出异议。而经过商会方面的抗争，三个月后，行政院的规定中明确"原令文中'区内'二字，自系指县农工商会之下级团体驻在各该区内者而言，并非包括区辖地域内所有之农工商团体"，表明此规定

---

① 如 1936 年第 3 期的《实业季刊》就将"关于商会对区署行文程式案"列为全国商会联合会紧要文件之一，使该事件之发展进程为商界人士所知。如文中所述，"按全国商会联合会文件极为繁杂，本报限于篇幅，未能尽量刊载。兹择其最近有关于全国事件之函电刊之。至其限于一地一邑之于件及普通公文，概行从略"。足见此事为当时业界所关注之焦点。参见《全国商会联合会紧要文件：（一）关于商会对区公署行文程式案》，《实业季刊》第 3 卷第 3 期，1936 年，"记述"，第 1 页。

中商会与区署用呈只限于区内之镇商会，县商会不在此列。此后国民政府时期，商会与政府之间均能和谐相处，与此次政府恰当处理县商会之地位不无关系。

综上，此次商会抵制区署制度下公文程式的活动，呈现出历时较短、齐心协力、行动一致、理性抗争等特点，最终达到预期效果。商人在关乎自身利益问题上，坚持与政府据理力争，保持其应有的地位，是商人关注自身政治地位的体现。同时，商人对公文程式的理性抗争，也为国民政府处理与民众团体之关系提供了可借鉴的经验。

此次公文程式的变化，从理论上涉及众多民众团体，为何唯独商会反应如此强烈？这一事件可从两方面来分析。一方面，区署制度下商会的存在与其他民众团体有别。有关区署的职责中，区长有协助县长管理所属辖区内之民众组织，监督区内之教育、农田水利等事业的义务。区内之农会、妇女会、教育会等组织在区署建立后，国民党基层政府正准备发展壮大。加之此类组织经过改组且组织不牢，并受当地政府的领导管理，因此它们的权力归属完全取决于政府的规定。自身的存续都不能完全做主，对公文程式自然关注甚微。商会则完全不同，无论乡间还是城市，只要有商业发展，必然少不了商人的存在，自然也就存在商会组织，商会的存在并不依赖政府。另一方面，商人除了关心自身的经济利益之外，也关注自身的政治、社会地位。南京国民政府时期，商会依照新《商会法》改组，组织健全，大凡关乎商人整体利益之事，其伸张诉求、发表意见的渠道是畅通的。从镇商会、县商会到省商会联合会，乃至全国商会联合会，其意见可直达中央相关院部，这也为商会界联合起来抗争公文程式提供了有力的保障。

南京国民政府制定的各类公文程式，在具体施行中难免因文种、条款等问题引发基层政府、人民团体甚至普通民众的不满，在此之前，虽然也有相关组织借公文程式之规定存在降低地位等问题而向行政系统表达各自立场乃至抵制事件的发生，但政府并未妥协、采纳。而此次商会对公文程式的抗争却让政府最终对文字内容进行了修正，双方达成了部分妥协。由此可见，政府在处理与商人团体关系时虽然仍居主导地位，但对商人团体的管理并非完全出于对商人的控制，也考虑国家发展、社会经济建设的全局目标，最终二者在国家稳定、经济发展的前提下保持一种良性互动的关系。郑成林在

《1926～1937 年国民政府与商会关系述论》一文中通过对天津、上海等商会活动的考察，分析其与政府的关系，认为国民政府对商会的管理并非完全的控制。① 本书中政府对商会公文程式的处理，也说明了这一点。如同国民政府对同业公会的管理具有制约、授权与规范等多重效应，② 国民政府对商会的管理亦是如此。

第四节　民国时期民众对公文程式的解读

北伐即将成功之际，戴季陶曾说，"国民政府治下现行之一切公文，虽其程式未有确定，然处处为民族民权民生三主义真精神之表现。其具平民化之价值，固不待言。而其足为后来者之师法，亦不待言也"。③ 以公文程式（文种、结构、用语、署名、盖印等）为核心的公文制度体系在一定程度上是国家行政制度与社会文化观念变迁的反映，民国时期处于新旧文化交汇之际，公文程式往往事关民主共和政体的形象，是新式文化的符号象征，因而颇为引人关注。④

民国时期公文程式的频繁变动，使得"公文程式条例（令）"经常出现于公众视野之中，客观引发人们对公文程式的关注。⑤ 民国初年，政府推行公文程式，各商业行会、普通民众也表达了对公文文种的理解和认识。在他们看来，公文程式作为团体或个人与政府机构的行文规定，应该体现平等原则。民初就公文程式问题，商会与政府一度出现不同的理解。政府认为"各官厅对商会用令用批，商会对各级官厅用呈"以达到统一，商会认为这样的规定将从本质上降低商会的地位，由此出现商会对公文程式的抵制。⑥ 袁世凯为推行复辟而导致公文程式的混乱，使得普通民众意识到文字本身虽无"扰乱秩序之患"，但通过特定程式的"所定之法"则可造成行文中的

① 郑成林：《1926～1937 年国民政府与商会关系述论》，《近代史研究》2003 年第 3 期。
② 魏文享：《制约、授权与规范——试论南京国民政府时期对同业公会的管理》，《华中师范大学学报》2004 年第 4 期。
③ 亚公编《公文程式全书》，上海中央书店，1927，戴季陶"弁言"。
④ 袁晓川：《民国时期"公文程式"类图书的出版实践》，《编辑之友》2017 年第 9 期。
⑤ 袁晓川：《民国时期"公文程式"解读》，《档案学通讯》2013 年第 2 期。
⑥ 朱英：《近代中国商人与社会》，第 384～410 页。

"不平等、不自由"。① 经过新文化运动、五四运动，民国时期民众对于民主平等的向往更加强烈，对于公文的思想作用也有了明确的意识："一旦与地方政府或其他国家机关发生事故，则须另用一种格式之文字与之交涉，方能发生效力，此种格式之文字即所谓公文是也"，并认为"既为共和民国之国民，对于国家通用之公文名类不可不略知其概"。② 普通民众关注公文程式的文种，希望"公文种类，无须过繁，仍有减少必要……只须简简单单六种，即令、呈、批、书、布告、公函"，表达了"人民是国家之主人，不应使用呈"的平等思想。③ 1933 年 4 月，著名文学史家、杂文家陈子展在《申报》发文批评"大学校长规定学生上书程式"是"摆架子，打官腔"的行为，认为"公文程式原为独夫民贼炫耀权威而定"，但法定公文程式也利于"办事便利"。④ 公文程式作为官场礼仪和行政工具，既要维持政治秩序的合法性，又难免成为行政人员拖沓办事的"正当借口"。在国民政府即将发起行政效率运动之际，陈子展的观点颇代表当时民众对公文程式的普遍观感。

清末废除科举，兴办新式学堂，培养熟练掌握公文程式的政府公务人员成为当时学校的一大重任。1911 年初清政府法部厘定《法院书记官承发吏考试任用章程》，"公文程式"即为考试科目之一。⑤ 1926 年 5 月，广州国民政府颁布《法官考试条例》，建立法官考试录用制度，笔试中有 14 门科目，"公文程式"为其中之一。⑥ 查阅当时《申报》的职员招聘广告，"书法清秀、熟悉公文程式者"，"熟悉商情兼擅公文程式之文书员"，"熟谙公文程式、擅长毛笔小楷"等要求颇为常见。为了适应这种需求，学校在设置课程的时候，往往以政府颁布的公文程式为基础，为学生开设"公文程

① 冷：《文字》，《申报》1914 年 5 月 29 日，第 2 版。
② 丕振：《公文名类（法律）》，《申报》1925 年 11 月 20 日，第 11 版。
③ 黄白虹编《虹集》，第 25～26 页。
④ 子展：《蓬庐絮语（二十一）》，《申报》1933 年 4 月 24 日，第 15 版。
⑤ 《法部奏厘定法院书记官承发吏考试任用章程折并单》，《申报》宣统三年二月初五日，第 2 张第 2 版。
⑥ 《法官考试条例（十五年五月二十四日公布）》，上海法学编译社编《国民政府颁行法令大全》上册，国民政府法制局编《国民政府颁行法令大全》上册，商务印书馆，1929，第 235 页。

式"课程，① 教授学生如何拟定公文，为其进入政府部门供职打好基础。在培养法政人才为主的法政学堂，公文程式更是法政学科学生的主要学习科目之一，且有关公文的学习内容在民国前后呈现出一定的变化。以云南法政学堂为例，在1908年，学生要读的书有曾国藩、胡林翼、李鸿章、左宗棠等官僚的奏议书牍；到北京政府时期，配合"法律条文"讲授"律例""公文程式"。② 1927年，张学良在北京创办同泽新民储才馆，以培养新生代县政人员和军用文官，公牍教官郑世榘讲授公文程式，如呈、咨、函、令各种文电的体裁以及"呈悉""此令""等因奉此"等公文术语，并常出公牍课题，让学员们练习拟稿、核稿。③ 对于学生，公文程式学习包括公文各种体裁的术语、拟稿、核稿等。南京国民政府初期，政府开设训政学院，加深公务人员对公文程式的了解。1928年河北省政府委员会第三十一次会议通过的《河北省政府训政学院课程纲目》中明确将"公文程式与应用文牍"作为"行政知能"的组成部分，列为公共必修课之一。④

　　学校对公文程式的重视，使得出版界、学术界也开始对公文程式进行研究。民国时期出版的一系列有关公文程式的著作，⑤ 也对公文程式做了探讨。这些著作对于公文程式的理解不尽相同，将其观点归纳起来，大致有三种。

---

① 比如，1918年3月，南洋大学铁路管理科正式成立，为学生开设的47门课程中，公文程式就是其中一门（余子侠：《工科先驱　国学大师——南洋大学校长唐文治》，山东教育出版社，2004，第178页）；1927年，王永江创办的奉天税务讲习所，教学课程除有关税务的专业课程外，还包括公文程式（王凤杰：《王永江与奉天省早期现代化研究》，吉林大学出版社，2010，第37页）；20世纪20年代后期，南开大学文科各系增加了应用性课程，公文程式即为其中之一（南开大学校史编写组编《南开大学校史（1919—1949）》，南开大学出版社，1989，第176页）；1931年1月21日，上海交通大学土木工程学院决定增设课程——公文程式，每周2小时（上海交通大学校史编纂委员会编《上海交通大学纪事1896~2005》上卷，上海交通大学出版社，2006，第219页）；等等。
② 于乃仁、于乃义：《回忆云南法政学校》，全国政协文史资料委员会编《中华文史资料文库》第8卷《政治军事编》，中国文史出版社，1996，第789~790页。
③ 李荫春：《同泽新民储才馆》，《中华文史资料文库》第8卷《政治军事编》，第805页。
④ 《河北省政府训政学院课程纲目》，《河北省政府公报》第99期，1928年，第27~32页；《河北省政府训政学院课程纲目之内容颁布》，《益世报》1928年11月8日，第17版。
⑤ 根据笔者统计，民国时期出版的公文程式类图书共计207种。参见袁晓川《民国时期"公文程式"类图书的出版实践》，《编辑之友》2017年第9期。

　　第一种观点认为公文程式主要包括公文内容之外的形式上的东西，以徐望之的《公牍通论》为代表。徐望之的《公牍通论》在对公文类别、体例、结构、叙法、用语等做了详细的解读之后，于第九章专门就程式做了说明。在他看来，程式是除公文内容之外，关系其真实性的形式上之规定。"公文为要式之文书，故其程序、形式，最关紧要。如有误漏，收文机关自有拒绝接受之权。如有奸伪，收发机关均有根究检举之权。公文之不合式或伪造者，收文机关最当注意，如来文之机关名称，以及其印篆、印色、形式之大小、时日之远近、编号之次序，甚至监印、校对之姓名，皆应一一查阅，以资凭信。有一不合，即属疑问，此之所以为要式之文书也。"① 紧接着，他从用纸、署名、盖印、记时、编号五个方面对公文程式进行了说明。

　　第二种观点认为公文程式即公文文种本身的程式。对此，有两类稍有区别的表述。第一，部分学者认为，公文程式即公文撰拟的体例。例如，韦维清在《新旧公文程式合述》第一章第一节中即指出，"公文者，各官署与官署间及人民与官署闻表示意思之文书也。程式者即此项公文书之撰拟体例"，② 并对"公文程式之沿革""公文程式之种类"进行了具体阐述。第二，部分学者则认为《公文程式条例》所规定的上行、下行、平行等文种即是公文的程式。戴渭清的《新式标点公文程式》③ 和姚啸秋的《最新标点公文程式大全》④ 都持这一观点。尽管上述两类观点有一定差异，但其所指是相同的：公文程式就是公文文种的程式，包括固定用语、结构等。

　　第三种观点认为公文程式的内容包括公文本体和公文程式两个方面，以董浩编《标点公文程式》⑤ 为代表。民国时期著名法学家、上海法学编译社社长郭卫在给《标点公文程式》所作的"序"中指出："公文程式系由国家颁行，不独格式需合定制，而措词用句，各有体裁，缮写盖印，亦各有成例，未可稍有违反也。"而《标点公文程式》总论更明确指出："标点公文

---

① 徐望之：《公牍通论》，第 244 页。
② 韦维清：《新旧公文程式合述》，第 1 页。
③ 戴渭清认为"程式二字，就是规程款式"，并指出"公文程式条例所规定的规程款式，即不外上行文的体制，该怎样就怎样。平行文的体制，该怎样就怎样。下行文的体制，该怎样就怎样"。参见戴渭清编《新式标点公文程式》，大众书局，1933，第 4 页。
④ 姚啸秋：《最新标点公文程式大全》，第 4~6 页。
⑤ 董浩编《标点公文程式》，第 1 页。

程式的内容，归纳起来，分为三部分，即本体方面、程式方面和标点方面。"以现在的观点来看，本体和标点可以合为一体，那么此处公文程式的内容，就包括本体和程式两部分。此外，该书第二章"公文的程式"中也特别指出："'程式'二字，就是规程款式。"并对公文用纸、署名、盖印、记时和编号等不同程式进行了阐述。曹辛汉、金湛庐关于"程式"为"规程及格式"的观点，大体也可归入此类。①

上述三种观点的形成，反映了不同社会群体和学术群体对公文程式"形式"与"内容"两个构成层面的理解差异。第一种观点的产生是与徐望之的个人经历相关的。他在河北省训政学院讲授公牍课程时编著了《公牍讲义》，后将此讲义出版，即为《公牍通论》，他更注重实际工作中公文形成的程序。他对程式的理解不涉及行文文种本身所要套用的格式。但这并不是说他不注重公文本身，在他的《公牍通论》一书中，重点论述的内容是公文名称的古今演变、各类文种的体例以及其固定结构、用语，公文的程式只占很小的篇幅。我们将他的观点理解为基于公文形式的程式。第二种观点在民国出版的公文程式的讲义、图书中非常多见，其目的在于"为初学者构成系统概念，便于拟稿人之临时翻阅"。② 这类书在民国时期占比相当高，主要缘于民国时期公文程式条例（令）的变化太快。经常是新的规定刚刚熟悉，又有新的规定出来，接着就有与之相配套的图书，以备办公人员拟稿参考。我们将这种观点，理解为基于公文内容的程式。但不论是基于公文内容还是基于公文形式，都只是包含了公文程式条例（令）的部分。民国时期，公文的内容和形式相互需要，缺一不可。所以以上两种观点有其不完备的一面。第三种观点对公文程式的理解是从本体和程式两

---

① 他们认为："程式者，谓规程及格式也。同隶于一个政府之下之官署、机关、团体，必须依照同一政府所制定公布之公文程式；庶几此往彼来，互相适合，可以通行而无阻。盖其各该相互之间：上下之级不同，彼此之系统互异。若者为上行，若者为平行，若者为下行，乌乎分？以程式而分也；何种事件应用何种公文？何种公文须经何种机关？乌乎明？以程式而明也；呈文须如何署名？令文应如何盖印？以及封套应如何标填？文纸宜如何缮写？乌乎定？皆以程式而定也。总之，各种公文之体制，皆受程式之支配；一切公文之手续，皆受程式之约束。是故程式者，公文之轨辙也，公文之标准也。不依规矩，不能成方圆；不依程式，不能成公文。"具体参见曹辛汉、金湛庐编《实用公文示范》，中华书局，1934，第27页。

② 戴渭清编《新式标点公文程式》，"编例"。

个方面入手，相对比较科学、全面，涵盖了公文程式条例（令）所涉及的基本内容。当然，在民国的学界，引用本体的概念来阐述公文程式，在当时的著作中确实少有。

民国时期公文程式频繁变更的根本原因在于政治体制的不断更迭。公文程式的更新变化，是对当时政治体制变化的回应，也反映出公文制度的发展是与社会形态及政治体制的变化紧密联系的。以大总统或国民政府名义颁布的公文程式条例（令）依据当时的国家基本法制定而成，是民国法律规范的组成部分。[①] 公文程式所规定公文的文种、署名盖印、记时编号和公布制度，综合起来构成国家政务运行的基本规范，体现国家政务活动的法统。公文程式所规定的公文文种逐渐由封建社会表示个人尊卑转为共和体制下表示行政阶级的代名词；公文的署名盖印在民国政务活动中随着国家政权组织的变革而变得异常重要，仔细比较几次公文程式条例（令），其中变化最大的部分即是署名盖印；公文的记时编号为公文的处理、保存以及今后的查找提供了便利；公文的公布制度则保障了公文的传播。

此外，公文程式作为民国时期法律规范，社会各界对此给予了充分的关注。经过辛亥革命的人们渴望平等与民主，他们关注公文程式，希望其体现身份的平等，因为公文程式并不仅仅是简单的文种及用语问题，更深层地反映出各方的身份地位，进而影响到其政治利益，以至商会为要求自身的平等地位对公文程式展开了长达两年的抵制。这是自由、平等、民主思想在公文程式领域的充分展现。而具体到公文的施行及运转，普通民众则期望公文简单易行，便于掌握。为此，相关学校开展公文程式教学，并且出版教材、图书，体现了民众对公文程式"实用价值"的关注。

[①] 民国时期出版的法令、法规著作中，将公文式专列一类，与宪法、官制、官规、军政、司法等一起，构成民国的基本法律规范。参见商务印书馆编译所编辑《中华民国法令大全》第16类《公文式　公报》，商务印书馆，1913；商务印书馆编译所编《中华民国法令大全补编》，商务印书馆，1917；印铸局编《法令辑览》，印铸局，1917；国民政府文官处编《国民政府法规汇编》第1辑，国民政府文官处，1929。

｜第四章｜
形象与效能： 新式公文的推广

南京国民政府早期多次修改《公文程式条例》，使官方公文在形式上趋于规范、统一，不过如果缺乏"格式、作法、套语、文腔"① 等方面的配套改革，公文在内容上就无法达到"尚简明""贵真实""宜浅显""负责任"② 的要求，也就难以真正成为"各级政府相互间、或政府中各机关相互间、或政府和人民相互间叙事说理、表情达意的工具"。③ 南京国民政府在创建文种、行文关系等公文制度规范的同时，也着手从公文用语、分段与标点、行文结构等公文内容规范方面进行革新，即推行新式公文的改革。④ 现有的研究成果多从语言学的角度分析当时公文在用语、结构、标点符号方面的基本特征，⑤ 部分学者运用档案资料来加以阐述，⑥ 并对官方推动公文使

① 《划一教育机关公文格式办法》，"序"，第 1 页。
② 屈起：《公文的改革》，《浙江民政旬刊》第 4 期，1929 年，第 33 ~ 37 页。
③ 《划一教育机关公文格式办法》，"序"，第 4 ~ 5 页。
④ 早在北京政府时期，胡适就撰文指出，"中国的公文里，保存着无数古代阶（"阶"后应少了一个"级"字——引者注）政治的遗形物，最不合今日民主共和的精神"，建议政府的"法律公文应该一律改用白话，一律分段，一律加上新式标点符号"，由此，"不但虚伪的文句可以扫空，阶级观念的根株也就可以一齐掘倒了"（适：《这一周》，《努力周报》1922 年 9 月 24 日，第 1 版）。知识分子的要求，在 1928 年南京国民政府倡导公文改革后开始得到响应，逐渐形成了加标点、分段落、简化用语的新式公文。这些公文，与民国初年形成，历经南京临时政府、北京政府及南京国民政府初期且尚未脱离旧式封建公文痕迹的公文，有着很大的区别。因此，与这里的新式公文相对应的，是民国初年形成，历经南京临时政府、北京政府及南京国民政府初期的旧式公文。
⑤ 有代表性的有姜德法《国民党时期国家机关公文结构和用语简释》，《档案学通讯》1987 年第 1 期；王铭《论民国时期对文件的标点、分段》，《档案学研究》2002 年第 6 期；侯吉永、胡策《试述民国公文称谓格式的演变》，《山西档案》2011 年第 5 期。
⑥ 吴佩华：《民国公文程式及用语浅析——〈云南民政厅呈〉考析》，《机电兵船档案》2003 年第 1 期。

用语体文的过程进行了较为详尽的考察。① 但是，这些大多是从语言工具与文体的视角出发，很难深入官方推行新式公文这一复杂的历史过程，对于政府权力的介入或语焉不详，或简单对政府的态度加以批判。事实上，新式公文的推广，既关乎政府的形象，又与公文运作的效率息息相关，有着非常复杂的社会文化背景，南京国民政府对推广新式公文虽然有过犹豫，但1933年行政院公文改良会议之后，一直倡导新式公文，逐步强化了新式公文的制度化推广，并在一定范围内取得了相当不错的成效。

　　新式公文的推广，既符合南京国民政府塑造的以三民主义为核心的革命政府形象，也切合当时社会民众的需求。北京政府覆灭后，民众期待南京国民政府有一个全新的气象，而贯穿行政事务处理全过程的公文，自然也备受人们关注。传统封建旧式公文存在"表而以观，则极堂皇冠冕之致"，"虚伪的、粉饰的、言行不符"的问题，② 为人们所痛恨。到了南京国民政府初期，这一状况依然未见太大改观。新文化运动以来，胡适等知识分子主张改良"等因奉此式的文章"的要求，③ 引起了南京国民政府内部开明官员的关注，并有了实践运作的时机。④ 尽管国民党政权提倡党治与革命精神，但是"清党"之后国民党已经蜕变为政治控制型的政党，不少政府机关的公文呈现出比民初更为"保守"的特点。⑤ 这也引起了南京国民政府内部一批具有

---

① 夏晓虹：《晚清白话文运动的官方资源》，《北京社会科学》2010年第2期；褚金勇：《启蒙的抑或政治的？——解读"五四"白话文传播的历史密码》，《郑州大学学报》2012年第2期；侯吉永：《民国学人的公文白话化思想钩沉》，《档案》2014年第3期；侯吉永：《民国公文的白话化转型》，《汉语言文学研究》2014年第4期。

② 屈起：《公文的改革》，《浙江民政旬刊》第4期，1929年，第33页。

③ 胡适：《等因奉此说些什么》，曹伯言整理《胡适全集》第31卷《日记（1928～1930）》，安徽教育出版社，2003，第651～652页。

④ 周乐山认为，旧式公文的弊端在当时的社会已是一个"不容讳言"的严重问题，"朝野人士倡议改革公文的颇不乏人"。因此，"当国民政府奠基之后，革命声浪嚣于上，益以前承五四运动白话文学的余波，于是公文改革这一件事，已无怀疑的可能了"。参见周乐山《应用文精义》，广益书局，1933，第4页。

⑤ 南京临时政府时期任职于秘书处总务组的任鸿隽曾经回忆，"在这三个月（临时政府期间——引者注）中……我们很注意公文程式的改革，就是说话力求简单明了，把'大人老爷''等因奉此'等滥调一律取消，这可以拿临时政府时代的官报来证明的。不意在十几年后，国民政府时代，公文上的官僚作风又盛行起来，反而变本加厉"。参见任鸿隽《前尘琐记》，转引自张朋园、杨翠华、沈松侨访问，潘光哲纪录《任以都先生访问纪录》，第158～159页。时人屈起也曾指出："今兹各级政府文件体式，尚沿清代以来之旧，未见有

革新思想的新派官僚的关注。为此，他们准备策划一场"公文革命"，其初衷是：

    一、因旧式公文，阶级观念太重，官僚气味太浓，有背平等原则，不合时代精神。

    二、因旧用文字，尚嫌艰深，非普通人所能尽晓。

    三、因旧式文内，常有模棱闪烁出入两可的词句，这是旧时幕友们规避推诿，意图卸责的惯技，现在应予革除。

    四、因旧式组织，眉目不清楚，词句意义欠确实。

    五、因旧式文件，动辄抄录全文，往往臃肿累坠，不堪卒读。

    六、因旧式文内，常有陈陈相因之文句，有时形同赘瘤。

    七、因旧式纸张，装订方法不佳，颇易脱落散失。[①]

    他们所倡导的公文改革的目的，就是"将上列几个缺点，一一改良，而最后最大的目的，便是要将旧式公文的形式和词句，一概摧陷廓清，彻底从新改造，完全改用白话"。[②]然而，南京国民政府中的旧派分子则认为，旧式公文虽有缺陷，但"也有许多长处，未可偏废。并且新体公文的提倡者，对于旧式公文的特长之处，还没有准备替代材料以前，如果骤然废止，恐怕要闹成新旧脱辐的状态"。[③]新旧两派经过协商，决定先行试点，在条件成熟后再普遍推行新式公文。不久，内政部及教育部分别出台相关政策，在其体系内倡导公文改革。这场在1928年上半年由行政院内政部首先实施，尔后由教育部扩大影响的"公文革命"，最后促使国民政府进行了一次较大规模的公文革新运动。这次革新涉及公文用语、结构及标点符号使用等方面。

    其去从前'官样文章'之习，殆属无几……若新成立之公会，农会，地方村里委员会等，他种精神，尚未取得；独对于公文一门，完全学得官套。观其张贴布告，严仿官厅。"参见屈起《公文的改革》，《浙江民政旬刊》第4期，1929年，第36页。

① 金寒英编著《公文新范》，第27~28页。

② 金寒英编著《公文新范》，第28页。

③ 金寒英编著《公文新范》，第28页。

第一节　平等与实用：公文用语的形式革新

公文用语自古以来就有其特定的模式，受古代文章不分段、不标句读的书写习惯，以及古代森严的等级观念影响，为了有效地完成公文拟制、处理和管理，就需要借助程式或惯用语使公文办理人员快速了解公文的文种、来文方向和主要内容。① 因此，公文用语"与他种文字用字造句，有绝不相同之处：有承讹袭谬者，如查、准等字是也；有不可猝解者，如请烦、如照得是也；此外用语，亦于文字中独树一帜，或借以标起讫，或用以别尊卑"。② 汉代官文书中，"昧死"与"稽首""顿首"以及"粪土臣""草莽臣"等习用语，使用的时期、文种均有区别。汪桂海在《汉代官文书制度》一书中，结合出土汉简，对汉代官文书部分习用语的源流、礼仪等进行了解读。③ 公文用语经过明清时期的发展，更加繁复、多样。加之明清以来，在"绍兴师爷"的影响下，专门负责书写信函和起草公文的书启、书吏将公文写作专门化，用语故弄玄虚，公文越发复杂。

辛亥革命后，孙中山曾颁布《临时大总统令内务部通知各官署革除前清官厅称呼文》，要求"嗣后各官厅人员相称，咸以官职。民间普通称呼则曰先生、曰君，不得再沿前清官厅恶称"，④ 以示对封建体制下官民称谓的反对。南京临时政府存在时间短暂，在此期间并未做出对公文用语的具体改革。尔后的北京政府时期，因政局多变，不论是袁世凯恢复帝制，还是各军阀主持大局，主要精力都集中于维护政权的统一以及政府自身的正常运转，无暇顾及公文用语的变革。

虽然民初力图革新，但"公文用语相沿已久，骤难变易，其用法亦历久相传而成俗"，⑤ 因此古代公文的一些"惯用语句"及"相沿的规则"，

---

① 胡元德：《古代公文文体流变》，第 224～225 页。
② 徐望之：《公牍通论》，第 201 页。
③ 汪桂海：《汉代官文书制度》，第 92～105 页。
④ 《临时大总统令内务部通知各官署革除前清官厅称呼文》，《临时政府公报》第 27 号，1912 年，第 5～6 页。
⑤ 正明编辑社编辑《最新公文成语释例》，大东书局，1934，第 2 页。

在民国时期的公文当中"存活"了下来。徐望之在《公牍通论》中设有"公文用语"专章，对此进行了详细论述。徐从术语、成语及约语三方面，对公文中出现的用语一一分类列举。其中术语尤为复杂，专用作起首的就有37种之多，其他还有用于关界者，用于线索者，用于关顾者，用于归结、总括、附言及终结者，林林总总加起来，公文的术语不下一百种。① 南京国民政府宣布由军政进入训政，既需要吸纳大批专业人才进入政府部门工作，又需要对民众进行政治训练，这些都需要通俗简明的公文来传达政令、与民众沟通，旧式公文显然已难以适应当时社会发展的需要。屈起对此有过深刻的剖析：

> 自历代以来，撰拟公文，往往出自于胥吏之手，尤可见其决非难事。然前清之科举中人，及今兹学校出身者，往往有能读艰深之书籍，而不能作浅易之公文。岂能通文学哲理之士，反不及一寻常书吏？吾知其必不然也。说者说：我国公文，系另有一种腔拍，不明此种腔拍，则文字虽顺，而不似公文面目；能明白此种腔拍者，则公文便自然合格……我国之弊，首即在于公文……以故虽有博士学士之才，不能不屈服于"等因奉此"之下……现在公牍文字之繁杂，乃所以表现政治之未入轨道；而在训政时期中，为一时不可掩之景象。②

繁杂公文套语的使用，不能使普通大众方便地阅读公文，在一定程度上影响了政府与民众的沟通，也限制了大批接受新式教育的知识阶层进入政府部门工作。北洋时期的教育部已经在中小学推广语体文，而这些学生毕业后进入政府部门，接触、使用的却是文言文，因此一时难以胜任，学校和学子们颇多怨言。何鲁成曾抱怨社会因为依然通行文言文而让学习国文的中小学校倍感为难：

> 目前许多替学生出路打算的先生们，看见中学考试出了经书的题

---

① 参见徐望之《公牍通论》，第 201～243 页。
② 屈起：《公文的改革》，《浙江民政旬刊》第 4 期，1929 年，第 33 页。

目……看见高等考试出了非读毕十三经不能着手的题目，看见社会上通用的还是文言文，于是心慌意乱地，提倡中小学文言运动了。我们不忍使中小学毕业出来的学生到处碰壁，自然也就同情这个运动。①

此外，不少有欧美及日本留学经历的留学生群体此时进入南京国民政府任职，其中不少人刚开始从事的是秘书工作，旧式公文用语及积习规则常常使这些年轻的官僚难堪。②

南京国民政府以三民主义、五权宪法作为建国的基础，故其成立后不久就倡导公文用语革新，将北京政府时期教育部门在中小学开展的语体文运动向所有政府机关推广，以语体文逐步取代文言文，拉开了新式公文推广的序幕。对于这一过程已有颇多研究成果，此不赘述，本节主要对固定套语、称谓语等公文用语的改良与简化问题进行分析。

一　公文套语

公文套语，也称公文习用语、公文固定用语、公文术语等，指专门用于公文而为其他文章体裁所不用的语言。公文的起首语、转承语及结束语都有不同的表述，如"呈为呈请事""等因奉此""据呈已悉""此令""此批"……

民国时期，公文套语种类繁多。一方面，各套语有严格的使用规范，如"等因"后只接"奉此"，"等情"与"据此"一起使用，"等由"则与"准此"搭配使用；加上汉语词汇的丰富，使得撰拟公文者花尽心思尽可能地准确表达，常常出现为表达一个意思可用上十种词语的情形，如表达公文中一事件与另一事件发生之经过中使用的词语，就有"当经""遵经""前经""均经""复经""旋经""嗣经""续经"等近十种。另一方面，公文上行、平行、下行文种因所对应的机关及长官有行政上之等级关系，故使得公文用语在上行文中讲求客套，以示对长官的尊敬，而下行文中则表现出高

---

① 何鲁成：《一个中小学教员的意见》，《独立评论》第 112 号，1934 年，第 15～16 页。
② 具有留日经历的雷啸岑（曾任谭延闿时期的国府秘书）、陈新宪（曾任缙云县政府秘书）在早期从事秘书工作时，都曾因为不熟悉旧式公文而重新学习公文程式。参见雷啸岑《忧患余生之自述》，台北，传记文学出版社，1982，第 66～67 页；陈新宪遗著《九十年沧桑》，中国人民政治协商会议邵阳市委员会学习文史委员会，2001，第 157～159 页。

高在上、指责呵斥之语气。时人评论道："尺牍及公文用语，凡下属对于长官，无不极力尊崇，几欲尊至天上，尚无止境；对于自身，无不极力卑抑，几欲抑至地狱，尚须再谦。"① 如上行文中，常常使用"窃……""请鉴核示遵""为令遵事"等，下行文使用"切切""勿延""毋违"等，这些用语也加重了公文的繁复。

公文套语的改革首先由内政部发起。1928 年 5 月，国民政府内政部颁布《暂行公文革新办法》，拉开了南京国民政府公文改革的大幕。这份纲领性的公文改革条文，旨在革除旧式公文的各种陋习，对公文用语尤其强调。这一革新办法第一、三、四条即直指公文套语，"公文内习用之套语，如致干未便、毋许妄渎、实为恩便等名词，皆为陈陈相因之官僚口吻，与党化精神相违背，均宜举一反三，完全摒弃"，"公文往来有如晤对，无论上行平行下行均以真挚明显为要，凡难涩语句、孤僻典故、虚伪誉词，应一律免用"，"往日下行公文，多有予人难堪之词，如糊涂昏愦、荒谬已极之类，有背平等原则，皆应一律革除，纵有错误，亦宜以直谅之辞为之纠正"。②

内政部此时推行公文套语改革的动机，一方面，是出于塑造南京国民政府的新形象。国民党始终以"三民主义"为依托，坚持平等原则，而旧式公文陈陈相因的官僚口吻，以及上对下充满斥责口气的用语，与平等精神格格不入。因此，"公文革命，关乎党治精神"，李朴生对此有过深刻的分析：

推行新政令的公文，首先要能够表现民主的精神。我们旧式的公文，常袭留有不少封建时代的遗型，如：（一）对老百姓及下级机关（或官吏）则面目凶狠，如"毋违切切"，如"拘罚不贷"；（二）对上官或上级机关则卑鄙龌龊，如"感激涕零"，如"屏营待命"……这类用语的改变，常常可以影响心理的改变。我国官吏之对于人民每自视为特殊阶级，滥用权力……而下级官吏则奉长官如神圣偶像，失却为国家服务的精神，失却独立自尊的气概。③

---

① 翼云：《谐对》，《申报》1948 年 8 月 28 日，第 1 版。
② 参见《国民政府内政部令第二六九号：暂行公文革新办法六条》，《内政公报》第 1 卷第 2 期，1928 年，第 39 ~ 40 页。
③ 李朴生：《公文改革底商榷》，《行政效率》第 3 号，1934 年，第 88 页。

　　另一方面，也是为了增强公文普及性与实用性的现实需要。用词考究的旧式公文与时代不合，不能为普通民众所理解。旧时公文，每叙述一事，都引经据典，用语考究，以求文章典雅，结果往往使公文篇幅冗长，"多邻于艰深，而远于实用"。①

　　1930 年 5 月，教育部颁发《划一教育机关公文格式办法》，② 在内政部条文的基础上，对简化公文套语做了具体规定：

　　　　一、稿面与文面既有摘由，起首套语，均应省略不用，即以"案奉""案准""案查"……等字开始。二、文中既用标点，"等因""奉此""等由""准此""据此"等字，如可省略，应即省略。三、下行文直斥语气，非不得已时不用。用时宜将理由叙明。四、下行文警戒语句，如"切切""懔遵""毋违""致干咎戾"……等，以少用为宜。③

　　1934 年 6 月，行政院启动公文改良运动，下属 14 个部会经过两个多月的调查分析，形成《各部会关于处理公文改良办法案审查总报告》，汇集了18 个提案，其中由内政部提出的两个提案均涉及公文用语，即"改革公文用语案"④ 与"改革公文体式草案俾供研究案"。内政部在"改革公文体式草案俾供研究案"中将依照其办法改革之公文称为新式公文，并指出其改革要点在于：

---

① 金士宣：《北宁铁路改革文书制度之成功》，《交大季刊》第 9 期，1933 年，第 160 页。
② 《划一教育机关公文格式办法》是南京国民政府教育部颁发的关于公文改革的正式文件，最先由上海中华书局于 1930 年出版，影响颇大，该书在 1930 年 4 月初发行初版，到当年 8 月已经发行了第 4 版，到 1933 年 9 月则发行了第 7 版。参见《民国时期总书目（1911 ~ 1949）·语言文字分册》，第 134 ~ 135 页。该办法后收入教育部参事处编《教育法令汇编》第 1 册和商务印书馆编《中华民国法规大全》第 3 册《财政实业教育》。
③ 参见《划一教育机关公文格式办法》；教育部参事处《教育法令汇编》第 1 册，商务印书馆，1936，第 107 ~ 108 页；《中华民国法规大全》第 3 册《财政实业教育》，第 3659 页。
④ 该案涉及删除套语的条文有："呈、咨起首语，如为呈请事、为咨行事之类，均不可用（凡一切通套首语均不可用）"，"事由以简明为要，无关紧要之语，不必摘入，更不必用内开等因（由/情），理合合行、相应除外等字样"。参见《各部会关于处理公文改良办法案审查总报告》，《军政公报》第 162 号，1933 年，第 38 ~ 45 页。

> 新式公文……系仿照电文体裁，故改语比较简要，而体式一律，既易应用，尤便初学……新式公文可以免除种种之套语，此种套语，于公文本身并无益处，惟因体裁及习惯上不得不沿用之耳，兹既一律加以改革，此项用语，亦可节省不少。①

这两个提案，前者"由行政院令行各部会参酌办理"，而对于后者，行政院建议"候将来彻底研究妥当办法后，再行改革，暂从缓议"。② 不难看出，由内政部、教育部开展了数年之久的公文套语改革，此时在行政院层面推行却遇到了阻力，未能直接推广到国民政府的整个行政体系当中。

这一状况到抗战期间迅速得到了改善。社会各界倡导简化或废除公文套语的呼声日盛。章允凤提倡，对于公文术语"自应遵办""自应照办"，既无起承转合的作用，应废除。③ 李浴日提倡"把封建时代所遗留下来的起承转合的结构和冗浮重叠的字句废除及尽量减少"。④ 面对社会大众的呼声，同时为了适应战时公文处理的需要，⑤ 国民政府改革公文套语的力度迅速加大，多次颁发命令，要求简化公文，铲除废词、套语。1938 年 6 月，军事

---

① 《各部会关于处理公文改良办法案审查总报告》，《军政公报》第 162 号，1933 年，第 46 页。
② 《各部会关于处理公文改良办法案审查总报告》，《军政公报》第 162 号，1933 年，第 38 ~ 51 页。
③ 章允凤：《进一步谈改良公文程式的几点意见》，《绸缪月刊》第 3 卷第 11 期，1937 年，第 86 页。
④ 李浴日认为，起首语的"案奉""案据""案准"，承转语的"等因奉此""等由准此""等情据此"，接叙语的"奉令前因""准函前由""据呈前情"，结尾语的"鉴核施行""查照办理""令仰遵照"等应一律不用。起首语的"呈为呈请事""径起者""为令遵事"，结束语的"实为公便""至级公谊""为荷"等，对于公文本身可以说是毫无影响，加进去不过表示尊重或礼貌，但久而久之，变成例行套语。同时，对于重叠的字句，应尽量废除。最显著要算旧式公文中的叙由和承转，关于叙由方面，有摘由、前由，如"某某事"等语，后由如"所有上述某某缘由"等语各项，明明一件事，而要同样叙述三次。关于承转方面，更为烦琐。假定有一件公文从行政院到乡公所，先经省政府专员公署，再经县政府、区署，倘使用"直抄原文"的承转法，每经过一个机关，要加上一个"案奉……等因奉此"，则一共有四个"案奉……等因奉此"。李浴日主张尽量把这些套语废除。李浴日《公文内容的简单化》，《新公务员》创刊号，1940 年，第 53 页。
⑤ 李浴日认为，抗战时期一个省政府每月会产生六千多件公文，县政府有两千多件，乡公所有五六百件，在这个"公牍忙碌时期"，如果沿用旧式的公文处理办法，不将公文内容简化，那么公务员的全部精力"只是处理公文一项已经应付不了，遑论推动其他一切行政"。具体参见李浴日《公文内容的简单化》，《新公务员》创刊号，1940 年，第 53 页。

委员会委员长侍从室根据蒋介石手谕，制定了《公文列表须知》，明确规定："凡列呈公事，必须力求简明，绝戒冗长。如系转呈外来之文电，其中浮词泛论，及公文套语，尤应严格删节，专重要点，不可徒抄原文。"① 7月，行政院颁发《公文改良办法》，要求"公文应尽量采用代电及报告体裁，文字力求简明"，"电报文字，应删除一切客气及无用字句"。② 1941年11月，行政院公布《内外行文整顿改善办法》，要求"公牍一道，应简者简，应详者详，应断者断"，③ 要求用切实负责任的态度办理公文。1942年7月，行政院又一次颁发《公文改良办法》，再次强调"公文应力求扼要简明，删除一切客气、傲慢及无用语句"。④ 应当来说，这些措施取得了不错的效果。

王肃然特别举例说明废除公文套语前后公文简化的效果：

原公文：

> 案准 贵处三十六年十月八日审办字第三四二八号函略开：时届冬季，气候渐寒，亟需添制服装，本处为减轻员工负担，拟请配拨棉布一千五百匹，等由，附名册一份，准此；查本会现存纱布无多，暂先拨发五百匹，准函前由，相应函复，即希查照派员来会洽办为荷！

简化为：

> 十月八日来函已悉。嘱配拨棉布一千五百匹事，现以本会存布无多，暂先配五百匹，即请派员来会洽办。⑤

---

① 《公文列表须知》（1938年6月20日），《民国时期文书工作和档案工作资料选编》，第306~307页。

② 《行政院颁发〈公文改良办法〉的训令》（1938年7月7日），《民国时期文书工作和档案工作资料选编》，第308页。

③ 《行政院令〈内外行文整顿改善办法〉》（1941年11月），《民国时期文书工作和档案工作资料选编》，第315页。

④ 《行政院令发〈公文改良办法〉》（1942年7月10日），《民国时期文书工作和档案工作资料选编》，第319页。

⑤ 王肃然：《谈公文简化》，《物调旬刊》第33期，1948年，第10页。

由此观之，公文去掉套语，不但不影响公文内容，反而更加清晰易读，这对办稿者和阅稿者都是极为方便的。此外，去掉套语后，公文的篇幅明显缩短，不仅能节省纸张及办稿时间，也利于加快公文的办理。王仲闻在述及邮局简化公文方法时，提倡下行文常用的"等情，据此""仰即遵照""仰即知照""此令""以凭核办""为要""合行令仰"或其他类似语句，一概不要；平行文常用的"等由，准此""相应函达，即请查照""相应函请""为荷""至公谊""以便办理"或其他类似语句，一概不要；上行文之"等因，奉此""理合备文呈请""为祷""实为公便""俾资遵循"或其他类似语句，一概不要。①

与此同时，一些技术方法的引入，也推进了公文的改革。

第一是标点符号。标点符号的引入，即可取代某些公文套语。如蒋梦麟认为"等因奉此""等情据此""等由准此"的作用就相当于提引号，且《划一教育机关公文格式办法》中规定，"等因""等由""等情""等语"之后用分号，"奉此""准此""据此"之下用逗号。文中既用标点，"等因""奉此""等由""准此""等情""据此"等字样，如可省略，应即省略。② 时人徐望之认为，"奉此一语虽紧接等因，但应作一句读；且其语气承上连下"。③ 近人杨若荷在《也析"等因奉此"》一文中谈到"等因"与"奉此"之间的标点符号问题，认为二者之间使用逗号不合适，用分号也不妥当，因"等因"是来文的引结，虽然来文是办理此文件的依据，但"等因"与转入下文的承转词"奉此"并没有直接的关联，"等因"之后应使用句号断句。④ 笔者赞同前一种看法，虽然"等因""等情""等由"叙述的是来文，并表示来文终结，看似与后面的内容分隔，但来文正是下文处理意见的依据，因此二者有一定的逻辑递进关系，用分号更恰当。公文中表示承转关系的词语，均可用标点符号，便可以将上下文的意思分开，同时便于缩减公文篇幅。

第二是表单的使用。自行政院提倡提高行政效率以来，有不少人提出使

---

① 王仲闻：《邮局简化公文方法略述》，《现代邮政》第 2 卷第 1 期，1948 年，第 24 页。
② 《划一教育机关公文格式办法》，"序"，第 3、6 页。
③ 徐望之：《公牍通论》，第 210 页。
④ 杨若荷：《也析"等因奉此"》，《档案学通讯》1989 年第 5 期。

用单据、表单以改进现行公文。① 进入抗战后期，为了进一步提升政府在军事、行政及社会动员方面的能力，国民政府多次革新公文形式和用语，表单式、列表式、通知书、报告式公文等一再被提倡。② 上述提倡的公文格式，大都以表格为主，辅以一、二、三等项目符号，或就公文内容将事由、内容和办法分列。这样一来，公文套语中的"为呈请事"、"为函请事"、"为饬知事"及"请鉴核示遵"、"仰即知照"、"仰即遵照"等字样就无处可用。可见，表格等的使用极大地促进了公文套语的简化。曾经主持过福建、台湾和浙江等省政府公文改革的陈国琛对推行"公文表格化"的理由有较为全面的总结：

> 一、社会愈进步，则公文之接触愈多，如再不论文稿之轻重缓急，一例"等因奉此"，不特了无政治意义，抑亦断非此滥套的"绍兴文学"所能应付一切；……表格科目固定，问答之间，是一即一，是二即二，所谓文书术语，根本无由侵入……五、问项肯定，答案肯定，既便双方查考，而"绍兴文学"的"拖推混"三字秘诀，即根本失其作用；……通令调查案件，以简短之篇幅，能容纳多数意思，比之废话罗嗦，长篇大论之官厅文法，亦实觉眉清目爽，一览无余。③

---

① 如沈松林为了使行政公文能与商业单据一样简便，设计了一种单据式公文，一个重要的目的便是废除公文的"套头"。沈松林：《改革公文程式的一点意见》，《行政效率》第3卷第6期，1935年，第586页。孙石生参考军事机关日日命令之三联报告模式，创建出行政机关适用的一种报告式公文。孙石生：《裁撤各省视察员改设密查及播音传令与改善公文之意见》，《汗血月刊》第7卷第4期，1936年，第143~146页。

② 1940年，新公务员月刊社所编印的《新公务员》创刊号在广东出版，内附"文书改革特辑"文章四篇。罗球就公文内容改革提出了八点意见，包括尽量采用军队式命令化和表格化，以期文字简明，事项醒目，化繁为简（参见罗球《文书内容改革意见》，《新公务员》创刊号，1940年，第49页）。张国馨结合自己在基层行政视察的体会，认为改革公文，就要使最后执行政令的乡镇长们如读菜单，内容确定，项目分明，极易着手进行。同时提出县与乡一级采用"通知书"，乡镇公所上行公文采用报告形式。在实践中已有县采用"通令表"，按句将各种不重要的承转文件，摘要列表通饬各乡镇知照，不再全文抄发，进行公文的改良（张国馨：《公文的新形式与新精神》，《新公务员》创刊号，1940年，第54页）。李浴日认为公文格式应采用"列表式"和"提案式"两种（李浴日：《公文内容的简单化》，《新公务员》创刊号，1940年，第50页）。叶鸣平极力赞同李浴日所提倡的"列表式"和"提案式"公文，并在前者基础上提出改进意见（叶鸣平：《改革公文格式之商榷》，《行政与训练月刊》第1卷第6期，1941年，第28~31页）。

③ 陈国琛：《文书之简化与管理》，台湾新生报社，1946，第104~105页。

公文套语的改革，应当来说取得了一定的成效，时人指出："改革之后，不但'致干未便''毋许妄渎'等等的官僚口吻的套语不用了，而且，难懂的语句，孤僻的典故，如'殊属颟顸'，'无米之炊，巧妇难为'等等语句，也是在免用之内。"① 不过，尽管体现官僚口吻、等级差异的语句减少了，但"等因奉此"等程式化的套语，却在民国时期的公文当中一直保存下来。② 时人讽刺："吃机关饭的过的是公文程式生活，想不到滔滔小民，亦得在'等因奉此'中打滚。"③ 有人评论："公文的革命，决不仅仅是公文形式的改革可以成功的；根本要革除官僚精神才行。如果官僚精神如故，就是废去一切套语官腔、僵腐形式，而用语体写作，写出来的东西，仍是'官样文章'，极含糊笼统敷衍塞责的能事。"④ 曾主政江宁实验县县政的梅思平在清华大学演讲时对该问题进行过深刻的揭露：

> 由来我国行政的失败，全在不负责任这一点。我国公文的妙诀，是不负责任，也就是绍兴师爷饭碗的根据。一件公文，往往包含了许多"等因奉此"，把上级机关的公文，全部抄录下来，转辗地委责于下级机关。例如：县政府奉令通缉一个罪犯，该令的方式是"案奉省政府训令内开……案奉行政院训令内开……案奉国民政府训令内开据……呈……等因奉此"。县政府令知所属公安局，公安局又照样地抄一遍，转令分局，分局又照样地抄一遍发到分驻所。每一级机关都说奉令如何如何。这是什么呢？这是不肯负责任！⑤

由此得知，"等因奉此"等程式化的套语的背后是官场塞责，因此，尽管三令五申，却一直未能铲除。正如戴季陶所说："从来的公文，下行的把责任推给下级机关，上行的把责任推给上级机关，平行的把责任推给下级机关；

---

① 梁上燕：《县政府公文处理与档案管理》，第 11 页。
② 时人曾写成对联对此加以讽刺："理合备文除旧岁，等因奉此过新年。"赖善卿：《解放前庆元县府组织机构、官吏任免及公文处理见闻》，《庆元文史》1985 年第 5 期。
③ 陈亮：《公文程式》，《立报》1946 年 2 月 26 日，第 3 版。
④ 张石樵编著《开明实用文讲义》，开明书店，1935，第 85 页。
⑤ 梅思平讲，清生记《中国公文书的解剖》，《清华周刊》第 42 卷第 5 期，1934 年，第 79~80 页。

总之，自身不负责任，这就是旧时幕僚起草公文的秘诀。"① 民国时期公文套语改革的实际效果，自然大打折扣。1943 年 9 月，有人指出，"我国的公文程式……虽有一定的改革，但不免有欠妥善"。② 抗战胜利后，还有人呼吁政府取消"等因奉此"那一套"程式公文"。比如，有人发文指出："在机关里办事，讲究'老公事'，'老公事'的意思，并不是说一个人对于'公事'如何清楚，如何有办法，而是说他熟悉'等因奉此''呈令函电'那一套，便就是'现行公文程式'……现在政治的神经——公文——便套在这个套子里，永远也不能翻身，弄得整个政治局面，神经麻木，半身不遂，好像害神经病一样。"③ 1948 年，又有人指出："今日的有些公文，似乎已由白话回到文言，标点符号用的很少。而'等因奉此'的老调，仍是不脱。"④ 对此，侯吉永认为，公文套语是一种区分官署尊卑等级的语词符号，其难以消除的原因，不仅在于它是公文文体自身催生的产物，而且在于集权政治造就公文的复制行为，形成了一种适合公文套语流行的政治文化生态。⑤ 这一见解可谓一针见血。

二 称谓语

公文称谓语，又称"公文称谓用语"或"公文称谓词语"，是本机关或本机关主管人对外行文所用的称谓，有自称与人称两项。⑥ 由于称谓语最能体现发文机关的尊卑高下，因而在强调等级观念的古代中国社会极受重视，形成了一套繁杂的称谓体系，⑦ 成为政治统治的工具。到清末，公文中官署

① 《划一教育机关公文格式办法》，"序"，第 1 页。
② 方正毅：《对于处理公文的观感》，《申报》1943 年 9 月 29 日，第 4 版。
③ 无我：《废除公文程式》，《经纬生活》第 1 卷第 5 期，1947 年，第 6 页。
④ 石江：《今日、今人、今语：公文革命》，《今日画报》第 3 期，1948 年，第 1 页。
⑤ 侯吉永：《简论民国公文的旧式套语及其简化进程》，《档案与建设》2013 年第 6 期。
⑥ 自称是自己对自己的称谓，人称是自己对别人的称谓；前者用于卑称，后者用作尊称。参见梁上燕《县政府公文处理与档案管理》，第 13 页。
⑦ 胡元德认为，古代中国是宗法制社会，政治与伦理融合，礼教成为国家制度的一部分，每个社会成员都生活于具体的等级中，而且必须安于该等级的权利和义务，不能试图超越或降低自己固有的等级。因此，古代公文在语言方面，首先表现为不同等级的作者各有一套与自己身份相符的语言系统，而等级性最明显的表现是称谓词的尊卑：君王称呼臣下为"尔""汝"，或直呼其姓名，自称"朕"；臣僚对帝王，要称"陛下""天子"，自称"臣"；下级称上级为"钧""台"；上级称下级为"该"。参见胡元德《古代公文文体流变》，第 221～222 页。

间的称谓相当繁复，根据行文的不同，用法也不尽相同。① 在上行文中，常用"钧""大""宪"等，自称"卑""卑职""属"；称谓平级用"贵""大"，自称"敝"；称谓下级则用"尔""该"，自称"本"。②

1912 年 3 月南京临时政府颁布的《临时大总统令内务部通知各官署革除前清官厅称呼文》提倡官厅人员间以"官职"相称，民间则废除"老爷""大人"等称呼。此后，北京政府时期公文中"老爷""大人"等平民用的称谓词渐趋减少，而直接称呼官署官职的称谓开始盛行，社会交往习俗也为之一变。③ 但官署之间表示等级的称谓词，如"钧""职""贵""本"等，依旧被频繁地使用。④ 民国时期出版的有关公文程式、公文处理的著作，对这一时期政府公文中不同行文方向所使用的称谓语进行过较为翔实的介绍（见表 4 - 1）。

表 4 - 1　民国初期官方公文称谓语

行文类型及文种		称谓语：自称（卑称）	称谓语：称人（尊称）
上行	呈	职：职部、职厅、职局、职县	钧：钧厅、钧署、钧座
	咨	本：本部长、本厅长、本县长、本部、本厅、本局	贵：贵部、贵院、贵厅
平行	公函	敝：敝部长、敝厅长、敝部、敝厅	贵：贵部、贵厅、贵局
下行	训令指令	本：本部长、本厅长、本局长、本县长、本部、本厅、本局	该：该部、该省、该厅

资料来源：王后哲：《公文研究法》，大陆图书公司，1923，第 24~25 页；徐望之：《公牍通论》，第 236~239 页；邹炽昌编《公文处理法》第 3 版，世界书局，1932，第 106~108 页；韦维清：《新旧公文程式合述》，第 10~34 页。

---

① 倪道善编著《明清档案概论》，第 156 页。
② "钧"与"大"均为下对上的尊称，不过"钧"既适用于称机构，也适应于称人，而"大"只能用于称人。同样都可用于尊称上级官署，"钧"一般用于直属上级机关，而"大"一般用于非所隶属之上级机关。参见徐望之《公牍通论》，第 237 页。
③ 在社会交往习俗方面，等级观念开始破除，平等观念开始流行。如在称谓等礼仪方面，"老爷""太爷"等旧称谓淡出，"先生""某君"等现代文明称谓开始流行。当时的一首竹枝词反映了这一变化："某某先生某某君，官界商界总名称。取消老爷太爷字，民国伊谁说大人。"参见陈向阳《现代中国人的诞生——从 19 世纪中叶到 20 世纪中叶》，花城出版社，2013，第 204 页。
④ 侯吉永、胡策：《试述民国公文称谓格式的演变》，《山西档案》2011 年第 5 期。

"贵""钧""敝""该"这些残留着等级观念的公文称谓语，"是在这平民政治的时代不应有的观念"，[①] 不利于国民政府良好政治形象的塑造，因而也引发了国民政府内部新派官僚的不满。改革首先由教育部发起，1930年5月教育部颁布的《划一教育机关公文格式办法》对此进行了初步规范化的建议：（1）"该"字只宜用于所属机关，或者下级机关之第二称或第三称，对于平行机关，虽第三称亦不宜用"该"字；（2）原文既经改变，所有直接语气皆应改为间接语气，"钧""贵""大"等字，应酌改为"某某""本""该"等字。[②] 此后，行政院所属各部长、会长也纷纷面陈行政院，反映"近时各机关行文习惯上行者，每于院、部、会、省、市政府公署之上冠以'职'字或'属'字，平行者冠以'敝'字或'本'字，用字参差至不齐一"。行政院将这一情况反映给国民政府并建议划一用字，于是国民政府通令各院、部、会及所属各机关，要求"嗣后无论上行、平行或下行公文于自称时，一律于本机关名称之上冠一'本'字，如本院、本部、本会、本府、本署之类"。[③] 如此一来，"钧""贵""大"等称谓语一律被废止，在称谓上"不再有等级的差别"。[④] 这一举措立即引起了很大的社会反响，刊登在《大亚画报》上的《公文革命》一文对此评价道：

> 国府十六日令……将数千年摇尾献媚之官场，痛下一针砭，真大快人心矣！我国向来习惯，主张抑己扬人……国家设立机关，何等尊严？派官设守，不过代公家办事，机关并非其私有，乃亦藐视公器，妄自菲薄。自称机关之上，必加以"敝""小"等字；对上级机关，必冠以"钧""贵"等字。民国以来，此种习惯，相沿未改，此真无谓已极。现在国府毅然下令，一律于机关之上，加一本字，下行平行者无论矣，上行公文亦如此称呼。当局眼光远大，殊令吾人钦佩不置也。[⑤]

---

① 《实用文：公文》，《开明中学讲义》第6卷第2期，1933年，第72页。

② 《划一教育机关公文格式办法》，第6页。

③ 《令各部省市公署：为划一行文时各机关自称办法由》，《行政院公报》第248号，1933年，第26页。

④ 董浩编《标点公文程式》，第110~111页。

⑤ 谷声：《公文革命》，《大亚画报》第295期，1931年4月25日，第2版。

公文称谓语的改革，至此应当说取得了很大的成效，不过从实际情况看，等级观念的影响依旧存在，主要体现在以下两个方面。

第一，旧式"奴才式"的语气尚未完全革除。国民政府及行政院的改革行文自称办法颁布两年之后，内政部还在行政院召开的公文改良专门会议上反映，"职"字常常取代"本"字出现在下级官吏呈送给上级官吏的公文当中：

> "职"字之用法，文义不可通，发其起源，系因前清内阁办稿之人应写全衔之处均写一"职"字，以为代表，而正文仍须缮录全衔，嗣后辗转沿用，将"职"字误作形容词，与"敝"字"贵"字同一用法，已不可通，又有用作"卑职"意义，为对长官之谦称，更属费解，况且民国官吏职务上纵有统系，人格上不分尊卑，亦毋须保存此种专制时代之"奴才"意义。北京中央各部在民国二、三年，即已革除此"职"字之用法，国民政府行政院亦屡次通令不准用"职"字，对上公文统用"本"字。惟下级官吏为格外讨好长官起见，每不能切实奉行，本部为环境所迫胁，亦未能革除此种陋习，至今仍有沿用所谓"职部""职属""职司""职科""职某某"等类之名词。

为此，该提案要求，"嗣后本部内外公文私文，拟一概不用'职'字，'职部''职司''职科'，统改称'本部''本司''本科'，倘用个人名义对长官呈签，则可直称官衔（如部长、司长、署长、科长、科员……之类），以昭划一"。[①] 然而，"职"字在军政部门依旧盛行，并未完全废止。[②]

第二，因古代公文遇到称上级必要抬头另写，以示尊敬，国民政府也保

---

① 《各部会关于处理公文改良办法案审查总报告》，《军政公报》第 162 号，1933 年，第 40 ~ 41 页。

② 1934 年 4 月，军事委员会发文指出，"近来各处上行公文，姓名上仅具一'职'字，间有现职人员却具'学生'二字，更有身兼数职，而呈请文内，并不缮明职衔。诸如此类，非特承办感受困难，批答易生错误，查案耗费时间，甚至无案可稽，即按体例亦属不合"，因此军事委员会要求"嗣后凡上行公文姓名上，务须书具职衔，或兼代字样，以崇体例，以免乖误"。参见《军事委员会关于上行公文姓名须署名职衔的训令》（1934 年 4 月 25 日），《民国时期文书工作和档案工作资料选编》，第 302 页。

留这一公文习俗。1930 年 5 月教育部公布的《划一教育机关公文格式办法》
首先对此进行了专门规定："对上级机关之直接称谓，均换行顶格写；如系
间接称引，应视称引时对该机关之关系，或换行顶格写，或空一格写，或不
空格写。对平行机关之直接称谓，亦应换行顶格写；如系间接称引，应视称
引时对该机关之关系，或空一格写，或不空格写。"① 此建议施行数年后，
经行政院提议，国民政府在 1933 年 10 月 2 日颁发的第五〇〇号训令中对此
进行了进一步确认，通令全国各级各类行政机关遵照执行。② 对此，章允凤
认为，"关于上级机关平行机关的称谓不应换行顶格，以免与公文的分段相
混淆。上级机关直接称谓可空两格写，平行机关直接称谓可空一格写，空二
格空一格已足表示尊敬了"。③

第二节 规范与简化：公文结构的效率化改进

公文结构，包括公文语言结构和公文用纸结构。④ 民国时期，学者们多
将公文语言结构作为公文结构，而将公文用纸单列为"用纸程式"。徐望之
在《公牍通论》第四章"结构"中指出："公文之结构，自其实质言之，除
一、二特殊性质之公文，如任命令、任免状等文之外，虽名称各异，详简互
殊，总不外依据、引申和归结三段结构而成。"⑤ 徐望之的这一定义影响颇

① 《划一教育机关公文格式办法》，第 3~4 页。
② 国民政府训令所涉及的条文与《划一教育机关公文格式办法》的条文如出一辙，参见《国
民政府训令：令行政院、直辖各机关：公文标点着于明年一月一日起一律实行令仰遵办并
饬所属遵办由（附标点举例及行文款式）》，《司法行政公报》第 43 号，1933 年，第 40 页。
③ 章允凤：《进一步谈改良公文程式的几点意见》，《绸缪月刊》第 3 卷第 11 期，1937 年，第
86 页。
④ 民国时期一般学者均注意到公文语言结构有其特定的规范，例如徐望之将公文的语言结
构归入公文结构之范畴，而将"用纸""署名""盖印""记时""编号"等形式上的要
求归入其他程式，认为，"公文为要式之公文，故其程序、形式，最关紧要……公文之
不合式或伪造者，收文机关最当注意，如来文之机关名称，以及其印篆、印色，形式之
大小，时日之远近，编号之次序，甚至监印、校对之姓名，皆应一一查阅以资凭信"
（参见徐望之《公牍通论》，第 176~193、244~277 页）。蒋梦麟则将公文的用纸式样
作为公文"形式"，与公文的格式、作法、腔调相区别（参见《划一教育机关公文格式
办法》，"序"，第 1 页）。
⑤ 徐望之：《公牍通论》，第 176 页。

大，民国时期的学者基本认同他所提出的"三段式"的公文结构。① 事实上，公文的用纸式样，既与公文特定的语言结构、用语相关，也关乎公文所承载的国家行政机关的政治形象。② 况且，公文用纸式样的规范、统一，也有利于打击伪造公文的犯罪行为。③ 因此，本书重点从公文用纸与公文语言结构两方面对公文结构进行分析。

一 公文用纸

关于公文用纸不规范、不统一的问题，早在北洋时期就受到政府的重

---

① 民国学者基本认同三段式的公文结构，只是名称略有差异。邹炽昌及张锐、殷菊亭将其称为"起首""本文""结尾"（参见邹炽昌《公文作法》第 5 版，世界书局，1933，第 9 页；张锐、殷菊亭《公文程式与保管》，第 61 页），董浩将其归纳为"叙案""申述""结论"三部分（董浩编《标点公文程式》，第 68 ~ 69 页）。

② 早在清末改制之时，清政府外务部"华洋公文纸料，均在坊肆随便购取，全凭旧印为据，无所谓订装水印纸料"，引起了社会的极大关注，当时其他各国"部署公文纸料皆有水印，某署则有某署字样，倘是外部尤为慎重"，时人评论道"此真地球各国所未闻"。参见《外部公文纸料之特别》，《选报》第 54 期，1903 年，第 16 页。

③ 南京临时政府时期，"伪造文书印文罪"在《暂行新刑律》中作为刑法分则单独一章已经形成（参见《法部修正中华民国暂行新刑律》，《江苏司法汇报》第 2 期，1912 年，第 2 页）。北京政府时期，对刑法进行了两次修正。南京国民政府成立之初，因 1928 年 3 月颁布的《中华民国刑法》依据北京政府第二次刑法修正案而来；后又于 1935 年 1 月颁布了新的刑法典。虽然民国以来刑法进行了多次修正，但其中有关伪造文书部分内容一直存在。可见南京国民政府时期，伪造文书罪对北京政府时期有继承性。南京国民政府时期"伪造文书印文罪"的法律内容相当全面：（1）内容的界定。伪造文书分"私文书"和"公文书"两类，还包括护照、旅券、免许证、特许证以及关于品行能力相关的证书介绍书。除文书外，还包括印文、印章、署押等。（2）处罚的原则。对于各类伪造文书、印文、印章者，刑罚的依据为是否损害公众或他人之利益。（3）对于公职人员的违法行为做了特别说明。例如，1934 年公布的《中华民国刑法修正案初稿》第十五章"伪造文书印文罪"第 204 条就明确规定，"公务员明知为不实之事项而登载于职务上所掌之公文书，足以生损害公众于公众或他人者，处一年以上七年以下有期徒刑"。参见《中华民国刑法修正案初稿：第二编 分则》，《法学专刊》第 2 期，1934 年，第 40 页。当时，公职人员参与伪造文书的不在少数。他们利用职务之便，仗着手中的权力伪造文书、印文，要么为了牟取私利、侵吞公共财物，要么为改变案件的审判，或为其任职增加筹码。此外，部队逃兵伪造公文案件也颇为常见。究其原因，南京国民政府初期，北伐战争及蒋介石与各地军事实力派间的战争不断，逃兵颇多，为了行走方便，伪造关防及公文的事情经常发生。例如，1929 年 12 月，浦口二十四师部分士兵哗变抢掠，为此津浦铁路管理局发布通告，宣布该局之前所发的关防文书无效，并另颁布关防，要求各铁路局严加查看，若发现旧关防及文书，即为"伪造文书，概归无效"。参见《津浦路关防：变兵劫逃：伪造文书，概归无效》，《京沪沪杭甬铁路周刊》第 8 号，1929 年 12 月 20 日，第 1 版。

视，于 1913 年 10 月颁布了《国务院厘定公文书用纸程式条例》,① 1915 年
北京政府司法部就制定《司法官署公文用纸式》五种。② 不过，这些公文用
纸规范的条文并未得到有效的执行。③ 南京国民政府建立之后，这一状况依
旧没有好转。1927 年 9 月，河南省政府发布通令要求省政府"各机关及各
县的公文用纸及各项印件统向官印刷局购买"。④ 事实上，当时这种现象不
仅在各省市存在，在国民政府的中央机关也普遍存在，对此行政院内部人士
认识颇深：

> 各机关现用令、批、呈、咨、函各项用纸，大小形式至不齐一。其
> 用手折式者，体过窄小，与发文稿纸参差不齐，艰于汇订，且除首尾两
> 端外，别无可资联系之处。其折稍厚而纸质重者，中部各页极易散落，
> 其用散页装订式者，则须按页加盖骑缝印信，印发手续至嫌繁重……各
> 机关稿面、稿底、卷宗面等项用纸，极不整齐，亟应规划一致。⑤

为此，在 1928 年底行政院第五次会议上，时任卫生部部长薛笃弼提议
划一公文用纸办法，并由政务处召集各机关商定可行的办法并拟定划一式
样，经过行政院第七次会议议定，提交第十二次国务会议讨论通过;⑥ 1929

---

① 《国务院厘定公文书用纸程式条例》(1913 年 10 月 16 日公布)，《民国时期文书工作和档案
工作资料选编》，第 109～110 页。

② 参见《制定司法官署公文用纸式通饬》，《司法公报》第 42 期，1915 年，第 95～97 页。

③ 例如，根据 1913 年公布的《国务院厘定公文书用纸程式条例》第九条规定，"京内各官署
公文书用纸，均向印铸局购用。外省设有官纸局者，应即照式印制"。不过，1921 年 9 月
北京政府印铸局呈文国务院反映，除外交部照条文向该局购用公文书用纸外，"其他各官
署久不奉行，致本局积存公文书用纸甚多"。参见《民国时期文书工作和档案工作资料选
编》，第 109～111 页。

④ 时任河南省印刷局局长钟渔舸呈文河南省政府，称"省城各机关及各县所用公文纸及预
算、计算书表及各种印件，向由职局承售，既防假冒，复取划一"，"近日以来各处来局接
洽者甚属寥寥，长此以往，既于公文书表式样参差不一"。河南省政府采纳了该建议并通
令各机关遵照执行。参见《省政府通令各机关嗣后公文用纸及各项印件统向官印刷局购备
以昭划一》，《河南行政月刊》第 3 期，1927 年 9 月，第 7～8 页。

⑤ 《划一公用纸说明》(十八年一月十八日国民政府训令遵行)，国民政府法制局编《国民
政府现行法规》第 2 集，商务印书馆，1930，第 93～94 页。

⑥ 《中华民国国民政府行政院训令第五三四号：令发公用纸说明及式样由》，《行政院公报》
第 17 号，1929 年，第 38～40 页。

年1月18日，国民政府以第39号训令颁布"公文用纸式样"。① 其重点包括四方面内容。（1）改手折式为"平折装订式"，免去逐页加盖骑缝章的烦琐程序，便于装订保管。（2）废除"收文机关之摘由纸"，增加文面的项目，"分列事由、拟办、决定办法、批办、附件各栏"；规定除呈文外，文内"载明收发文机关、文别及到文年月日、收文字号各项"。文面的形式尺寸，以及页数，二开、三开、四开等，由各机关酌量备用。（3）稿面详细列举公文处理程序的事项及处理时间，事项包括机关名称、事由、来文字号、文别、送达机关、类别、附件及长官判行、核稿、拟稿职员签名各栏，并载明交办、拟稿、核签、判行、缮写、校对、盖印、封发日期，编列去文字号、档案字号。（4）对稿心、稿底、卷壳等用纸的尺寸、规格及记载事项进行了规定（见图4-1）。②

由薛笃弼提议并最终实施的"公文用纸式样"，重点对文面及稿面所记载的处理事项、尺寸、规格等进行了规定，将公文用纸与公文处理流程及检查机制有效地结合起来，颇符南京国民政府的革新精神，受到了当时社会各界的好评。徐望之认为，该办法"简明切要，尤以全国一律遵用，实在公文史上开一新纪元也"。③ 傅振伦认为，"公文形式之整齐划一，亦为便于处理计也"，"国民政府通饬划一公文用纸式样令"等公文形式上的革新"皆重大改革也"。④ 训令颁发后，行政院及中央机关的推进颇为快速，到1930年时除外交部及少数机关沿用旧制外，其他中央机关基本采用新的公文用纸式样，根据1930年10月上海市政府对行政院的呈文，上海市政府及所属各机关在接到行政院训令后即已遵令盖用新定公文用纸。⑤ 1933年9月，行政院对公文稿面进行了微调，与1929年的公文稿面（图4-1第四图）相比，在公文处理经过栏（从交办到封发）增加了"月日时收文"和"收文发文

① 《国民政府训令第三九号：划一公文用纸说明》，《国民政府公报》第70号，1929年，第2~4页。
② 《划一公文用纸说明（十八年一月十八日国民政府训令遵行）》，《国民政府现行法规》第2集，第93~94页。
③ 徐望之：《公牍通论》，第248页。
④ 傅振伦：《公文档案管理法》，第33~34页。
⑤ 参见《上海市政府呈第274号：呈复职院暨所属各机关均已遵令改用新定公文用纸由》，《上海市政府公报》第69期，1930年，第59页。

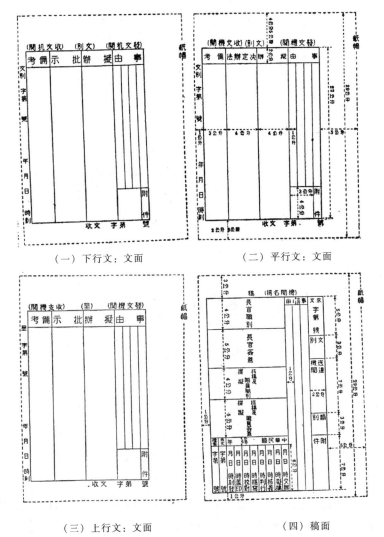

（一）下行文：文面　　　　　　（二）平行文：文面

（三）上行文：文面　　　　　　（四）稿面

图 4 - 1　1929 年"公文用纸式样"列举的纸面、稿面格式

资料来源：张鸿来《初级中学应用文》第 4 版，文化学社，1930，第 52 ~ 66 页；
徐望之《公牍通论》，第 251 ~ 272 页。

相距　日时"两栏，并在此栏后增设"收文字第号"一栏，将"去文"改
为"发文"，从而使公文处理的过程更加清晰，便于考察（参见图 4 - 2）。

国民政府对公文用纸的规范及统一性要求，对于中央机关及经济发达地
区的省市政府来说，或许不是太大的问题，因为它们经济实力较为雄厚，且

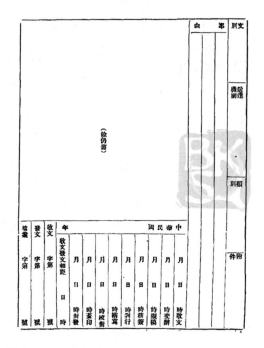

图 4－2　1933 年 9 月国民政府修改后的公文稿面

资料来源：《国民政府训令第四七九号：抄发修改公文稿面式样令仰
遵办并饬属遵照由》，《司法行政公报》第 43 期，1933 年，第 33～34 页。

政府的秘书机构有多人来负责文书的处理流程。然而，对于经济条件较差的地方政府，尤其是县政府来说，这个在国民政府中央院部看来并不复杂的要求并不容易满足。对此，具有基层公文改革经历的人士倡导对公文用纸进行改革。如李达五认为，"现行公文用纸……格式内容重复，不切合实用，其中尤以代电纸格式极不便于文书处理手续"，"因限于格式，每发文用纸及稿纸，最少须闲置空白一面；多则二三面"。① 陈国琛则认为公文用纸"花样太多""闲空太多""长短大小太杂""种类太繁"，因此推行公文用纸规范化在实际当中则是"决而不行，行而不力"。此外，政府"朝令夕改，今日出一主张，明日变一花样，遵令者既不加赏，违令者亦不加罚"，于是

① 李达五：《文书档案连锁试验中之公文用纸改革》，《行政效率》第 2 卷第 1 期，1935 年，第 671 页。

"无人不疲，无人不玩"。① 例如，抗战时期行政院为了提高行文效率，于1938 年 7 月颁布训令，规定"下行公文不摘由，首页不印事由一栏"。② 这一规定，本意是减轻上级机关行文负担，以专心机关事务，却给省、市、县政府带来了更多负担，一方面收文手续增多，另一方面由于"文内不叙本案缘起及经过"，收文机关不得不重新查明案由进行登记，极易出错。因此，在各省市政府的强烈要求下，行政院于 1942 年 5 月被迫取消了这一仅仅实施不到四年的规定，重新要求"下行文应于机关衔后增设案由一栏"。③此外，1929 年废除的收文机关的公文摘由纸，到 1945 年时又重新恢复。④如此一来，各地方尤其是基层办事人员的工作热情势必大受影响。抗战期间张国馨曾目睹一名乡镇长对公文的真实态度：

> 一件公文辗转分发到各地乡镇长的手里，能够引起他们注意的兴趣和热行的热情的，还是很少的，而最出人意料之外的，我却见到过这样的一位乡长，他到交卸的一天，实任了半年，收到的公文，不下数百件，经他手发出去的，却只有六件，其余不但没有发出去，没有照办，连拆封、登记，他也懒得麻烦，让它原封不动地乱七八槽堆在一边。⑤

这实际上与国民政府既想提升行政效率又面临抗战期间"物资紧张"的现实困境有关。1938 年 10 月，国民政府发布通令，要求实施"节约运动"，在"公文程式及手续"方面以"明了简捷"为原则，公文用纸则"参照行政院所定款式厘定颁行"，并尽量减少公文、电报的发布，且"文字力求简单"。⑥ 1942 年 12 月，《申报》发表《厉行消费节约》的社评，提

---

① 陈国琛：《文书之简化与管理》，第 118～119、126～127 页。
② 《行政院颁发〈公文改良办法〉的训令》（1938 年 7 月 7 日），《民国时期文书工作和档案工作资料选编》，第 308 页。
③ 《行政院关于下行公文应于机关衔名增设案由一栏的训令》（1941 年 5 月 8 日），《民国时期文书工作和档案工作资料选编》，第 312 页。
④ 《行政院颁发〈统一各机关公文用纸格式细则〉》（1945 年 5 月 31 日修正），《民国时期文书工作和档案工作资料选编》，第 398～401 页。
⑤ 张国馨：《公文的新形式与新精神》，《新公务员》创刊号，1940 年，第 54 页。
⑥ 《节约运动实施大纲（上）》，《申报》1938 年 10 月 11 日，第 3 版。

出"公文纸质分栏过多，当留大幅空白者"是浪费行为，主张"由主管人员尽量节减"。① 因此，公文用纸的改革办法虽经行政院等明确规定，但在具体实施过程中，大小不一、格式繁简不一的现象在国民政府时期屡见不鲜。国民政府所属中央各部处的公文用纸情况也不尽相同，1943 年 12 月教育部张炎等人参观财政部、行政院秘书处、交通部、经济部等中央机关的文书处理工作后发现，这些部处的"一般公文用纸（包括应用表簿等件），纸质均较本部为佳"。② 到 1947 年，尚有人抱怨"各机关所用之公文纸，形形色色，各不相同。即同一机关所用者，亦参差不齐"，要求实施公文用纸改革，使"大小式样一律"。③ 近人在调查现存民国档案时发现，不少机关在制作公文时，并不完全遵守政府的公文纸式规定，有的没有按规定革新，继续沿用以往的纸式，有的则是自行其是。④ 不过，通过公文的文面及稿面来反映公文处理流程并将其作为文书档案工作检查的手段与工具，这一做法及其基本精神在南京国民政府时期的公文制度当中一直保存下来，并成为推进文书处理改革、提升行政效率的重要手段之一。⑤

二 公文语言结构

任命令（状）等公文在公布法令、任免官吏时"只要依式填写"即可，⑥ 其行文结构并无太大差别。而呈文、训令、咨文、公函等公文，其处理的公事往往涉及两个以上的部门，一件公文，从发出到最终解决要经过不同部门的多次沟通协调，公文上的辗转援引自然不可少，民国公文用纸结构中常见的"摘由"即涉及这方面的内容。对于摘由，根据引叙来文的多少，形成了全引、节引和撮引三种具体方法。全引，即全部引叙，一字不漏；节引，即择要引叙，但不可更改文字；撮引，即在不更改原文意思的基础上概

---

① 《社评：厉行消费节约》，《申报》1942 年 12 月 24 日，第 2 版。
② 《教育部张炎等参观国民党中央各机关文书档案事务报告及所订文书处理的一般方法（草案）》（1943 年 12 月），中国第二历史档案馆藏教育部档案，档案号：五－1813。
③ 余超原编著《实用公文作法》第 2 版，上海法学编译社，1947，第 230 页。
④ 参见沈蕾、孙爱萍《文件处理单和发文稿纸前溯——民国时期的公文面页和稿面》，《档案学通讯》2010 年第 4 期；沈蕾《民国时期公文程式研究》，第 147 页。
⑤ 关于这一方面的内容，参见本书第五章第二节的相关内容。
⑥ 董浩编《标点公文程式》，第 68 页。

括叙述，文字可与原文不同。① 三者相比，撮引最省篇幅，有利于阅读但对办稿者要求高；全引最能全面了解案件前后的联系，对于办稿者而言，直接将原文抄录，再附加处理意见，公文办理起来简单，但篇幅冗长，阅读费时费力，有时半天才能搞清楚案中的对应关系。民国初期各地在行政公文办理过程中，大多不仅全部照录地引叙原文，而且不分段落，所有内容均为一整体，公文结构上的依据、引申以及归结均以固定术语表述。而承转关系复杂者，往往一篇公文三五个"等因奉此"套在一起，无端增加公文篇幅，不仅于公文内容无实际意义，而且严重影响机关的办事效率。② 公文冗长、结构不清的问题在县级以下行政系统中尤为明显。时人在调查中发现：由于"县府成为公文总汇之机关"，因此"一般公务员消耗时间于案牍之中"，对自己的职责事务无暇思考，"视处理公文为分内职务，公文而外，漫不经心……甚有拟稿员在'全文照叙'下加一'等因奉此'，而不自知全文中所书为何事者"。此外，"下行公文，多全文照叙，词冗而长，加以行草书……使受命者且多看不清公文内之字义"。③

　　为此，南京国民政府成立后，从多个层面对公文结构进行了改革。

　　首先，推行撮引原文法。所谓撮引原文法，即提倡各机关在公文承转间，尽量避免全文照录，只需撮录要略即可。1928 年 5 月内政部《暂行公文革新办法》第二条即对此进行了阐述：

　　　　公文承转之间，多录全文，有时耗时费事，臃肿累赘，不堪卒读。除事实上录写全文之必要时，应另抄附送外，一律撮录要略，不可辗转全录，总以词达意宣为准。即旧式公文下行平行，亦多系摘录来文要义，或抄发原文作为附件；上行公文并有"除原文有案邀免令录外尾开……"之格式，即系撮要之法，尽可仿效。不可于拟稿时希图省事，

---

① 徐望之：《公牍通论》，第 210 页。
② 时人姚荣龄在论及中国行政改革时，提及公文改革的必要性，他认为："我国执行政令的唯一工具，便是公文，现行公文程式，往往因为要经过四五个机关，须引述四五个机关的案卷，一件公文，至少在千字上下，在如此官长的公文中，不仅不易得到纲领，且白费许多阅读抄录的时间。"姚荣龄：《中国行政改革论》，《建国月刊》第 14 卷第 6 期，1936 年，第 10 页。
③ 王云：《改革公文的几点补充意见》，《闽政月刊》第 4 卷第 5 期，1939 年，第 37 页。

仅写"令开云云，此令"。致形冗腐。①

内政部主张撮引法的宗旨，在两年之后由教育部颁布的《划一教育机关公文格式办法》中得到了进一步细化：

> （1）来文简要者，除首尾外可全叙；（2）来文繁复，非照转不易使承受机关知其颠末者，可钞作附件附入，在正文内只叙来文摘由；（3）来文递转层次过多，易致纠缠者，可将中间之递转层次省略，即以"转据""转准"等字衔接之；（4）来文繁冗，删略之较便阅览者，应就原文删节，或省略其不重要及重复之处，而以省略号表明之，或径改变原文，撮叙要略。②

由此可见，内政、教育两部虽提倡撮引原文法，但并不完全排斥全文照录。不过，在什么情况下需要全文照录，内政部并没有给出具体的指导，其所说的"除事实上录写全文之必要时"所指比较模糊，不易把握，而教育部所说"来文简要者"，又不能涵盖全部有必要全文照录的情形。因此，什么时候撮引原文，什么时候原文引叙，就需要各级行政机关在具体办稿中灵活把握。1930年，浙江省建设厅拟具公文节约办法，对于下行、平行公文的引叙，要求"凡就来文转行或答复之件，无全装来文之必要者，可用摘叙办法，或录其案由，如有必须全装而又觉太长者，可另行抄附"。③曾主持北宁铁路局运输处文牍课的金士宣，从1930年开始与局中热衷于文书改革的同志一起推进该局的文书改革工作。他们制定的新公文程式强调"复文只叙来文之日期号数及事实，勿叙全文，以省繁冗，惟摘由则须概括全篇事实，期与原文主旨无背"，同时强调"所有公文，均按情形，酌分段落"，"摘由须概括全文事实……俾阅读者一目了然"，从而使得阅稿者及办稿者

---

① 具体参见《国民政府内政部令第二六九号：暂行公文革新办法六条》，《内政公报》第1卷第2期，1928年，"训令"，第40页。
② 《划一教育机关公文格式办法》，第7页。
③ 《公文之改良》，《浙江省建设月刊》第4卷第1期，1930年，第57~58页。

"不必翻阅全文，仅据事由，即可批拟办法"。①

中央机关的文书改革派也有诸多探索。行政院内政部在 1933 年 8 月的行政院公文改良会议上提议采用简明的电报式公文，如此内政部每年可省 100 万～200 万字。② 曾任行政院第八科的朱大昌曾介绍过一种公文缩编法，其主要做法是在尽可能的范围内把来文缩编，省略事件经过，只简要叙述事实，列举方案，从而将原文大幅度地压缩，他文中提出的两个案例，其中一个原文有四百多字，缩编为仅七十多字，另外一篇公文原有九百多字，缩编后变为一百多字，效果非常明显。朱大昌认为，公文缩编的核心是"要顾到对方所需要知道的是什么，保留最重要的部分"。③ 这种缩编法实际也属于撮引法的范畴。

公文分段和尽量不采取原文照录的撮引法，是公认的简化公文结构的办法，抗战结束后也一直被提倡。在引叙来文方面，有人提倡，只声明原案的来文日期和发文号数，不必引叙内容；④ 还有人提倡，原文概不引叙，只以附件形式列出，注明来文各类日期号码即可。⑤ 1945 年 5 月，行政院颁布训令，对公文简化当中引叙来文的办法进行了总结，从三个方面做出规定：（1）下级机关不论奉上级多少级机关之命令，只叙奉上级机关会令，或只叙发令之某高级机关之会令，其中间机关则不必叙，上下客套语全不用；（2）下级机关奉上级机关命令，不叙令开全文，只叙扼要案由或办法，有必要时，另附附件；（3）上级机关发布命令，只叙扼要办法，有必要时，另附附件。⑥ 这一办法，将撮引原文的原则进行了界定，有利于各级行政机关进行公文结构的简化。

该办法的核心在于，当原文引叙涉及多层承转关系时，只叙高级机关之"层"令，中间各级机关的层令一概不引，而引用原文时采用撮引或

① 金士宣：《北宁铁路改革文书制度之成功》，《交大季刊》第 9 期，1933 年，第 162 页。

② 《各部会关于处理公文改良办法案审查总报告》，《军政公报》第 162 号，1933 年，第 46～47 页。

③ 朱大昌：《公文改革的几个实验》，《行政研究》第 2 卷第 7 期，1937 年，第 685 页。

④ 章允凤：《进一步谈改良公文程式的几点意见》，《绸缪月刊》第 3 卷第 11 期，1937 年，第 86 页。

⑤ 王仲闻：《邮局简化公文方法略述》，《现代邮政》第 2 卷第 1 期，1948 年，第 24 页。

⑥ 《教育部关于文书处理办法、档案调查规则及简化公文格式等有关文件》（1945 年 5 月），中国第二历史档案馆藏教育部档案，档案号：五－1882。

摘引，必要时附件呈送。总体而言，这一办法对简化公文结构的作用非常明显。①

简化公文语言结构的另一种方法便是各种表册的使用。如前文所述，公文表单的使用一直为国民政府所重视。② 这些表册名称多样，有单据式、列表式、通知书、报告式、填发式、提案式，形式各有差异。图4-3至图4-6简单列举了几种表册。

以上几种表册，尽管格式不一，但都具有共同的特点：运用表格或一、二、三分条张目，或是按照公文结构以依据、引申和结论三部分划分（如事由、说明、办法或摘要、事实、目的），内容清楚明了，省却许多不必要的套语，公文结构简单，给人一种耳目一新的感觉，对于办稿、阅稿双方都方便不少。例如，陈国琛在福建省推行人事及文书改革时，为推行公务人员任用审查，涉及3700多人，证件12.8万件，为此他专门制作了"任用审查人员补正手续紧急通知书"及"补正手续最后催单"两种表格，半年即减少各省指令等文书6400多件。③

综上可知，公文语言结构的改革，首先是由行政院或内政部推动，而后推广至中央机关及各省市县行政机关，在这一过程中，各级行政机关会结合本机关的具体情形，制定相应的办法，而从实施效果上看，中央机关好于地方机关，经济发达地区强于经济欠发达地区。除文书技术的改进外，行政体制的配套改革也很关键，④ 曾在福建、台湾、浙江多地主持公文改革的陈国琛对此专门指出，"文书改革之本旨，固在简捷行文手续，冀增行政效率；

---

① 这个简化办法虽然效果明显，不过根据时人1946年的记载，这个通令下达数年之久，"各级行政机关仍然不见实行"，"等因奉此"的层转公文依然到处可见。参见陈润徽《谈公文简化与行政效率》，《税区直接通讯》第1卷第8期，1946年，第5页。

② 具体参见本章第一节公文套语部分的内容。

③ 陈国琛：《文书之简化与管理》，第29~30页。

④ 例如，国民政府在抗战前增设有"全国经济委员会""建设委员会""实业部""农村复兴委员会"等组织，虽同为中央主管农业的全部或局部机关，但全国经济委员会下设农业处、蚕丝改良委员会、棉业统制委员会等若干职司农业管理机关，而建设委员会下设有振兴农村设计委员会、模范灌溉庞山湖试验场第一灌溉区委员会等局部农业管理机关，农业部附有农业司、中央农业推广委员会、中央农事试验场、中央农业试验所、农业种料交换所等农事专管机关。陈国琛考察了这些机关的职掌范围，发现"为其'立法文书'之十九相同，不特原始即已增加政令之繁乱，顾再由此同一职掌所生之令查、令复、函问、函复、签查、签复……等公文重造手续，亦必愈杂而愈益加剧"。参见陈国琛《文书之简化与管理》，第26页。

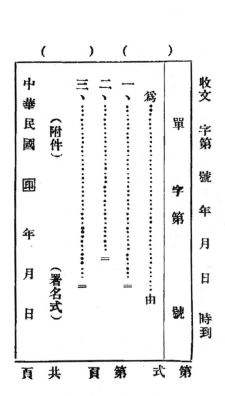

图 4 - 3 单据式

说明：此表为沈松林于 1935 年设计。

资料来源：沈松林《改革公文程式的一点意见》，《行政效率》第 3 卷第 6 期，1935 年，第 586 页。

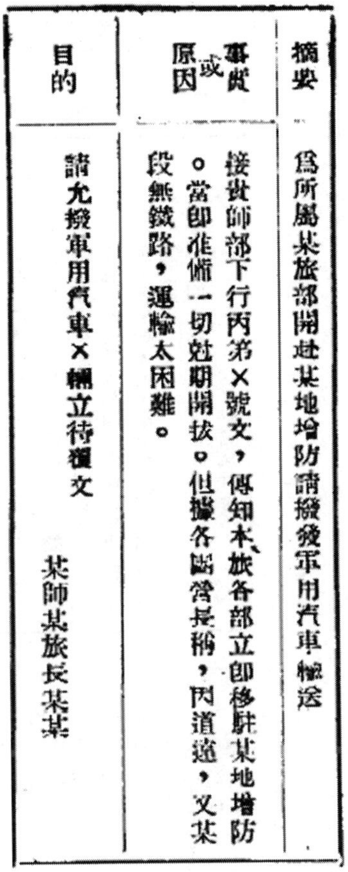

图 4 - 4 填发式

说明：此表由朱星于 1948 年设计。分摘要、事实或原因、目的三栏。

资料来源：朱星《彻底改革公文程式建议》，《文藻月刊》第 1 卷第 1 期，1948 年，第 7 页。

然而行政效率的当前障碍，虽为繁琐累赘之文书，顾所以促成此'支离破碎'之现象者，为'釜底抽薪'之计，必须自澈底整理'行政组织'，以清划其事权之范围始。"[1] 陈的这一见解颇为深刻，实际上，建立"权责单纯，

---

[1] 陈国琛：《文书之简化与管理》，第 28 页。

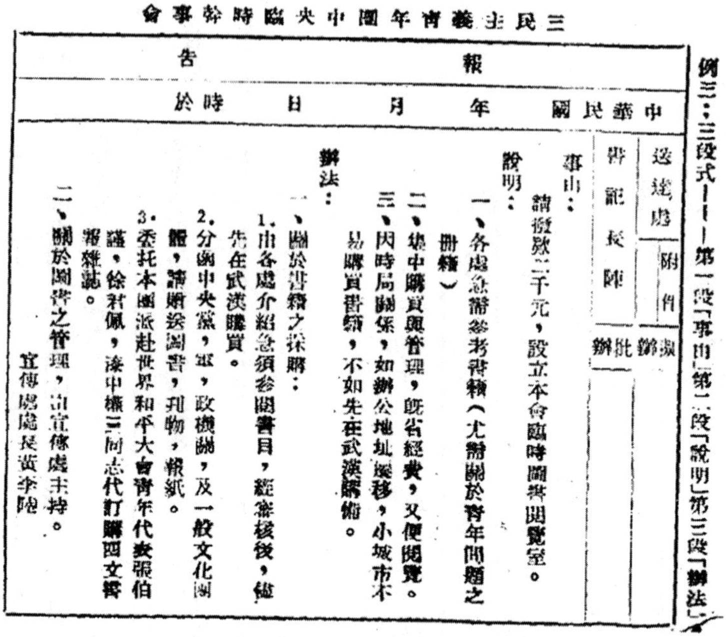

三民主義青年團中央臨時幹事會

報告

中華民國　年　月　日　時於

送達處　附件　擬辦

書記長陣　批辦

事由：
請撥款三千元，設立本會臨時圖書閱覽室。

說明：
一、各處急需參考書籍（尤需關於青年問題之冊籍）
二、集中購買與管理，既省經費，又便閱覽。
三、因時局關係，如辦公地址遷移，小城市不易購買書籍，不如先在武漢購備。

辦法：
一、關於書籍之採購：
1. 由各處介紹急須參閱書目，經審核後，儘先在武漢購買。
2. 分函中央黨，軍，政機關，及一般文化團體，請贈送圖書，刊物，報紙。
3. 委托本團派赴世界和平大會青年代表張伯謹，徐君佩，淩中樵三同志代訂購西文書報雜誌。
二、關於圖書之管理，由宣傳處主持。

宣傳處處長黃季陸

例三：三段式——第一段「事由」第二段「說明」第三段「辦法」

图 4-5　提案式

说明：该表由三青团实行。根据内容，可只有事由一项，或有事由、办法两项，抑或事由、办法、说明三项，在各项中又用一、二、三标明小点。

资料来源：李浴日《公文内容的简单化》，《新公务员》创刊号，1940 年，第 52 页。

管理统一”的行政组织，理清各级机关及机关内各组织的职责权限，就从根本上扫清了公文语言结构改革的障碍。

第三节　标点符号在公文领域的推广

近代中国语言文字使用标点符号这一重大转变，近年逐渐受到学界的关注。讨论近代标点符号的文章，几乎都偏重于新文化运动时期。学界对政府推行公文使用标点符号这一制度变革则关注甚少。这或许是因为史学界有一个大致的认识，即从清末以来，随着西方文化的不断输入，标点符号的使用是新文化运动中倡导白话文的必然结果，政府的作用似乎不大。20 世纪 80 年代中后期，凌远征就曾发文指出，“教育部门是曾发过‘训令’，采用新式标点，但它是被迫的，消极的”，“到三十年代后，政府这种消极态度依

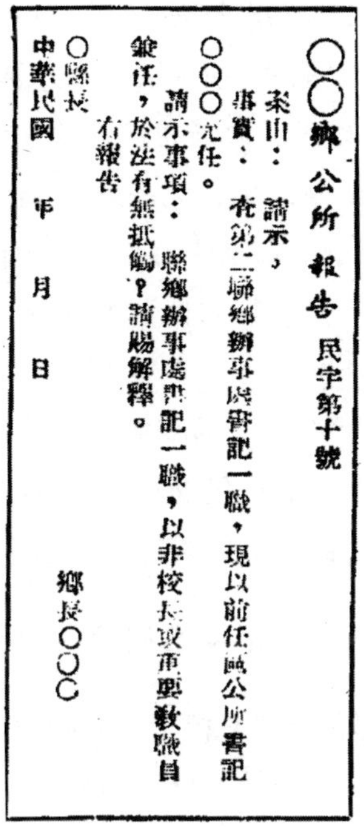

〇〇鄉公所報告　民字第十號

案由：請示，

事實：查第二區鄉辦事處書記一職，現以前任區公所書記〇〇〇充任。

請示事項：聯鄉辦事處書記一職，以非校長或重要教職員兼任，於法有無抵觸？請賜解釋。

右報告

〇縣長

鄉長〇〇〇

中華民國　年　月　日

图 4-6　报告式

说明：该表由广东省民政厅所定县政府联乡办事处暨乡镇公所行文格式。内分案由、事实、办法等事项。此表还可灵活更改，如遇请示改为请示事项，遇照办即改为办理经过。

资料来源：李浴日《公文内容的简单化》，《新公务员》创刊号，1940 年，第 53 页。

然如故”。[①] 岳方遂也认为，“在社会舆论的压力下，1930 年国民政府教育部颁布了《划一教育机关公文格式办法》”。[②] 郭攀在其 2006 年完成的博士学位论文中又重申了这一观点。[③] 侯吉永、丁晓昌虽然不赞同“消极态度”这一结论，但也认为官方“对新式标点的推行显得犹豫不决，既有意推广，又浅尝辄止”。[④]

① 凌远征：《标点符号推行小史》，《语言教学与研究》1986 年第 3 期。

② 岳方遂：《新式标点符号史论（下）》，《兰州大学学报》1994 年第 3 期。

③ 郭攀：《二十世纪以来汉语标点符号研究》，博士学位论文，华中师范大学文学院，2006，第 32 页。

④ 侯吉永、丁晓昌：《简论民国公文的标点化转型》，《档案》2015 年第 9 期。

实际上，新文化运动以后标点符号的推广过程远比过去所认知的更为复杂，一个具体表现就是南京国民政府在公文使用标点符号方面做了远比以前更为持久的努力。1927 年以后，政府机关三令五申，教育部、内政部乃至行政院颁布的有关公文改良办法中，无一不提到公文要使用"标点符号"。甚至到 1942 年，在抗日战争最艰难的时刻，行政院在《公文改良办法》中再次重申公文"应分段、标点或加句读"。① 不仅如此，1944 年军事委员会颁发的《军用文书改良办法》中，也明确规定"公文除电外，一律用标点符号"。② 可见，公文使用标点符号的变革，推行之所以如此艰难，其深层次的原因还有待进一步研究。而近代以来，中国政府在标点符号推行过程中扮演的角色，恐怕也是一个需要重新探讨的问题。

一 政府对公文使用标点符号的制度化推广

（一）国民党中央党部首倡公文标点符号的议案

国民党在公文中使用标点符号最早可追溯至 1924 年 4 月。在中国国民党第一届中央执行委员会第二十一次会议上，通过了戴季陶提出的关于印刷公文、书籍所用圈点的议案。③ 此处的圈点只有"."、","和"。"三种，虽然与当时新文化运动中所倡导的新式标点符号相差甚远，但这种简单的公文圈点却开创了政府公文使用标点符号的先河。

在国民党党部，公文使用圈点的方案随即付诸实施。国民党第一届中央执行委员会刊行的《中国国民党第一次全国代表大会宣言及决议案》④ 于1924 年 4 月出版，该议案所刊内容，除 1 月 28 日第一次全国代表大会通过的《中国国民党总章》没有使用标点符号外，余下部分则使用了圈点。在使用三种圈点的同时，"（）"也圈点于文字中，占一格。通观全篇，"。"使用最多，"."与","使用总共不过 10 处。到了 1926 年 2 月，中央执行

① 《行政院令发〈公文改良办法〉》（1942 年 7 月 10 日），《民国时期文书工作和档案工作资料选编》，第 319 页。
② 《军事委员会颁发〈军用文书改良办法〉》（1944 年 7 月 1 日），《民国时期文书工作和档案工作资料选编》，第 326 页。
③ 裴燕生：《历史文书》，中国人民大学出版社，2009，第 390 页。
④ 《中国国民党第一次全国代表大会宣言及决议案》，中央执行委员会刊行，1924 年。

委员会刊行的《中国国民党第二次全国代表大会宣言及决议案》① 对于标点的使用有了新的变化：在数目上，有十余种；在使用的分布上，各种标点该点即点，该句则句，该分则分，与此前的一句到底相比，更加清晰明了。

国民党北伐胜利前，不仅中央党部的刊物已使用标点符号，而且其所属的分部以及国民党所办的军事学校印行的刊物中也都使用了标点符号。从使用数目看，随着时间的推移，标点种类不断增加；从排版印刷方面看，起初标点不占格，置于文字中间，而后标点也占据一格。不仅如此，对于同一文件，印刷时标点符号也随之改进。如1925年，中国国民党陆军军官学校政治部为其学员印制了《中国国民党重要宣言训令集（十三年1月起十四年12月止）》，② 第一篇即《中国国民党第一次全国代表大会宣言》，其中就使用了多种标点符号，与一年前《中国国民党第一次全国代表大会宣言及决议案》相比，有很大改进。

（二）国民政府内政部和教育部推行公文标点符号的探索实践

国民政府成立之初，对于公文标点符号的态度有所反复。例如，国民政府在1928年6月11日颁布的《公文程式条例》第四条规定，"公文书得用语体文，并得分段叙述使用标点"，③ 5个月后再次颁布的《公文程式条例》则没有关于标点的规定。④ 尽管如此，公文中使用标点符号还是在政府有关部门得以推行。

如果把戴季陶关于使用标点的提案看作公文使用标点符号的序曲，那么，1928年6月内政部第269号部令《暂行公文革新办法》和1930年4月教育部印行的《划一教育机关公文格式办法》，则明确提出公文要使用标点符号，内政部和教育部从而成为政府推行公文使用标点符号的先行者。

内政部成立之初，就面临如何确定内部公文程式的问题。是沿用旧式公文不求改进，还是追随进步做法、勇于创新，内政部最终选择了后

---

① 《中国国民党第二次全国代表大会宣言及决议案》，中央执行委员会刊行，1926年。
② 中国国民党陆军军官学校政治部辑《中国国民党重要宣言训令集（十三年1月起十四年12月止）》，中国国民党陆军军官学校政治部，1925年。
③ 《中华民国国民政府训令第二七六号：令内政部：令发〈公文程式条例〉令仰知照并饬属知照由》，《内政公报》第1卷第6期，1928年，"国府训令"，第5页。
④ 《中华民国国民政府令：兹制定公文程式条例公布之此令》，《国民政府公报》第20号，1928年11月17日，"法规"，第4~6页。

者。当时国民政府各部新近成立，人员参差不齐，各自所运转的公文在遵循《公文程式条例》的前提下，各有不同。在此，以政府各部的"公报"为例加以考察，如教育部的前身大学院的公文最为先进，在用语、结构、分段等方面均体现出新颖性，使得公文内容简洁、结构清晰。① 为此，从1928年5月7日至5月24日，在内政部三次总务会议中均提及公文改革办法。首先，5月7日，针对秘书处提出的"本部对外公文仿大学院式除呈文外一律用新式标点案"，经过讨论，决议"连呈文一律采用新式标点"，并由秘书处拟定各类公文标点用法式样供各司科参考。② 接下来，在5月10日的部务会议中临时决定，"向大学院探询呈文采用新式标点办法是否已向国府具呈，以便呈讲（或同大学院会呈）国府，好使办法一律，并可由本部通令各省民政厅遵照"，从而尽快将其在全国范围内推行。③ 5月24日，土地司提议"公文革新案"，决议由参事室审核。④ 经过充分的调研、讨论，5月31日，由内政部部长薛笃弼签发第269号内政部令，以公文改良为目标，制定公文革新办法六条（《暂行公文革新办法》），在内政部施行，并函知各省政府民政厅、战地政委会民政处和南京特别市公安局。⑤

内政部颁布的《暂行公文革新办法》第六条规定："凡批示、布告之类直接对民众言者，应一律采用白话并用新式标点，俾通晓文义者，一目了然，即不识文字者，亦可一听即解。"⑥ 不过令人费解的是，这则要求推行标点符号的公文，通篇未使用一个标点。为此，笔者仔细翻检《内政公报》后发现：除1931年第14期有零星的标点外，从1933年第1期开始，《内政公报》才全面使用标点符号，即公报中所刊载的内容都使用了标点，估计与此时内政部次

---

① 以《大学院公报》为例。1928年发行的9期中，不论是法令，或是教育部相关公文，用语通俗，有标题有分段，且运用标点，与旧式公文完全不同，有耳目一新的感觉。

② 《内政部十四次部务会议纪录》，《内政公报》第1卷第2期，1928年，"纪录"，第3~4页。

③ 《内政部十五次部务会议纪录》，《内政公报》第1卷第2期，1928年，"纪录"，第8页。

④ 《内政部十九次部务会议纪录》，《内政公报》第1卷第2期，1928年，"纪录"，第17页。

⑤ 《国民政府内政部令第二六九号：暂行公文革新办法六条》，《内政公报》第1卷第2期，1928年，"训令"，第39~40页。

⑥ 《国民政府内政部令第二六九号：暂行公文革新办法六条》，《内政公报》第1卷第2期，1928年，"训令"，第39~40页。

长甘乃光主持公文处理的政策有关。① 由此可见，内政部的公文标点使用情况
并不乐观。考察内政部颁布《暂行公文革新办法》的初衷，或许能找到原因。
内政部下令要求各省民政厅遵照办理，实行公文改良，但又深知"公文内容
至为复杂，改革伊始，恐未遽臻完善"，故如何革新公文，如何应用标点，
"要在办理稿件人员善体此意，推陈出新，力谋简明易晓，为公文上开一新纪
元"。② 可见，内政部《暂行公文革新办法》旨在传达一种公文革新精神，并
未就分段的方法、标点的种类及使用方法加以详细说明，只就一些明显的用
语进行列举，在实施方面不具备可操作性。不难看出，内政部推行公文使用
标点符号的倡议，就意义而言，精神大于实质。尽管如此，内政部所颁布的
《暂行公文革新办法》也被后来者誉为"公文改革的第一炮"。③

　　教育部门的探索则更为社会所关注。教育部关注公文改革，一方面是要
求行政机关公文与新式教育相适应，从而大力推广新式教育。清末废科举兴
学堂，后经新文化运动，学校教育处在文言文向新式的白话文过渡时期。一
些熟悉古文的人仍旧按照古文原有的韵律进行写作，而接受新式教育的一批
人，引进拼音、标点符号等西方语言系统中的元素，将旧式古文简单通俗化，
提倡白话文。④ 国民政府初创，新旧文化并存，政府需要审时度势，做出抉
择。1920 年，北京政府教育部发布第 53 号训令《通令采用新式标点符号》，
批准了胡适等六人向"国语统一筹备会"提交的《请颁行新式标点符号议
案》。但是教育机关本身并没有实行，⑤ 也因此引来众多非议。⑥ 1929 年 5

---

① 1932 年 5 月至 1934 年 12 月任内政部部长的黄绍竑回忆："每当我去奔走的时候，部里的工
　作，都由甘次长乃光主持。他是留学美国研究行政学的，他为提高行政效率，想将研究所
　得，从部里着手实施，而推及于各省。首先实施的是公文处理程序的改革。"参见黄绍竑
　《五十回忆》，上海书店出版社，1945，第 239 页。
② 《国民政府内政部令第二六九号：暂行公文革新办法六条》，《内政公报》第 1 卷第 2 期，
　1928 年，"训令"，第 40 页。
③ 朱星：《彻底改革公文程式建议》，《文藻月刊》第 1 卷第 1 期，1948 年，第 5 页。
④ 关于新、旧汉语标点符号受西方语言体系影响逐渐融合的过程，参见郭攀《20 世纪以来汉
　语标点符号研究》，华中师范大学出版社，2009，第 51 ~ 96 页。
⑤ 1920 年 2 月教育部颁布了《通令采用新式标点符号》后，"一直到民十七（一九二八）十
　年之间，除国语会自办公文或由部转行照加标点外，一属部中口气，便予取销；教部且然，
　其他行政机关更不用说"。可见，北京政府时期，教育部行政机关行文仍然未采用新式标
　点符号。参见黎锦熙《国语运动史纲》，商务印书馆，1934，第 387 页。
⑥ 参见袁晖、管锡华、岳方遂《汉语标点符号流变史》，湖北教育出版社，2002，第 332 ~ 352 页。

月 20 日，胡适在回复陈寅恪的信中，就极力建议其使用标点，"作述学考据之文，印刷时不可不加标点符号；书名、人名、引书起讫、删节之处，若加标点符号，可省读者精力不少，又可免读者误会误解之危险。此非我的偏见，实治学经济之一法，甚望采纳"。① 尽管如此，依然未见陈寅恪使用标点符号。南京国民政府以革新精神出现于民众面前，自然事事讲求革新。因此，教育部的公文改革，是对新式教育的回应。公文写作属于应用文写作的范畴，如何写作，自应由教育机关规定。民初以来，教育发生重大变化。教育部门需要在新旧两种文化中做出选择，从而更好地引导民众对新旧文化做出正确取舍。可见，教育部关注公文改革，其最终目的是表达对新旧文化的态度。

另一方面，教育部推行公文改革也是对社会人士公文改革诉求的回应。至国民政府初创，社会新办的进步刊物逐渐以通俗易懂的优势为社会大众所接受。而政府公文仍旧停滞不前，成为供官员阅读的专属品，导致政府发布的法令政策不能为普通民众了解、接受，进而影响政府旨在训政的主张。公文的弊端因此时常招致社会人士的非议。② 时任教育部部长蒋梦麟也对此直言不讳："在国民政府统治之下，公文革命的呼声，常常可以听到；这是因为旧式的公文，实在太僵腐了，不能和现在革命的时代相适应，当然有改革的必要。"③ 教育部需要在新旧文化中进行选择，以应对社会人士的评论，故而进行行政公文改革，提倡并推行新式教育。

1930 年前后，国民政府教育部再次关注公文改革。这次为了保证公文改革的顺利实施，教育部从一开始就进行了一系列的规划。首先在 1930 年 4 月制定《划一教育机关公文格式办法》，并于 5 月发布第 494 号训令，规定"兹定于本年七月一日为是项实行之期，所有教育机关来往公文自是日

---

① 胡颂平编著《胡适之先生年谱长编初稿》(3)，台北，联经出版事业公司，1990，第 790 页。
② 石各在教育公文程式的评论中指出，新式教育公文应使用语体文。并从语体文受众人群广（不限于士大夫阶层）、采用语体文有助于新式教育的推行、使用语体文更加经济等方面建议教育公文应该使用语体文。参见石各《教育公文程式的革命（论评）》，《安徽教育》第 1 卷第 5 ~ 6 期合刊本，1930 年，第 3 ~ 6 页。胡适也对公文的用语提出非议："国民党当国已近两年了，到了今日，我们还不得不读骈文的函电，古文的宣言，文言的日报，文言的法令！"（参见胡适、梁实秋、罗隆基《人权论集》，新月书店，1930，第 123 页）
③ 《划一教育机关公文格式办法》，"序"，第 1 页。

起，应一律按照是项办法办理"，① 随后各级教育部门纷纷对这一训令进行
下发传达。

教育部《划一教育机关公文格式办法》从"句读、行款、用语、文体
等"方面对公文进行了规定，"公文句读，为免除误解，便于阅览起见，一
律加用标点"，规定了 14 种标点，分别是顿号、逗号、支号、综号（：）、
句号、问号、感叹号、提引号（ ﹁﹂ ）、复提引号（ ﹃﹄ ）、省略号、破
折号、专名号（｜）、书名号（﹏）、括弧，并对各种标点的书写格式、使
用方法等一一说明并给出示例。② 与北京政府时期教育部颁布的关于标点符
号采用的训令不同，这次《划一教育机关公文格式办法》直指教育机关，要
求教育机关公文须加用标点，且注重落实，为教育机关公文标点符号的推行
奠定了坚实的基础。时任教育部部长蒋梦麟在《划一教育机关公文格式办法》
一书的序中指出："我们定这办法，现在不过是开一个端，确是希望大家都能
起来，渐渐地向新路上——而且向更新的路上走走的。"③ 一方面，《划一教
育机关公文格式办法》严格按照规定的标点符号进行标注；另一方面，《教育
部公报》则先于 7 月 1 日在公文中使用标点符号，对各级教育机关按规定正
确行用标点起到垂范作用。较之内政部，教育部推行公文使用标点符号结果
要好得多，《教育部公报》中有关的教育公文一开始即用标点符号，制定《划
一教育机关公文格式办法》后，标点符号的使用逐步标准化、统一化。

教育部的公文改革影响深远。时人指出，教育部的公文改革"是一个
很大的改革运动"。④ 金寒英在《公文新范》中指出，教育部公文改革"试
办不久，成绩很好！不但体态一新，而且效用大增"，且教育部的公文改革
使公文踏上了区别于民初旧体式的新体公文的路径。⑤ 笔者认为，这一论断
十分贴切。教育部推行的公文改革，使得当时国民政府的行政公文呈现一种
新的体式，不断影响旧式的公文，使得公文有了逐渐向新体式过渡的基础。

---

① 参见《训令第四九四号：为划一教育机关公文格式办法自七月一日起一律实行仰即遵照办
理由》，《教育部公报》第 2 卷第 21 期，1930 年，第 20～21 页。
② 《划一教育机关公文格式办法》，第 9～63 页。
③ 《划一教育机关公文格式办法》，"序"，第 5 页。
④ 朱星：《彻底改革公文程式建议》，《文藻月刊》第 1 卷第 1 期，1948 年，第 5～8 页。
⑤ 金寒英编著《公文新范》，第 28 页。

公文改革之后，加标点、分段落并简化用语，提倡语体文，与之前相比，有焕然一新的感觉。

  教育部推行的 14 种标点符号，对公文使用标点符号标准有参考作用，一些原已使用标点符号的刊物也以此为标杆。依照教育部的《划一教育机关公文格式办法》，《江苏省政府公报》将先前使用的 18 种标点符号进行了调整修正。① 当然，限于教育部门的行政范围，标点符号也只是在教育系统内行用，教育部与政府其他各部门之间的公文往来则无从规范，使得《教育部公报》刊行的公文呈现五花八门之象。教育部门向政府各部门发出的各类公文，从《划一教育机关公文格式办法》实施之日起即使用标点，如《教育部公报》1930 年第 31 期（8 月 2 日）中，教育部致行政院呈文，致铨叙部、外交部驻英使馆公函均用标点；而教育部门收到的公文，迟至1933 年也未使用标点，如《教育部公报》1933 年第 9～10 期（3 月 12 日）中，刊登的江苏省政府致教育部咨文未使用标点。另外，对于一份公文，下级教育部门需要呈送教育部及其他两个以上机关时，如何使用标点，显然已无法统一。例如，1931 年 1 月上海市教育局就"私立安徽中学发生罢课风潮情形"事件分别呈送上海市政府及教育部的公文，与此前及此后上海市教育局呈教育部的公文在标点符号使用上差异颇大。② 可见，公文标点符号的统一化推行，单靠教育部门的力量是难以实现的。

  （三）国民政府推行公文标点符号的全面实践

  教育部、内政部及国民党中央党部推行的公文采用标点符号对国民政府产生了相当大的影响。如国民党中央党部于 1928 年 10 月对"总理遗嘱"的句读进行了规定，各类党政机关印行刊物所刊登的有标点的"总理遗嘱"即出自中央党部。③ 一些要求其他部门公文采用标点符号的声音也不断发出，如一名为黄浩然的国民党党务整理委员会委员曾经提议，"各种法律条

---

① 《令饬修正公报标点符号》，《江苏省政府公报》第 504 期，1930 年，第 4～5 页。
② 参见 1930 年第 51 期《教育部公报》（12 月 20 日）以及 1931 年第 2 期《教育部公报》（1月 18 日）。
③ 《司法行政部训令训字第二一一八号：为奉令抄发标点总理遗嘱由》，《司法公报》第 182号，1937 年，第 6～7 页。

文加以新式标点，以免含混"。① 国民政府五院对于公文使用标点符号也采取了不同的做法。此时行政院、立法院以及司法院发行的公报未采用标点符号，但监察院发行的《监察院公报》于 1931 年创刊时即使用新式标点，②《考试院公报》于 1931 年创刊之时即使用简单标点。③ 另外，《国民政府公报》在使用标点符号这一问题上也悄然发生变化。首先，从 1929 年 1 月 16 日起，其刊行的"总理遗嘱"由无标点符号版本改为中央党部规定的有标点版本。其次，从 1929 年 6 月 14 日至 7 月 15 日，《国民政府公报》连续刊登国民政府与西方各国重新修订的中外条约，并在最后附载条约两国代表的照会文件，对于相应国家的西文照会，以横排、加标点格式印刷；在这期间的 7 月 1 日，《国民政府公报》也开始在公文中加用简单的"."以明句读，加上之前已经有顿号、括弧的使用，这时的《国民政府公报》在刊行中已经使用了部分标点符号。④ 政府各部门的公文，有的使用圈点，有的使用新式标点，有的则无任何标点，这样一种混杂的局面，是国民政府亟待解决的。

事实上，经过内政部、教育部等机关"几年不断的研究和实验"，公文"已经达到体用兼备的程度"，"全国各机关——不限于党部和教育机关——的公文办理人，也多自动采用新式，造成一种风气"。⑤ 一方面新式公文日趋成熟，而另一方面各部机关所推行的公文规范程度不一，因此，行政院开始考虑将教育部等机关试点的新式公文向全国范围推广。九一八事变之后，国家再次陷入危机。国民政府逐步意识到提高行政效率的重要性，并着手从公文进行改革。1933 年，国民政府终于将公文使用标点符号提上日程。6 月，国民政府行政院召集所属部会召开改革公文档案之会议，由内政部次长甘乃光主持。⑥ 这次公文档案改革会议一个重要的提案就是《交通部对于公文采用句读及分段办法案》，经过反复讨论，最终行政院在 7 月以第

① 《送核法律条文加新式标点案》，《中央党务月刊》第 24 期，1930 年，第 18 页。
② 《监察院公报简章》，《监察院公报》第 1 期，1931 年。
③ 《考试院公报》1931 年的创刊号。
④ 具体参见这一时期的《国民政府公报》。
⑤ 金寒英编著《公文新范》，第 29 页。
⑥ 甘乃光：《文书档案改革运动的回顾与展望》，《行政研究》第 2 卷第 5 期，1937 年，第 451 页。

3510 号训令颁布《公文采用简单标点办法》，要求行政院所属各机关在年内逐步实行。① 时任行政院院长的汪精卫谈及这次公文改革时强调："改革处理公文手续之第三点为采用标点……其所节省之时间实大，不仅可使公文易于批阅，有时还可以免除许多不必发生之错误。"② 行政院位列国民政府五院之首，以训令推行公文使用标点，效力自当大于教育部。然而，行政院之外的立法、司法、考试及监察各院公文，则不受这一训令的约束。于是紧随其后，国民政府"为求全国各机关一律推行，以免彼此参差起见"，于 10 月 2 日以第 500 号训令颁布《公文标点举例及行文款式》，要求政府各部门公文采用标点，"着于明年 1 月 1 日起一律实行"。③ 至此，随着国民政府的全面介入，推进公文使用标点符号由部门活动上升到国家意志，达到行政上的统一。

国民政府以及行政院推行的公文标点符号有 7 种（逗号、句号、提引号、复提引号、省略号、专名号和括弧），期望"将来能逐渐采用教育部划一教育机关公文格式办法上规定之各种符号"，④ 因而使得教育部《划一教育机关公文格式办法》有了更为广泛的参考价值。有资料显示，《划一教育机关公文格式办法》一书自 1930 年 4 月出版以来，至 1937 年已再版 10 次。⑤ 行政院、国民政府公文采用标点符号的训令颁布之后，出版界对此做出积极回应，这一时期出版的有关公文程式、公文研究的图书，均将国民政府第 500 号训令、《划一教育机关公文格式办法》附录书中，列举教育部规定的 14 种标点以及国民政府规定的 7 种标点，并以此为模板，对各类公文添加标点符号。同时，已经出版的有关公文程式的图书，也

---

① 《奉行政院令为依期实行公文采用简单标点办法令仰遵办由》，《司法行政公报》第 39 期，1933 年，第 43 页。

② 《汪院长报告外交方针及"公文处理"改革经过：外交方针与内政方针一致》，《申报》1933 年 8 月 29 日，第 8 版。

③ 《国民政府训令第 500 号：令行政院、直辖各机关：公文标点着于明年一月一日起一律实行令仰遵办并饬属遵办由（附标点举例及行文款式）》，《国民政府公报》第 1251 号，1933 年，第 7 页。

④ 《国民政府训令第 500 号：令行政院、直辖各机关：公文标点着于明年一月一日起一律实行令仰遵办并饬属遵办由（附标点举例及行文款式）》，《国民政府公报》第 1251 号，1933 年，第 7 页。

⑤ 《民国时期总书目（1911～1949）·语言文字分册》，第 134～135 页。

因公文标点符号的采用而特意改版、再版。这些为公文标点符号的实施起到了良好的示范和推动作用。

公文采用标点符号的变革，在行政效率运动中伴随着文书档案改革运动得到了进一步的肯定和强化。全面抗战开始后，国民政府依然坚持这一公文改良政策。1938 年、1942 年，国民政府行政院两次颁布《公文改良办法》，进一步明确要求公文应分段、标点。[①] 1944 年，军事委员会颁发的《军用文书改良办法》规定"公文除电外，一律用标点符号"。[②] 可见，公文使用标点符号得到了国民政府政策上的持续支持，成为一种制度化的推广行为。

二　公文使用标点符号的效果考察

国民政府颁布《公文标点举例及行文款式》后，公文使用标点符号逐渐整齐划一。一方面，原来没有使用标点符号的机构按照国民政府颁布的训令开始使用标点符号，如国民政府行政院、立法院以及司法院刊行的公报均开始在公文中使用标点符号，标点符号逐渐与公文内容融为一体。另一方面，标点符号使用在数量上达到划一：原来未使用标点符号的机构按照国民政府颁布的 7 种标点符号执行；原来标点符号数量较多的通过停止、改用等方式使数量趋于 7 种，如《江苏省政府公报》由最初的 18 种调整为 7 种，《教育部公报》将原来频繁使用的"！"改为"。"，至 1935 年将经常使用的标点符号保持在八九种；原来使用数量少的则增加数量与政府规定的 7 种保持一致，如《监察院公报》在 1931 年 5 种（"，""。""："、"（）"）的基础上，于 1934 年增加了 2 种（"「」"和"『』"），《考试院公报》将 1931 年推行的 3 种句读（"、""。""."）于 1934 年改为 7 种。国民政府推行 7 种标点符号，使政府公文使用标点符号标准化、统一化。另外，这 7 种标点符号为人们所熟知，增强了使用的准确度，同时也使标点符号草创期的一些不常为人所用的标点符号逐步地被淘汰。标点符号经过政府的推行与

---

① 1938 年 7 月 7 日颁布的《公文改良办法》第三条规定"公文应……分段及标点"，1942 年 7 月 10 日的《公文改良办法》第五条规定公文"应分段、标点或加句读"。参见《民国时期文书工作和档案工作资料选编》，第 308、319 页。
② 《军事委员会颁发〈军用文书改良办法〉》（1944 年 7 月 1 日），《民国时期文书工作和档案工作资料选编》，第 326 页。

实践，为日后全面推广打下坚实基础。

公文使用标点符号也有利于推动民国公文的发展。这一措施为当时社会上关注公文改良、行政效率的人士所肯定。李朴生说，"推行政令的公文……还应该点句读和分段。五四以来，普通作文新标点。十九年蒋梦麟先生令教育机关的公文也采用（划一教育机关公文格式办法第二项第三项）；廿二年行政院第一百十次会议也通过采用。这是我国公文一个极重要的进步"。① 孔充指出，"我们已有白话之容许，分段之规定，及符号之装置了。这三件实在弄得文字简明了不少"。② 就连甘乃光后来也认为，文书档案改革运动，"其结果之大者，在文书方面为公文改用标点，在档案方面为卡片之应用"。③ 公文使用标点符号后格式划一、文字明了，自然也就提高了行政效率。同时，后来有关公文研究的专著也屡屡提及标点符号，强调其对于公文处理的重要性。周连宽在其撰写的《公文处理法》中指出，缮写人员须注意"公文标点符号要分明"，校对人员应注意"检查缮写文件款式及标点符号是否合乎规定"。④ 梁上燕也指出，"缮写是司书的工作，这虽然是一件不十分重要的工作，但是也应该有其工作要点……应有标点等"，⑤ 公文标点符号成为公文检查中需要着重注意的环节。

公文格式整齐划一，继而提高办公效率，正是国民政府推行公文标点符号制度的基本目的。但从另一角度看，政府的上述工作又是不完善的。具体表现如下。

第一，公文使用标点符号实施时间快慢不一。考察各行政机构实行公文标点符号的情况，大体呈现出由中央到省市再到县及以下逐步推进的态势。通过翻阅 1934 年后国民政府五院所刊行的《行政院公报》、《立法院公报》、《司法院公报》、《监察院公报》以及《考试院公报》，公文内容均已使用标点符号。1934 年 1 月 5 日，胡适在《大公报》撰文时就曾提到，"今天（五日）晚报的福州专电说，福州的人民政府已把一切公文都

① 李朴生：《公文改革底商榷》，《行政效率》第 3 号，1934 年，第 89 页。
② 孔充：《公文程式之革新与试验》，《行政效率》第 2 卷第 5 期，1935 年，第 923 页。
③ 甘乃光：《文书档案改革运动的回顾与展望》，《行政研究》第 2 卷第 5 期，1937 年，第 451 页。
④ 周连宽编著《公文处理法》，第 38～40 页。
⑤ 梁上燕：《县政府公文处理与档案管理》，第 10 页。

改用白话加标点了"。① 张岳生在 1935 年第 1 期《行政效率》上介绍福建省第七区公文处理情况时指出，"至公文标点，现均能遵照中央规定新式公文标点办理"，② 表明到 1935 年初，福建省第七区的行政公文已能准确使用标点符号了。而各级法院的案件中使用标点则稍晚：1936 年 12 月，湖北省高等法院代理院长郗朝俊呈文司法行政部称，"兹查各法院及各县司法处判决、裁定等件，其行文款式，仍依照旧，尚未加用标点"；司法行政部对此做出回应，于 1936 年 12 月 12 日颁布训令，要求"各法院各县司法处自奉令之日起，于判决裁定起诉书、处分书内，一律采用标点"。③ 可见，迟至 1936 年底，各级法院的司法判决等文书还未使用标点。1937 年 7 月，行政院行政效率促进委员会拟订《改进各机关文书处理办法》，重申"查现在各机关公文用语格式尚欠统一，查二十二年十月间，本院奉国民政府令发公文标点举例及行文款式，遵径通饬遵照办理在案，似可重申前令一律推行，以免参差"。④ 表明此时公文标点使用还未统一。1938 年，蒋介石侍从室专门就呈送文书要求"所有列呈之表，均应将句读、人名、地名或书名等项，依照新式标点体例，分别标点清楚"，⑤ 说明各机关呈送最高统帅的公文未能正确使用标点。抗战结束后，公文未加标点现象依然存在。1946 年修正施行的《福建省政府文书管理办法》指出，"缮写文件，应切实注意标点符号"。⑥ 1947 年行政院制定的《文书管理办法》亦强调"来件未加标点者，亦应由承办人员加以标点"。⑦

　　第二，公文仅使用标点符号，对于改良公文作用有限。教育部颁布的

---

① 姜义华主编《胡适学术文集·语言文字研究》，中华书局，1993，第 323 页。
② 张岳生：《福建省第七区行政督察专员公署公文处理概况》，《行政效率》第 3 卷第 1 期，1935 年，第 49 页。
③ 《司法行政部训令：训字第六六九一号：为各法院各县司法处应自奉令之日起于判决裁定起诉书处分书内一律采用标点由》，《司法公报》第 158 号，1936 年，第 6～7 页。
④ 《行政院行政效率委员会拟订〈改进各机关文书处理办法〉》（1937 年 7 月 16 日），《民国时期文书工作和档案工作资料选编》，第 305 页。
⑤ 《公文列表须知》（1938 年 6 月 20 日），《民国时期文书工作和档案工作资料选编》，第 306 页。
⑥ 《福建省政府文书处理办法》（1946 年 4 月 30 日），《民国时期文书工作和档案工作资料选编》，第 443 页。
⑦ 《行政院文书管理办法》（1947 年 1 月），《民国时期文书工作和档案工作资料选编》，第 432 页。

《划一教育机关公文格式办法》，其中除了规定公文使用 14 种标点外，还包括公文行款方面，要求公文分段，规定公文引用原文的分段及标点；公文用语，规定起首套语如"案奉"应省略，"等因""奉此"应尽量省略；引叙来文应根据内容采用全叙、撮叙等不同方式；提倡公文应用语体文。尔后行政院颁布的《公文采用简单标点办法》，规定公文标点符号为 7 种，公文行款及用语完全采用教育部《划一教育机关公文格式办法》，而国民政府颁布的《公文标点举例及行文款式》除标点符号 7 种外，只要求公文行款参照教育部《划一教育机关公文格式办法》执行，对于公文用语方面的变革则只字未提。显然教育部《划一教育机关公文格式办法》针对公文格式的一系列变革，以标点符号为主，辅以公文用语"除旧布新"、分段及撮叙等方法，旨在革除公文等级观念深厚、语言艰深难懂、内容臃肿等弊端，力求达到公文用语平等、内容简洁、格式清晰，体现新政党的革新精神，从而拉近政府与普通民众的距离。教育部公文按照这一革新措施，确使公文的内容与形式焕然一新，有学者将此种公文称为新体公文，未变革之前的公文即为旧体公文。[1] 反观国民政府，只推行标点符号及分段、引叙原文写法，这些措施虽能使公文表达意思明确、形式分明，却不能改变公文固定套语的官僚气息，以及陈陈相因语句的烦琐。在此不妨举一例说明：

国民政府训令　　第九七一号　　二十三年十二月二十九日
令直辖各机关

为令知事，查民国二十四年湖北省建设公债条例，现经制定，明令公布，应即通饬实行。除分令外，合行钞发该条例暨附表，令仰知照，并转饬所属一体知照。此令。

计抄发民国二十四年湖北省建设公债条例暨还本付息表各一份[2]

1935 年前后，国民政府训令的起首语为"为令知事""为令遵事""为令饬事"，接着才叙述事由。"等因""奉此"之类的套语一直沿用，若是公

---

① 金寒英编著《公文新范》，第 27～30 页。
② 参见《国民政府公报》第 1630 号，1935 年，第 128 页。

文多次转呈，其中"等因""奉此"层叠出现，致使公文并没有因使用标点符号而简洁明了。

伴随着新文化运动而兴起的白话文，再配合着标点符号，在当时的报纸杂志中逐渐被采用并推广，白话文与标点符号就像一对孪生兄妹，配合使用才能发挥其独特的效能。北京政府时期，教育部门要求小学教科书改用国语，但实际上政府部门的公文仍然盛行古文。胡适就曾指出："但小学用国语课本，而报纸和法令公文仍旧用古文，国语的推行是不会有多大效力的。因为学了国语文而不能看报，不能做访员，不配做小书记，谁还肯热心去学白话文呢？"① 早在教育部的《划一教育机关公文格式办法》出台之前，社会上就发出了这样的呼吁。1928 年 3 月，戴渭清就曾指出："公文的文字，目前已有改革的趋向，并且他的关系很大……改革的要点，第一宜以白话做主体……因为白话是最一般的、通俗的、最合平民心理、平民程度……并且不至像文言的以词害意。"② 在一篇署名为"石各"的评论中，作者开篇即提出新式教育公文应包括标点符号、分段以及套语程式的革新，对政府部门的这一举措给予肯定，紧接着作者提出最重要的"文腔革命"，即倡议公文使用语体文而不是古语文，并列举公文使用语体文的诸多理由："公文的观览，不应该仅限于'士大夫阶级'，不应该只有'士大夫阶级'才能了解"，"为了打倒'官胚教育'起见，教育当局应该废除流毒无穷的文言文，采用通俗化的语体文"，"教育公文改用语体文，在撰稿与阅稿两方面，时间上都比较地来的经济"。③ 身为教育部部长的蒋梦麟在《划一教育机关公文格式办法》的序中即指出，"其实，只消把文腔改用了语体文，这些文言的套语，当然大部分可以改掉废掉的"。④ 他积极提倡公文应使用语体文，并希望公文最终朝着这一方向迈进。然而国民政府在公文革新方面只大力推行标点符号，对于公文套语、用语的变革未做要求，这势必导致政策推行缓慢。在后来的实践中，首推文书改革运动的甘乃光也认识到，"文书的程式，我

---

① 胡适：《新文化运动与国民党》，《新月》第 6～7 期，1929 年，第 4 页。
② 戴渭清编辑《国民政府公文程式新编》，第 7 页。
③ 石各：《教育公文程式的革命（论评）》，《安徽教育》第 1 卷第 5～6 期合刊本，1930 年，第 3～6 页。
④ 《划一教育机关公文格式办法》，"序"。

以为也应该尽量的解放"，"行用白话文，行用简体字，必有极良好的效果"。可见，不能配合白话文而使用的标点符号，无法真正改良旧式公文的老套陈旧。因为程式，原本"平常写文章可以条畅达意"的大学生，"一旦做起机关文书，便会闹笑话，便会格格不入"，导致"好些机关不能尽量用新人才"。①

民国时期正是传统文化与现代文化的转型期，整个社会既有大量精通文言文的旧派知名人士，也有喜好白话文的新派人士，即使在当时高等学府的知名教授当中，推崇文言文的有之，提倡白话文的也有之，这种新旧并存的文化环境或许是政府未能从整体上强制推行白话文的深层次原因。事实上，当时社会上不少提倡新式公文改革的人士也对全部使用白话文持谨慎态度。《标点活用：时代公文程式大全》一书的作者黄柏涯在"编辑大旨"中主张公文应当缜密周到，不讲空话，他认为，"为适应时代实用起见，把旧式公文上所有种种的弊端，彻底铲除，而易之以革命的、新式的格式，作法，套语，文腔"，但他同时表示，"用白话体，也不反对文言，因为我们希望懂得一些文字的人，都能够提笔做公文，群众于文字上的修养不同，有的是习于文言，有的是习于白话，文白兼擅的，固然不少，偏长文言而不擅白话的，也很多很多，如果一定要偏长文言的做白话，岂不是困人所难"。② 还有部分人认为，在社会未能完全纯熟地使用白话文的时候，"用浅显的文言，词能达意，且可节省篇幅"，也是一种过渡时期的选择。③ 因此，也就不难想象，不能与白话文一起使用的标点符号，必然在使用中遇到这样或那样的问题。1933年下半年，随着政府推行公文改良运动的深入，"各省市政府的公文，要采用新式标点了；同时律师撰状和法院判决书，也将改用白话"，一些"主张读经""提倡复古"的守旧知识分子哀叹"天之将丧斯文也"。④ 中国现代著名散文家、小说家、诗人郁达夫在论及当时如火如荼的公文改良运动时感叹道："白话文的提倡，到如今已经有十多年的历史了，

① 甘乃光：《文书档案改革运动的回顾与展望》，《行政研究》第2卷第5期，1937年，第466页。
② 黄柏涯：《标点活用：时代公文程式大全》，"编辑大旨"。
③ 成人：《汗血周评：改革公文处理》，《汗血周刊》第10期，1933年，第3页。
④ 唐弢：《偶感二章：斯文丧尽》，《申报》1933年9月19日，第15版。

结果只向六言告示和等因奉此的公文上占据了几个标点与符号的地位，就有这一大批的暴怒与不平，我真不知道封建制度的全部扫清，要在那一个年头？"① 韩天荣在回忆主持"新赣南"建设的蒋经国的亲民形象时，特别谈到了新赣南专员公署的公文新气象："没有公文程式中'等因奉此……'的字句，而代替的是通俗诚挚的大众语言。这种作风，是要使一般民众，澈底了解政令，并且亲近政府。"② 由此可见，这种改用语体文并加标点符号的"亲民"的公文形态，在当时国民政府党政系统流转的大量公文中，依然难以占据主流。抗战胜利后有人也不得不承认："今日的有些公文，似乎已由白话回到文言，标点符号用的很少……于是又有人提倡公文再革命了。"③ 1947 年 4 月，在教育部国语推行委员会扩大常委会会议上，胡适针对"目前白话文退化情形"，希望政府带头行动，"先将公文改革为白话，并加标点"。④ 不过社会整体环境限制了公文改革的进一步推进，"白话文提倡三十年，至今'等因奉此'打不倒，'为布告事'打不倒，绍兴师爷式的老公文腔势力真大，废了九牛二虎之力，公文里加上了标点符号，可是再进一步的改革即以胡适之的革命先进，也无能为力了"。⑤

　　总之，通过对南京国民政府时期公文改革的考察，我们发现这一阶段是旧式公文向新式公文过渡的重要阶段。首先，公文在用语、结构、标点、分段等方面均与前大不同。我们翻阅各类政府公报，其前期与后期刊行公文在形式、内容上发生了重大的变化。在公文用语方面，不论起首、承转还是结束等公文套语，均省略不用或少用；在公文结构方面，通过运用撮引、原文缩编等办法，减少复文中来文叙述，从而缩短公文篇幅。另外，公文改革能呈现新与旧的区别，还得益于新方法的引入，比如标点符号的使用。这些符号代替了旧式公文中某些套语的作用。就公文撮引或摘要叙述层转关系而言，虽然这样的方法让行政人员对一件公文处理中的某些环节不甚了解，但

① 郁达夫：《自由谈：说公文的用白话》，《申报》1933 年 11 月 8 日，第 17 版。
② 韩天荣：《记蒋经国》，《申报》1946 年 6 月 30 日，第 8 版。
③ 石江：《今日、今人、今语：公文革命》，《今日画报》第 3 期，1948 年，第 1 页。
④ 《国语推行委会主张设立注音识字实验区并建议教部改师范国文科为国语科　胡适谈政府公文应改白话并加标点》，《申报》1947 年 4 月 13 日，第 5 版。
⑤ 惕斋：《学与用》，《申报》1948 年 3 月 21 日，第 9 版。

与长篇大论的内容堆积，难分层次，难以领会意思，进而不能正确执行相比，公文摄引或缩编对公文简化功不可没。其次，公文改革的结果最终能体现出新式公文与旧式公文的区别，一个重要的原因在于国民政府内部行政人员的努力。他们或从理论上进行探讨，通过《行政效率》杂志发表看法，如李朴生、甘乃光、孔充、朱星等；或从实践中进行摸索，如金士宣、朱大昌、姚定尘、郝遇林、王仲闻等。公文改革能在国民政府初期及抗战期间持续进行，与这批人的坚持与努力密不可分。最后，公文的改革是一个互相关联、相互影响的过程。公文用语、公文结构、公文用纸、公文使用标点符号等方面的变革，虽然在某一时期进展程度不同，但相互作用，共同见证了这一时期的公文革新面貌。如省去公文中的"等因奉此""案据""案查"等用语，公文篇幅缩短；其中运用标点、分段等方法，又使得层次清晰、结构明确。因此，我们看到国民政府出台的有关公文简化的文件，时常是涉及公文的方方面面，原因即在此。面对革新"形象"与提升"效能"的双重考量，在政府"刷新政治"和社会进行新文化运动等多重因素推动下，南京国民政府时期新式公文改革受到了广泛而持续的关注，并逐渐与改进、优化公文处理程序等深层次问题结合起来，试图在巩固政治秩序与提升行政效能方面寻求最佳平衡点，从而促进了这一时期公文制度建设工作由点向面的深入推进。

| 第五章 |
秩序与效率： 公文处理程序的优化

　　南京国民政府通过《公文程式条例》的颁布及修订，推行现代新式公文以取代旧式公文，从而使得南京国民政府的公文制度基本成型。不过，这一套新公文体制在具体的行政及施政过程中如何运作？这一套公文运作及处理机制①的实施效果如何？是否进行过调整？事实上，公文处理程序的科学化、效率化，是南京国民政府时期公文改革的重要内容，一直是民国公文制度研究中一个备受关注的课题。民国时期对此问题形成了不少论著，不过这些研究主要侧重分析公文处理技术，②或总结不同机关或地方政府的公文处理流程变革实践。③ 20 世纪八九十年代以来，学界对民国时期公文处理改革的研究也主要集中在 20 世纪 30 年代的文书档案改革运动。④ 事实上，公文处理所具有的特定程序，既受制于当时特定的文书制作、传递及保存技术等表层因素，也与当时的政治制度及内化于其中的行政文化密不可分。国内学

---

① 现代意义上的公文处理，就是对公文的创制、处置和管理，即在公文从形成、运转办理、传递、存储到转换为档案或毁灭的完整生命周期中，以特定方法和原则对公文进行创制、加工、利用、保管料理，使其完善并获得必要功效的行为或过程（周锁洪主编《公文处理》，高等教育出版社，1996，第 4 页）。南京国民政府时期基本形成了收发、拟办、办稿、判行、缮校、监印等核心过程的公文处理程序。

② 有代表性的著作有周连宽编著《公文处理法》；陈国琛《文书之简化与管理》，台湾新生报社，1946；朱伯郊《文书处理程序》，中国文化服务社，1946。

③ 有代表性的成果有张畏凡《中央各机关公文处理概况》，《行政效率》第 2 卷第 2 期，1935年；李朴生《县政府的公文处理》，《行政效率》第 2 卷第 3 期，1935 年；梁上燕《县政府公文处理程序的研讨》，《行政与训练月刊》第 1 卷第 2 期，1941 年；陈国琛《文书改革在台湾》。

④ 如韩李敏《陈国琛与民国时期南方三省文书改革》，《浙江档案》1989 年第 2~3 期；董俭《浅论南京国民政府的文书档案改革运动》，《档案学通讯》1989 年第 5 期。

界普遍认为公文档案改革运动是 20 世纪 30 年代国民政府行政效率运动的重要组成部分，并认为 1935 年行政院档案整理处的撤销是文书档案改革运动走入低潮甚至尾声的重要标志。[①] 而从中国第二历史档案馆编《民国时期文书工作和档案工作资料选编》一书所收录的有关公文改革的法令、制度及办法的数量来看，抗战时期国民政府还颇为密集地颁布了一系列公文改革的规章制度，其中有不少涉及公文处理程序方面的规定（参见表 5－1）。据此，我们不难看出，国民政府、行政院甚至国防最高委员会三令五申，希冀"整顿""改良""改善"公文处理的程式与效率，其初衷绝不仅仅是做"表面文章"，应当有着眼于改善当时公文运行的政治生态进而提升行政效率的"长远考量"。

表 5－1　南京国民政府时期党政军最高机关颁发的公文改革文件

日期	颁发机构	改革内容
1931 年 12 月 11 日	国民政府	关于各机关办理涉外事件应用文牍以本国文字为主令
1933 年 8 月 26 日	行政院	令发《各部会审查处理公文改良办法》
1933 年 9 月 27 日	国民政府	关于修改公文稿面的训令
1933 年 10 月 2 日	国民政府	关于公文标点于 1934 年 1 月 1 日起实行的训令
1934 年 4 月 25 日	军事委员会	关于上行公文姓名须署名职衔的训令
1937 年 7 月 16 日	行政院	行政效率促进委员会拟订《改进各机关文书处理办法》
1938 年 7 月 7 日	行政院	颁发《公文改良办法》的训令
1939 年 3 月 31 日	国民政府	关于文电往复将日期、字号、简号一一分别详注的训令
1939 年 4 月	行政院	行政效率促进委员会拟订《促进电报效率实施办法草案》
1940 年 10 月 14 日	国民政府	关于各级机关名称及人名、地名须全文叙录的训令
1940 年 10 月 31 日	行政院	关于各种布告文字务须力求通俗的训令
1941 年 5 月 8 日	行政院	关于下行公文应于机关衔名后增设案由一栏的训令
1941 年 9 月 21 日	行政院	令发《行政机关行文署名盖章办法》
1941 年 11 月	行政院	令发《内外行文整顿改善办法》
1942 年 5 月 15 日	行政院	关于改善公文缺点四项的命令
1942 年 7 月 10 日	行政院	令发《公文改良办法》
1943 年 4 月 3 日	国民政府	转发《各机关处理公务及文书注意事项》的训令
1943 年 6 月 5 日	行政院	令发《各机关关于主管范围内发布政令办法》

---

① 吴杰、傅荣校均持这一观点。参见吴杰《评 30 年代初期国民党政府文书档案改革运动》，《湘潭大学学报》（社会科学版）1989 年第 1 期；傅荣校《南京国民政府前期（1928—1937 年）行政机制与行政能力研究》，博士学位论文，浙江大学人文学院，2004，第 165～172 页。

日期	颁发机构	改革内容
1945 年	国民政府	中央党政军提高行政效能总检讨会议关于文书简化办法议决案
1945 年 8 月 1 日	国防最高委员会	颁发《各机关稽催公文督导工作实施办法》
1947 年 9 月 24 日	行政院	关于简化办理会稿会印手续的训令
1948 年 4 月 28 日	行政院	关于重新修正公文封封面组织的训令

资料来源：《民国时期文书工作和档案工作资料选编》，第 281～377 页。

南京国民政府一直试图通过改进公文处理程序以提升政府行政效率的内在动力源自哪里？抗战前后，国民政府对公文改革的态度及重心有无变化？南京国民政府在改进公文处理程序（流程）方面的具体举措有哪些，效果如何？本章将结合相关档案史料，从多角度对此进行回答。

第一节　"公文旅行"：公文处理程序烦琐之弊

公文具有成文性，只有经过较为规范、严谨的处理程序才具有法定的权威效力。严谨、规范的处理程式，本是保障公文质量与法定效力的基础，[①]但过于重视形式上的程式，会致使文书处理人员陷入烦琐、重复的承转办稿当中，造成文书数量的激增及公文权威性的下降，公文处理人员只"办文"不"办事"，文牍主义流行，进而影响行政机关的办事效率。从维护政治秩序与行文机关法定的权威的角度看，公文需要按照固定的程式处理；而从提升行政效率方面看，公文又需要尽可能地加以简化。虽然在公文处理实践过程中常常难以兼顾秩序与效率，但不得不保持一定的平衡。例如清廷"改题为奏"虽然减少了上行皇帝文书的程序，却打破了秩序与效率的均衡，原来的常规性文书（题本）不经内阁程式化处理即直接涌向军机处和皇帝，增加了最高决策层的负担，不利于重大事件的决策处理。因此，针对常规性

---

① 例如，梁上燕认为，公文处理程序，是公文的处理"必经的手续"，"规定一个合理的程序，使公文处理，不至于混乱，而有成轨可循，可以增加行政效率"。参见梁上燕《县政府公文处理程序的研讨》，《行政与训练月刊》第 1 卷第 2 期，1941 年，第 44 页。

的例行文书与紧急性的重要文书来制定不同的处理程序，是文书处理环节非常重要的工作。

南京国民政府时期，国民政府、五院以及所属各部、会、署构成了当时中央一级行政机关体系，考察中央一级公文处理程序，则可大致了解当时国民政府的行政运作状况。1935 年，张畏凡实地考察了财政部和实业部公文处理情况。在此，我们以实业部为例，说明中央一级公文的处理。

实业部的公文处理，从收发文看，实行分级分类发送（见图 5 - 1）。对于部长及厅、署、司函件直接送达。对于部内公文，如时间性要求高的公文，经文书科长送总务司长，再由秘书厅转呈部次长签阅批示，最后送至部收发室分送主管司署。对于一般的部文，则只需经文书科长转总务司长核阅后，送至部收发室分送相应机关。以一件送至实业部商业司三科的普通公文来说，要经七道手续，即部收发室→文书科长→总务司长→部收发室→商业司收发→商业司长→商业司三科。公文到科后，处理程序（以普通公文为例）为：承办人办稿→科长核阅→司长审核→秘书厅复核→次长核阅→部长判行→秘书厅发回原署司科→缮写校对→监印→承办人复核→封发。由此看出，在实业部，一份普通公文从接收到发出，至少要经过 18 道手续，7 次

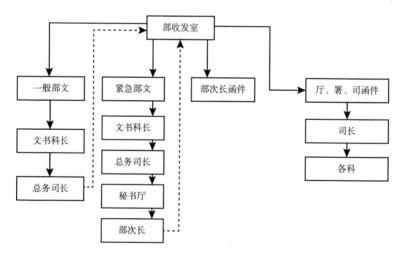

图 5 - 1 实业部收发室收文工作

资料来源：张畏凡《中央各机关公文处理概况》，《行政效率》第 2 卷第 2 期，1935 年，第 723 ~ 726 页。

审核。在公文处理时间方面，速件从收到至发出共需时约 2 天（其中拟稿 1 天，送判至发缮半天至 1 天），普通件则要 10 天（其中拟稿办稿 1 周，送判至发缮 2 天）。

龙兆佛曾经于 1934 年春至 1936 年秋在广西省政府从事档案管理工作，熟知当时省级政府的公文处理状况。他在《档案管理法》一书中列举了广西省政府处理文书的程序：

（1）收发室点收拆封；（2）摘由；（3）登记；（4）分送各厅处；（5）厅处长核阅；（6）分发主管科；（7）科收发员登记；（8）科长核阅；（9）股主任核阅；（10）主办员登记；（11）主办员查案具签；（12）股主任核阅；（13）科长核阅；（14）秘书核阅；（15）主任秘书核阅；（16）厅处长核阅；（17）主席秘书核阅；（18）秘书长核阅；（19）主席核阅；（20）发还主办员拟稿；（21）股主任核阅；（22）科长核阅；（23）秘书核阅；（24）主任秘书核阅；（25）厅处长核阅；（26）送有关部门会章；（27）主席室秘书核阅；（28）秘书长核阅；（29）主席核阅判行；（30）缮校室登记；（31）缮写；（32）校对；（33）监印室登记；（34）用印；（35）收发室登记；（36）封发。①

县政府的公文处理程序稍微简便一些，但也差不多需要 10 道以上的手续。浙江省兰溪为当时的实验县，正在进行公文行政改革，该县的公文处理需要经过 12 道手续：收发室编号→县长核阅→秘书分发→科长核阅→拟稿办稿→科长核阅→秘书核阅→县长判行→秘书校阅→缮校→监印→发文。② 1936 年，在邕宁县服务的梁上燕认为县政府处理文书存在三种类型的程序，即"秘书批示大意为中心的程序"、"科长批示大意为中心的程序"和"主办人员直接拟办"，而就程序本身而言，分别需要经过 15、14、12 道手续。③

---

① 龙兆佛：《档案管理法》，中国人民大学历史档案系翻印，1958，第 6 页。

② 李朴生：《县政府的公文处理》，《行政效率》第 2 卷第 3 期，1935 年，第 771 页。

③ 梁上燕：《县政府公文处理程序的研讨》，《行政与训练月刊》第 1 卷第 2 期，1941 年，第 44～48 页。

　　由上可见，不论实业部、广西省政府还是县政府的文书处理，在程序上的总体特点都是手续繁复。龙兆佛认为："一件文书要经过六次的登记手续，十九次的核阅，真是多的无理由可说了。登记次数太多，浪费了人力物力和时间，结果仍然得不到可靠的查考的根据。核阅次数太多也是浪费人力时间，而且核阅人互相倚赖，互推责任，结果无人核阅。"[①] 姚荣龄认为，"普通办理公文的手续太繁，由收文至于划行，经过多重的手续，核稿尤占大部分时间，通常拟稿者只有一人，而核稿者由科长以至于部长，核稿者是人多稿多，人多则互相推诿，稿多则不暇精核，结果只将摘由过目，盖章了事。今后欲求政令执行敏速准确，非改良公文的内容及办理手续不为功"。[②] 1935～1936 年担任行政院政务处长的蒋廷黻曾对此有过非常贴切的比喻：

　　　　公文处理的方式像宝塔一样。按规定：处理公务时科不能直接对外，只有最高级单位始可对外。结果，所有公文都要在这个宝塔中的每一层中旅行一遍。虽然利用图章的代批制度可以减少一两个层次，但在理论上，每件公文，不论性质如何，都应该由宝塔的最下一层，循序送到最上一层，再由最上一层送回最下一层。[③]

　　实际上，上述所论及的"公文旅行"现象只是反映公文在一个机关内部的"旅行"过程，并未涉及多个部门的公文处理。以"胡汉民逝世应予国葬"一案所引发的公文流转为例，可以一窥当时南京国民政府公文层层传递的基本形态。

　　1936 年 5 月《国民政府公报》上刊登国民政府第 438 号训令，内容为国民政府训令所属各机关，关于时任国民党中央执行委员会常务委员会主席胡汉民逝世应国葬的知照（见图 5 - 2）。这份公文由中央执行委员会发出，公函至国民政府，内容为中央执行委员会常务委员会第十二次会议决定对胡

---

　　① 龙兆佛：《档案管理法》，第 6 页。
　　② 姚荣龄：《中国行政改革论》，《建国月刊》第 14 卷第 6 期，1936 年，第 10 页。
　　③ 《蒋廷黻回忆录》，岳麓书社，2003，第 194～195 页。

汉民进行国葬。国民政府训令直辖各机关知照，并要求收到此训令后下发至所属各机关。该训令发出时间为 1936 年 5 月 23 日，由国民政府主席林森及五院院长（行政院院长蒋中正，立法院院长孙科，司法院院长居正，考试院院长戴传贤、副院长钮永建代，监察院院长于右任）署名。本书无意对胡汉民逝世的历史事件展开分析，只是以这则训令为例，分析当时公文的运行。

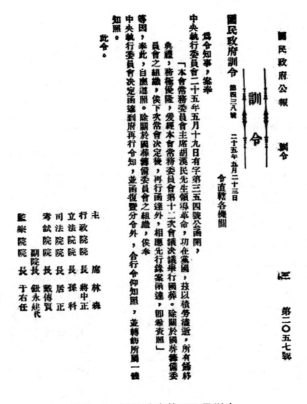

图 5 - 2　国民政府第 438 号训令

资料来源：参见《国民政府公报》第 2057 号，1936 年，第 3 页。

1936 年 5 月 12 日，国民党元老胡汉民因病在广州逝世。对于胡的逝世，西南方面十分重视，在其逝世当晚，即成立治丧委员会。13 日西南执行部开联席会议，决定接受胡氏遗嘱，呈请国民政府国葬胡氏。会议报告通过电文以最快速度告知中央。13 日上午国民党中央召开临时常委会，会议首先宣读

了西南执行部及政务会提交的胡汉民逝世报告，并决议一系列悼念活动。国
民党中央执行委员会 5 月 19 日有字第 354 号公函所提国葬胡氏，应为此次中
央执行委员会临时常委会所决议事项。①

　　国民政府关于胡汉民逝世应予国葬的训令发出后，各级机关层层下发，
以便让全体国民党党员及国民政府相关机构人员知道胡汉民的事迹以及要以
国葬方式安葬胡汉民的决策。就笔者所能查找到的史料，对此事件的公文运
转状况做一简略统计（见表 5-2）。

表 5-2　1936 年"胡汉民逝世应予国葬"公文统计

序号	时间	公文类型	发出机关	接收机关	备注
①	5 月 19 日	函有字第三五四号	国民党中央执行委员会	国民政府	
②	5 月 23 日	训令第四三八号	国民政府	直辖各机关	
③	5 月 24 日	训令察字第六七二号	监察院	审计部、各区监察史署	
④	5 月 28 日	训令第三三三七号	行政院	所属各部会及各省市政府	
⑤	5 月 30 日	训令文 25 字第五〇六〇号	外交部	所属机关	不另行文
⑥	5 月 29 日至 31 日间*	训令	北平市政府	直辖各机关	不另行文
⑦	6 月 2 日	训令第二二五七号	交通部	本部直辖各机关	不另行文
⑧	6 月 3 日	训令秘字第二一号	山西省政府	令警务处、省会公安局、教育厅、建设厅、民政厅、财政厅、运城公安局、各县政府	不另行文
⑨	5 月 29 日至 6 月 4 日**	训令秘一代字第二四号	河南省政府	各机关、区行政督察专员公署、县政府	不另行文
⑩	6 月 4 日	训令训字第二六九五号	司法院	各省、首都反省院院长，法医研究所所长，最高法院检察署检察官，首都地方法院、各省高等法院、江苏高等法院第二、三分院院长及首席检察官	

① 志刚：《胡汉民先生逝世》，《东方杂志》第 33 卷第 12 号，1936 年，第 85~87 页。

续表

序号	时间	公文类型	发出机关	接收机关	备注
⑪	6 月 5 日	训令	内政部	直辖各机关	
⑫	6 月 9 日	训令秘一字一○九二三号	湖北省政府	令各区专员、保安处、四厅、汉市府、保经处、武汉警备旅、保安团团本部、武昌市政处、保安团指挥部、各县县长、省会公安局	
⑬	6 月 10 日	训令府民甲字第五二一四号	福建省政府	所属各机关	不另行文
⑭	6 月 13 日	训令秘字第一一五号	太原绥靖公署	各军事机关、各军队	不另行文
⑮	6 月 16 日	训令秘壹 1 第三九三一号	江西省政府	各厅处、会、院、局，各区行政督察专员公署	
⑯	6 月 27 日	训令民字第一五○六八号	四川省政府	各区专员公署、成渝两市政府	

注：* 这则训令登载公报时并无具体时期，此日期为推断出的结论。第 355 期的《北平市市政公报》所刊载的命令时间段为 5 月 25 日至 6 月 1 日，另行政院发布相关训令时间为 5 月 28 日，据此我们判断该训令发布的日期应该在 5 月 29 日至 31 日。

** 这则训令登载公报时并无具体时期，此日期也经推断而来。第 1654 期的《河南省政府公报》出版日期为 6 月 5 日，另行政院发布相关训令时间为 5 月 28 日，据此我们推断该训令发布的日期应该在 5 月 29 日至 6 月 4 日。

资料来源：《国民政府公报》第 2057 号，1936 年，"训令"第 3 页；《监察院公报》第 83 期，1936 年，"公文"，第 34 页；《外交部公报》第 9 卷第 5 期，1936 年，"文书"，第 32 ~ 33 页；《交通公报》第 774 号，1936 年，"总务命令"，第 2 ~ 3 页；《内政公报》第 9 卷第 6 期，1936 年，"礼俗"，第 145 页；《司法公报》第 120 期，1936 年，"部令"，第 9 ~ 10 页；《山西公报》第 49 期，1936 年，"山西省政府训令"，第 46 ~ 47 页，"太原绥靖公署训令"，第 19 页；《湖北省政府公报》第 208 期，1936 年，"训令"，第 8 页；《福建省政府公报》第 614 期，1936 年，"公牍"，第 10 页；《江西省政府公报》第 550 期，1936 年，"公牍"，第 2 页；《四川省政府公报》第 49 期，1936 年，"命令"，第 5 ~ 6 页；《北平市市政公报》第 355 期，1936 年，"命令"，第 24 ~ 25 页；《河南省政府公报》第 1654 期，1936 年，"公牍"，第 1 ~ 2 页。

这 16 则公文涉及国民党中央执行委员会、国民政府、五院及所属部会、省政府等机关，公文的传递路径大致分为六个方面。

（1）中央执行委员会①→国民政府

5 月 13 日，中央执行委员会常委会开会后，形成胡汉民逝世特予国葬的决议。5 月 19 日，中央执行委员会以"公函"形式传递给国民政府。因中央执行委员会为国民党所属机构，并非属国民政府行政系统，故二者之间为非隶属关系，用公函。

（2）国民政府②→直辖各机构

国民政府收到中央执行委员会公函后进行处理。国民政府决定遵照执行，23 日将这一处理意见以"训令"方式传递给所直辖各机关，其中包括国民政府五院（立法院、司法院、行政院、考试院及监察院），要求所属机关收到公文后转递给所属机关遵照执行。值得注意的是，训令②以公函①的内容为开头，结论要求下级机关遵照执行。

（3）五院③、④、⑨→所属各部、会、署

国民政府五院（监察院、行政院及司法院）收到国民政府训令后，以训令方式传递给所属的下级机关。值得注意的是，训令③、④、⑨以②的内容为开头，再加"等因；奉此……"的套语及机关署名。另外，监察院、行政院及司法院虽然同处一地，但发布训令时间分别为 5 月 24 日、5 月 28 日及 6 月 4 日，有所区别。

（4）五院所属各部、会、署⑤、⑦、⑩→直辖各机关

行政院所属的外交部、交通部及内政部收到国民政府训令后，再下达至所属各机关。同样需要注意的是，训令⑤、⑦、⑩以④的内容为公文的开头，加"等因；奉此……"的套语及机关署名。发布的时间分别为 5 月 30 日、6 月 2 日和 6 月 5 日。

（5）各省政府⑥、⑧、⑪、⑫、⑬、⑮、⑯→所属各机关

各省政府收到行政院下发的训令④后，再以训令方式转发。同样，训令⑥、⑧、⑪、⑫、⑬、⑮、⑯以④的内容为开头，加上"等因；奉此……"的套语及机关署名。时间上前后有别，最早的是⑥，即在行政院发布后 3 天内即发布，最晚的为 6 月 27 日，差不多与行政院训令时间相差一个月。

（6）军事机关⑭→所属各机关、军队

训令⑭涉及胡汉民逝世应予国葬的信息在军事系统的传递，具体说来，发文机关为太原绥靖公署，收到国民政府军事委员会公三训字第 2778 号训令以及国民政府训令②后，发出公文⑭，要求所属各军事机关及军队遵照执行。值得注意的是，公文的发文时间为 6 月 13 日，比刊登同期公报的山西

省政府训令⑪晚整整 10 天。按常理，军事系统的公文传递应以快捷为要，这一事实值得进一步展开讨论。

从中央执行委员会常务委员会开会提出决议案形成公文，到公文下发至各省政府，公文所涉及机关及传递的路径如图 5 - 3 所示。国民党领导下的国民政府，在公文传递中，纵向依国民政府所属直辖机关，行政系统的中央、地方省、市、县，军事系统的中央、地方部队依次层层传递。

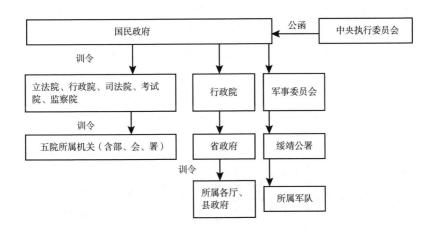

图 5 - 3　训令传递路径

这则公文运行的路径，有如下特点。

首先，就公文内容而言，全文照录的复制行为体现出一种政治仪式化色彩。越到最后，公文字数越多，篇幅越长。公文每转一次，内容上不过多句"等因；奉此"的套语。公文越到下层，套语越多，以训令⑮（图 5 - 4）看，"等因；奉此……"的套语就有三层。最下层的公文，好比一个层层包裹的粽子，一层层地剥，最后的实质内容只一点点。这是比较典型的公文复制行为。1940 年 10 月，国防最高委员会第四十二次常务会议议决："嗣后各机关行文，对于各级机关名称及人名、地方概须全文叙录，不得采用省文。"① 这实际上也是南京国民政府高层对公文复制行为在强化行

---

① 《社会部关于改善处理公文格式内容行文程式等事项的文书》（1945 年 10 月），中国第二历史档案馆馆藏社会部档案，档案号：一一 - 5059。

政权威、维护政治秩序功能方面的一种认可和鼓励。对此，侯吉永认为，这种层层"案奉"的模式，虽然套语连篇，却将国家政治管理制度与意识形态图式化，是官场中必须执行的一种政治仪式，或者说是一种仪式化的权力表演，这种仪式让核心领导层的意志转化成民众普遍认可并共同遵守的政治决策，高层的决策被合法化、权威化，从而确认、强化了既存的社会政治秩序。① 因此，尽管弊端不少，但这种套语及大量的照录复制行为，依旧构成了公文的重要内容，具有相当的生命力。由此不难看出，这种看似烦琐、重复的公文复制行为却是维护行政权威、巩固政治秩序的合法性工具，虽然会在一定程度上降低行政效率，但各级党政机关依然"乐此不疲"。

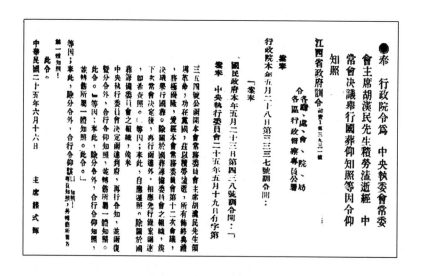

图 5-4 江西省政府训令（秘壹 1 第三九三一号）

其次，本例中的公文就为"训令"，属于遵照执行，因此只需层层照录，下发即可，处理程序比较固定，方式较为简单。而在实际行政过程中，处理的公文十分多样，有的为例行公文，如各类法令法规，有的为遵照执行或告知类的，有的为指令、批示类，这类公文的处理与本案件类

---

① 侯吉永：《简论民国公文的旧式套语及其简化进程》，《档案与建设》2013 年第 6 期。

似。如下级机关呈请上级机关，又经呈转，并分送几个部门办理，尔后形成命令再下发，如此一来公文传递的层次多、涉及部门杂，处理起来也就更复杂了。

最后，公文的传递所用时间各不相同。具体说来，从国民政府发出训令起，传递到五院及其所属机关，用时短则 1 天，最长不过 10 天；而到地方行政机构即各级省（特别市）政府，用时最短者也要 16 天，最长则要 44 天。另外，同一级的公文传递，国民政府到五院比行政院到省级政府要快。如前者，公文到监察院与司法院时间上相差 10 天；而后者用时最短者（北平市政府）与最长者（四川省政府）相差达 27 天。公文在中央五院间传递快捷，因国民政府与五院同处南京，不论二者距离远近以及选择哪种传递方式，均要比异地传递快。至于异地传递，路途的远近、交通的通畅与否、交通方式的选择等，都是影响公文运行快慢的客观原因。特别是抗战期间交通时常因战争而有诸多不便，"自湘桂粤战事发生后，重庆与东南各省隔绝，公文传达至感困难。尤自赣州飞机停航以后，一时难于恢复"，为此行政院于 1945 年 2 月专门召开会议以解决重庆与东南各省的公文传递困难，提出"加强邮电"和"减少不必要之文件"两种补救方法。① 另外，公文从中央至省级地方政府，运行的层级多，往往传递三级才能到达省政府，到达县政府以下的基层机构，则至少需要四级。由此可见，公文传递的次数越多、距离越远、交通越是不便，用时也就越长。

由此我们不难看出，按照当时常规的公文处理程序，国民政府各级行政机关的公文处理效率应当是很成问题的。陈国琛曾经根据一般行文基本手续和行文层级递转的次数测算，一件令文的基本手续为 196 次，如果加上层级呈复之数，则须经过 392 次，他感叹："机关愈多，承转愈杂，而濡滞、推诿、敷衍、繁复、矛盾、歧杂……诸弊，亦接踵而起。而毕生栖息于'等因奉此'之生活圈内者，方且视为至上乐园，誉之者，亦且目为'老公事'，'行政效率'非所问也，宁非怪事！"②

---

① 《行政院令解决重庆与东南、西南、西北各省公文传递困难的有关文书》（1945 年 2 月），中国第二历史档案馆馆藏内政部档案，档案号：十二（6）-2690。

② 陈国琛：《从推行新县制谈到县公文改革》，《地方行政》第 4～5 期合刊，1940 年，第 8～9 页。

公文处理手续的实际情况虽未必像陈国琛所说的那么严重，但肯定是不容乐观的。对此，著名政治学家陈之迈曾撰文对此进行尖锐的批判：

中国政府行政效率与效能低落的一个重要原因似乎在他本身层级太多……以当年隶属于内政部的卫生署为例。卫生署要办一件事情，即使完全属于他的主管范围，也必须请示内政部，故须向内政部上呈文。内政部对于卫生署的呈文，也许加具意见，也许照转行政院，又将上一次呈文。行政院收到之后，予以审查，然后提出行政院会议讨论。行政院讨论通过后，照正常的手续，即须送至国民政府，又是一次呈文。那时国民政府是不负实际政治责任的，所以又要送到中央政治委员会去核定。中政会于交付审查之后，将提出常会讨论，通过之后，此案如果是法律条例，更须立法院审议，立法院又得审查，然后才提出院会讨论，三读通过，这件事情才算做了最后决定。决定之后，立法院不能直接通知卫生署，而只能呈送国民政府，由国民政府令知行政院，行政院令知内政部，最后由内政部令知卫生署。这样这件公文才在中央政府的内部作完了他的环球旅行，在每一站停下下来，少则三五日，多则两三个月，每办一次呈文时必须把前因后果详细说明，附件再三抄录；每办一次指令时也得如此。这件事情如果是国家大计，所有的精力也许值得，但也许这件事情根本是卫生署主管范围内的小事情，也许只是卫生署长想添用一位秘书。而最奇怪的是这次环球旅行，完全在中央政府范围之内，并不涉及中央与地方的关系。据我们的观察，全世界各国的政府办公程序没有比这种程序更笨重、迟钝、运转不灵的。这才是行政效率致命之伤，这才是绝大的浪费。所以改革行政的第一步是在简化每一级政府中的阶层。

由此可见，由于"国民政府本身便分了许多级，各级间的关系与中央与省的关系简直没有多少区别。所以在中央政府作一种中央决定的时候，稍重要的事情便须有许多公文的旅行，浪费了许多人力物力财力及时间"。①

---

① 陈之迈：《中国行政改革的新方向》，《观察》第 3 卷第 13 期，1947 年，第 4 ~ 7 页。

如果再算上中央及地方间的层级往返公文，这一程序就更为复杂了。陈之迈的文章说明，公文处理程序及相关制度的改革是提高行政效率的重要手段，但最根本的方面，则是行政管理体制的改革。因此，公文处理程序改革的成功，固然离不开技术手段的革新，但更关键的是需要行政体制改革的配合。

第二节　公文处理技术的效率化革新

面对公文数量庞大、办理迟缓等问题，抗战前南京国民政府先后成立行政效率研究委员会、档案整理处，对国民政府中央各院部的公文处理工作进行改革，最初着力从技术层面进行改革，具体的办法包括确定公文处理的等级次序、制定"不复文"标准、整理甄别调查统计表册、施行文书档案连锁法等。

一　公文处理等级次序

政务处理的事件有重要程度之分，公文的办理也有重要程度的区分，如此一来可以将紧要公文优先处理，例行公文则按法定程序正常处理。公文划分等级，既有提升公文内部办理效率的作用，也有加快公文外部传递速度、防止公文遗失等方面的价值。1928 年 4 月，南京国民政府制定的《国民政府内政部办事细则》就对此有多处规定。该细则第五条规定"本部职员承办文件自接受之日起，最要者送稿不得过一日，次要及寻常者不得过二日。遇有紧要事件，必须随到随办"，而第三章"文书处理"第十六条则要求对不同性质的公文加盖"最要""次要"戳记，以便分别处置。① 此后，这一标准在实践中得到进一步细化与完善。1932 年 8 月，南京市政府秘书处制定处理公文程序，将公文分为"特急""急要""普通"三种，并在公文送核簿上分别使用红色、黄色和蓝色纸夹。② 1933 年 8 月，行政院及内政部提

---

① 《国民政府内政部办事细则》（部令第九十九号），《内政公报》第 1 卷第 1 期，1928 年，第 15～17 页。
② 《南京市政府秘书处处理公文程序》，《南京市政府公报》第 114 期，1932 年，第 25 页。

出在拟定收发文簿及公文总检查办法时，将来文和收文均分为"最速件""速件""普通件"三种，其中"最速件"和"速件"需要在公文收发文簿中注明，而"普通件"则无须注明。① 此外，涉及多部门办文而需要会签时，为了便于分类处理，教育部则建议各部会会签簿的稿面使用不同颜色（"速件""重要"稿件用"深绿"簿面，"次要""例行"稿件用"淡绿"簿面）以示区别，并建议"会稿如系速件或要件，主稿机关须派员专送；次要及例行公文而派信差送稿者，为慎重起见，应装以白铁公文箱，以免纷失"。② 抗战期间为了加快公文处理速度，国防最高委员会于 1943 年 3 月制定《各机关处理公务及文书注意事项》，要求"各机关办理文件，应按照紧急、次要、寻常三类，分别规定办理时间（或日期）"。③ 一年后，教育部总务司专门制定了处理公文期限表，将公文分为特速类（1 天办完）、急要类（2 天办完）、次要类（4 天办完）和普通类（6 天办完），要求将"电码不明或电报投递不到之查询事项""文件遗失或文件油印不明之查询事项"等列为特速类最优先处理。④

这一原则也在地方行政机关得到广泛应用，不过在表述上略有差异。1934 年山东省邹平实验县制定的《邹平实验县政府公文处理暂行程序》将公文分为"重要""次要"两种，并未提及普通公文。⑤ 湘潭县则严格遵循行政院的规定，将公文等级分为最速件、速件与普通件三种。⑥ 上海市政府制定的公文处理办法则将其分为最急件、最要件、次急要件、普通件四种，分别使用红色、蓝色、黄色和白色公文夹，"以便传递时易于辨识"。⑦

---

① 参见《行政院令发〈各部会审查处理公文改良办法〉》（1933 年 8 月 26 日），《民国时期文书工作和档案工作资料选编》，第 289 页。

② 《各部会关于处理公文改良办法案审查总报告》，《军政公报》第 162 号，1933 年，第 13 页。

③ 《国民政府转发〈各机关处理公务及文书注意事项〉的训令》（1943 年 4 月 3 日），《民国时期文书工作和档案工作资料选编》，第 322~323 页。

④ 《教育部各单位处理文件分类期限表》（1944 年 9 月），中国第二历史档案馆馆藏教育部档案，档案号：五-1882。

⑤ 《邹平实验县政府公文处理暂行程序》，《邹平实验县公报》第 150 号，1934 年，第 1~2 页。

⑥ 《湘潭县政府改进公文处理办法》，《湘潭县政府公报》第 7 期，1940 年，第 8 页。

⑦ 《上海市政府公文处理办法》，《上海市政府公报》第 2 卷第 5 期，1946 年，第 125 页。

二 "不复文"标准的制定与印稿的使用

不过，仅仅将公文按照性质或紧急程度划分等级，并不能从根本上解决公文烦琐之弊。如前所述，教育部虽然先后制定了《教育部各单位处理文件分类期限表》和《修正教育部文书处理办法》（1945 年 10 月）等规范性文件，但教育部部长朱家骅仍多次表达对公文处理不力的不满。1946 年 11 月，朱家骅通过教育部秘书室发布指示："近来公文仍觉迟缓，甚且有在传递中遗失者。盼经常依照督催公文办法实行催办，并请抽查若干文稿分电速件、普通件，注明自收文至发文所需时日、有无延搁等项具报。"[1] 1947 年 2 月的教育部第十五次部务会议上，朱家骅再次强调，"公文处理经两年来之改进虽有进步，但仍觉迟缓"，要求各司、处、会、室进一步优化"会稿"及"可循例办理"公文的处理程序。[2] 地方行政系统的公文处理则面临更为复杂的环境。根据陈国琛的统计，抗战前福建省政府每日发文至少为270～300 件。[3] 根据江苏省秘书处对该省 1929 年 3～11 月政府收发文情况的统计（见表 5-3），省政府秘书处接收呈文，下发训令、指令等占据了相当比例的公文处理业务，而这些训令、指令和批文，又有相当一部分会流向县政府及乡镇公所等基层行政单位。

表 5-3　1929 年 3～11 月江苏省政府秘书处收发文统计

单位：件

公文文种		3 月	4 月	5 月	6 月	7 月	8 月	9 月	10 月	11 月
呈	收文	1321	1229	1305	1093	1442	1499	1294	1325	1356
	发文	63	59	65	62	52	58	50	46	74
咨	收文	122	130	155	141	186	188	173	152	187
	发文	124	111	128	129	133	147	110	109	124

---

① 《教育部文书处理及其统计问题会议记录、公文进行程序改进办法、清查伪教育部档案办法及有关文书》（1946 年 11 月），中国第二历史档案馆馆藏教育部档案，档案号：五-1771（2）。

② 《教育部关于文书处理办法、档案查调规则及简化公文格式等有关文件》（1947 年 2 月），中国第二历史档案馆馆藏，档案号：五-1882。

③ 陈国琛：《文书之简化与管理》，第 32 页。

续表

公文文种		3 月	4 月	5 月	6 月	7 月	8 月	9 月	10 月	11 月
公函	收文	247	280	333	261	253	254	234	235	204
	发文	344	319	320	283	261	302	199	216	232
通函	收文	115	165	27	146	153	115	140	158	199
	发文	517	234	18	400	230	238	333	252	281
函	收文	21	13	219		12	6	11	10	19
	发文	4	120	56	38	3			3	
电	收文	219	211	207	198	173	226	266	278	214
	发文	51	50	206	60	99	132	345	187	492
代电	收文	179	201	73	262	271	295	288	375	299
	发文	250	121	1764	96	69	234	148	260	313
训令	收文	48	34	3	68	63	103	82	56	44
	发文	2100	1180	820	1547	1382	3325	1874	1988	2191
指令	收文	1	5			3	3	3	5	10
	发文	788	727	12	659	761	1241	671	809	825
委任状	收文									
	发文	6	11	1	6	11	6	9	28	18
布告	收文									
	发文	162	200			623			1	
批	收文									
	发文	231	231	233	210	249	229	210	276	230
总计		6913	5631	5945	5660	6429	8601	6440	6769	7312

注：本表根据 1929 年江苏省政府秘书处出版的月工作报告表（包括《江苏省政府秘书处十八年三月份工作报告表》《江苏省政府秘书处十八年四月份工作报告表》《江苏省政府秘书处十八年五月份工作报告表》《江苏省政府秘书处十八年六月份工作报告表》《江苏省政府秘书处十八年七月份工作报告表》《江苏省政府秘书处十八年八月份工作报告表》《江苏省政府秘书处十八年九月份工作报告表》《江苏省政府秘书处十八年十月份工作报告表》《江苏省政府秘书处十八年十一月份工作报告表》）整理而成，原报告表还统计有护照、密令、奖状、杂件等文种，但数量少，时有时无，因此本表未予统计。

行政系统不明确，"政出多门"造成机关公文数量增多，这一点对处于行政底端的县级政府来说，最为明显。由于县政府的经费及人力资源有限，面对各级政府的令文、公函等"公文事"，实在应接不暇。江苏省政府秘书处编纂的《民国十八年江苏省政治工作统计》数据显示，每县每月平均收发公文2026件，每日平均67.5件。[①] 对此时人颇为同情：

> 县府本为一规模缩小之省府，而事实上又为县地方之最高行政机关，不特以往员额及经费，比之省府相差太远，即直接令县之机关，每多至四十余种，且同一中央法令，而先后照例承转令县之机关，亦恒多至七八种以上，同时申复，则事所难能，但申复稍迟，则又责难立至，然此仅就其处理公文的例常手续，已属穷于应付而言，至其他因应上之特殊艰困，则尚不胜枚举。[②]

无谓地滥发公文，导致公文冗余繁复，势必影响行政效率。对此，招商局、北平和南京特别市先后制定了简单的应对策略。1929年4月，招商局鉴于"现行文书程式极不划一，收、发、保、检办法亦颇乏秩序"，制定了《招商局文书程式》和《总管理处办理文书程序》，要求总收发处采用"复文稽查单"，"各部分受理不必答复之文件，应随时开具不复文件销号簿复写二份"，其中重要文件"应联簿送总办核阅后，交总收发处"，如果是"例常文件"，就由受理部门直接"送总收发处检收存档"，并将"销号簿正页盖印送还，副页存处备查"。[③] 1929年7月，北平特别市政府制定处理公文手续四项办法，规定各机关的"定期例行单表"在首行标注机关名称、尾行具年月日及领袖官衔名并加盖公章后，即可替代正式"呈文"使用。[④] 1930年5月，南京市政府通过《修正办理公文手续》，规定"存查文件得径归档"，即对此类公文无须回复。[⑤] 不久，该问题引起了国民政府上层的关注。1933年4月，行政院内政部认为，"文件中有在事实上无须拟复者，本

---

① 江禄煜：《我国地方行政制度改革刍议》，《东方杂志》第34卷第14号，1937年，第79页。

② 陈国琛：《从推行新县制谈到县公文改革》，《地方行政》第4~5期合刊本，1940年，第80页。

③ 《招商局周刊：本局文书之大改革》，《申报》1929年4月15日，第19版。

④ 《令各局处所馆拟定处理公文手续四项仰一体遵照由》，《北平特别市市政公报》第3期，1929年，第3页。

⑤ 《南京特别市政府修正办理公文手续》，《首都市政公报》第59~60期合刊，1930年，第3页。

部向循旧例，多予拟复，似属无谓"，因此制定了颇有针对性的"不复文"标准。针对上行文件，规定"令饬转行知照并未叙明必须呈复之件"、"例行令饬遵办并未叙明必须呈复之件"及"呈奉核示之件"，均不必呈复；"交部核办而本部必须转商某机关，始得结果之件"及"分交本部及各部会办之件"，可暂不回复，等候协商结果出来后再行呈复。针对下行、平行的文件，规定了六条细则：

一、本部前有公文咨令调查或填报之表册，经各机关咨呈来部，本部又别无意见发表，来文又未经叙明必须答复者，均不置复；

二、各机关查复或受委托办理事项答复之件，如本部再无新的意见，亦不复；

三、各机关请予办理，而本部必须转行其他机关方能得到结果之件，本部可先转行某机关，不必先复，俟某机关复到后，再行答复原请机关；

四、各机关通行知照之件，均可不复；

五、各机关送/报请查照或备查本部并无意见发表，文内亦未叙明必须答复之件，均可不复；

六、各省政府咨请转呈行政院转呈国府核办之件，本部往往一面转呈行政院，一面咨复该省，行政院又往往一面转呈国府，一面令复本部，本部又咨达该省府，该项事件尚无结果，而空文往返，徒费手续，似属无谓，宜一律改为先不咨复，俟国府核定办法，令由行政院转行到部时，再行咨复。

由此不难看出，即使在靠近国民政府决策中心的中央各机关，无谓的往返公文数量也是非常多的。据当时内政部所言，该部"不复文"标准出台后，"无干系之文件减少，应行文件办理亦见敏捷"。① 内政部的"不复文"标准旨在减少例行文稿的无谓往返，这为地方行政机关进行公文改革提供了

① 《各部会关于处理公文改良办法案审查总报告》，《军政公报》第162号，1933年，第36~38页。

启示。福建省政府秘书处在 1936 年 8 月推出了"改革文稿办法"，其中之一为"减少指令"，规定"凡报到任日期，缴赴任凭照，报出巡晋省或回署，报收到印信、钤记、委任状，报奉文日期各呈文，均不必办指令"，"凡送表、送计算书类，概用联单，只由呈送机关，依式填好，夹表（书类）附送，不必另附呈文。到府后经主管科负责核明无误，盖一收到之年月日戳掣回单寄还，不必指令"。该办法实施后，"例稿减少很多；公文的往复，也比较的快些"。① "不复文"的基本原则与标准经中央及地方机关实施后，行政院也逐步将其作为公文处理的原则确定下来。1937 年 7 月，行政院行政效率促进委员会拟订的《改进各机关文书处理办法》第二条规定"统一通行文件避免重复"，"凡由行政院通行之文件，各部会署不必再行通行"。② 一年后行政院颁发《公文改良办法》，规定"一般通令及例行呈报备查文件，均由收文机关出具收条，不再以公文答复"。③ 尽管如此，1943 年下半年教育部张炎等人的调查表明，中央各部处的公文收发压力均较大。④

不过，也有人认为，例行文书数量虽多，但其处理方式比较简单划一，并不会造成公文处理人员的过重负担。⑤ 因此，对于那些需要回复的例行公文，如何简便快速地回复，就成为一种亟待突破的技术问题。

早在 1930 年 7 月，浙江省建设厅制定的《公文节约办法》第五条就

---

① 钱宗起：《公文改革的第一步》，福建省政府秘书处公报室编《闽政三年》，福建省政府秘书处公报室刊行，1937，第 67 ~ 71 页。

② 《行政院行政效率促进委员会拟订〈改进各机关文书处理办法〉》（1937 年 7 月 16 日），《民国时期文书工作和档案工作资料选编》，第 305 页。

③ 《行政院颁院〈公文改良办法〉的训令》（1938 年 7 月 7 日），《民国时期文书工作和档案工作资料选编》，第 308 页。

④ 财政部在 1942 年度"日收三百件"，"一至六月份，平均每月约发一万三千余号"；1942 年度行政院秘书处收文"每日平均约二百件"，发文"每日平均约一百四十号"；交通部截至 1943 年 10 月 27 日收文和发文分别为 30126 件和 23000 件；经济部"每日平均收发公文合约二百件"。参见《教育部张炎等参观国民党中央各机关文书档案事务报告及所订文书处理的一般方法（草案）》（1943 年 12 月），中国第二历史档案馆馆藏教育部档案，档案号：五－1813。

⑤ 例如，姚定尘在调查江苏省各县公文处理情况之后发现，除少数复杂案件必须耗费时日调查研究外，对于"上级机关转到之通令，不过加上套语再加缮写印发之手续，费时甚少"，因此，"就此种情形而言之，各县政府之文书工作，并非过重"。参见姚定尘《江苏各县文书改革之建议》，《行政效率》第 2 卷第 6 期，1935 年，第 984 ~ 986 页。

规定："凡常办之件，可用同一方式者，应印成一种通用文稿，届时填用。"① 1936 年，福建省政府推行公文改革时，曾要求各机关"尽量用印板之稿"，"预留空白，随时填列"。② 1937 年陈国琛在福建省政府主持文书改革之际，创制了一种"令文简便呈复表"（见图 5-5），在以下四种情况下使用：

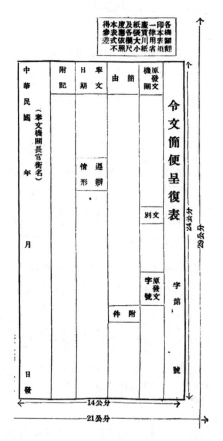

图 5-5 陈国琛创制并在福建省政府使用的"令文简便呈复表"

资料来源：《兹制定令文简便呈复表一种先行试办仰遵照并转饬遵照》，
《福建省政府公报》第 794 期，1937 年，第 14 页。

---

① 《一阅月之总务：公文之改良：公文节约办法》，《浙江省建设月刊》第 4 卷第 1 期，1930年，第 58 页。
② 钱宗起：《公文改革的第一步》，《闽政三年》，第 68 页。

①上级机关令文，有饬将奉文日期具复者；②下级机关奉到令文仅表示遵办而无拟议事项者；③以附件为主要之令文（如税单、关防、钤记、证件、法令、委令、医师证书等）声复收到，存办或转发者；④寻常案件有具复必要而事实简单者。并指出，其他类似案件，均可充分使用这种"令文简便呈复表"，如此改表可替代正式呈文，免去具呈的烦琐手续。① 该表首先在福建省政府应用，"收效甚宏"。② 根据各地的经验，行政院行政效率促进委员会在 1937 年 7 月《改进各机关文书处理办法》中对此拟定了基本方针，要求各机关"推动印刷公文办法"，将"各机关之例行公文，其内容千篇一律者……择其体例相同者，预先印就"，遇到例行公文待办时，可"随时填具案由，即可送稿印发"，从而节省手续，提高效率。③

三　调查统计表册的"甄别整理"

　　南京国民政府时期各级行政机关尤其是基层行政机关的巨大文书负担之一是各类调查统计表册的填报。20 世纪二三十年代，社会调查统计工作兴起，南京国民政府于 1931 年 4 月成立主计处，政府调查统计工作逐步进入轨道，在全国大范围开展起来。④ 调查统计之本意在于了解各级各类政治、经济、文化、军事状况，以备政府行政参考之用，不过当时国民政府中央各部会热衷于调查统计，往往一个命令附着各式各样的调查表发至省、县政

---

① 《兹制定令文简便呈复表一种先行试办仰遵照并转饬遵照》，《福建省政府公报》第 794 期，1937 年，第 13 ~ 14 页。
② 陈国琛在其著作《文书之简化与管理》中指出该表"曾呈经行政院备案"，后来他将该表改为"来文简便答复表"，使得该表不仅适用于"令文"，而且"上中下各级机关任何简复文件，均可错综活用"（参见陈国琛《文书之简化与管理》，第 20 页）。笔者并未找到该表在行政院备案的直接证据。不过，1941 年 12 月广东省政府颁布训令，要求所属各机关采用"来文简便答复表"，且表格结构与"令文简便呈复表"及陈国琛后来的"来文答复表"基本一致（参见《令饬尽量采用来文简便答复表并于各案件奉文三日内填报》，《广东省政府公报》第 814 期，1941 年，第 7 页）。陈国琛先后主持过福建、台湾、浙江等省的公文改革，他的这一简便表也随之推广，应无太大疑问。
③ 《行政院行政效率促进委员会拟订〈改进各机关文书处理办法〉》（1937 年 7 月 16 日），《民国时期文书工作和档案工作资料选编》，第 305 页。
④ 朱君毅：《民国时期的政府统计工作》，中国统计出版社，1988，第 11 ~ 15 页。

府，要求在限定日期内完成并上报。① 这种只重形式而不重实际的调查统计，大大增加了县政府的负担。

姚定尘在调查江苏各县公文改革时发现，1934 年，县政府接收到的统计表册有来自内政部、铨叙部、实业部等中央行政机关，有来自中央执行委员会统计处、党部等国民党机关，更多来自省政府、民政厅、财政厅等省级机关，再加上有少量县政府自填的表格，总数约 271 种，表格调查统计的内容更是五花八门，如内部政要求填写的表格就有 11 种：自卫团体调查表、仓储粮食调查表、自治经费调查表、禁烟罚金提成充奖概况表、名胜古迹古物调查表、畸形插花地调查表、警政调查表三种、县公安局概况表、警官高等学校毕业学员服务状况调查表、地方自治人员考核及奖惩表、中西药房调查表。另外，这些调查表格式不一，内容重复现象严重。同一问题，多个部门要填写，有时只是填写项目发生了变化。例如，与禁烟有关的调查表就有 5 种：内政部的"禁烟罚金提成充奖概况表"、中央禁烟委员会的"禁烟考绩报告表"、省民政厅的"禁烟考绩月报表"、省禁烟委员会的"戒烟成绩月报表"和"调验员工烟毒情形月报表"。这些调查表要如实地填写，有的要经过实地考察、测算，耗时少则十天半月，多则几个月。而上级机关限时填写，一来县政府人手紧张，二来这样的调查本来就十分专业，依县政府人员的能力无法完成，只能"估计臆说，闭门造车"。② 时人对此进行过强烈的抨击：

> 这种填表造册的工作，使县政府整日在纸面上做功夫，可决不会做得好。结果不是上以虚来、下以伪应，便是根本搁置不理……于是一切工作常在停顿中，让宝贵的光阴消耗在"公文的旅行"中，这又是何等没有效率的现象！③

---

① 例如，1930 年浙江省建设厅在《公文节约办法》第六条建议，"凡时常调查某种事项之件，可将其详细内容，印成表格，于调查时将表附入一种极称单之公文内发出之，例如派员调查合作社借款事项，可将应行调查之事项、细目，印成表格，届时附发"。这一办法虽节省了公文手续，却给人力不足的县政府造成了很大的负担。参见《一阅月之总务：公文之改良：公文节约办法》，《浙江省建设月刊》第 4 卷第 1 期，1930 年，第 58 页。
② 姚定尘：《江苏各县文书改革之建议》，《行政效率》第 2 卷第 6 期，1935 年，第 984～986 页。
③ 江禄煜：《我国地方行政制度改革刍议》，《东方杂志》第 34 卷第 14 号，1937 年，第 69～81 页。

为此，姚定尘建议对这些表格"甄别整理，以定取舍"，具体来说有三点举措：①"凡此后中央各机关或省府各厅、处饬县府填报之表格应先交省府统计室整理，再分发各县填报，以明系统"；②"在事实上无法填报之表格，省府统计室不应发交各县政府办理以省手续"；③"省府统计室饬各县填报表格时，应斟酌地方情形及地方政府办理能力，以删节不急要之表格"。① 这些举措还是颇有针对性的。

不久行政院开始关注滥发表册的问题。1937 年 7 月，行政院行政效率促进委员会建议"各种例报表之呈送，不另用公文"，"只须在表件之后附印呈送机关及上级机关名称"。② 两个月之后，行政院政务处又建议在此处补充一句："关于此类之催报例行公文，如各种定期统计报告，似可一律改用卡片式之明信文件，由主管司处负责遥催，借免拟稿、核签、缮校、用印等繁复手续。"③

繁多的填造表册工作是南京国民政府时期各级政府文书处理工作的一大弊端，一直未能根除。蒋介石曾多次批评这一现象及其危害。1942 年 5 月，他发布关于公文改良的指令，要求"设法减除各级政府之填造表册工作，俾得有余裕时间以从事实际工作"。④ 三年之后，这一现象依旧未能改观，"表册调查之繁，令人为之头晕目眩"。蒋介石明确指出，"调查表册，重在内容确实，运用得当。能确实，能运用，则调查表册，成为宝库；不确实，不运用，那简直就是废纸"。由此可见，这些调查表看似花哨，却未必能真正反映问题，为实际决策提供参考。因此他要求各级机关在需要调查统计资料之时，应向专门的统计机构索取，不直接向下级机关行文，"现在统计有统计的机构，考核有考核的机构，责有专司，应该把报告表册，统一起来。其他机关应该向专司的机关去索取材料，不可无限制的向各机关去麻烦，而要来以后，则束之高阁，不思运用。一方面各机关要填的表册既已减少，则

① 姚定尘：《江苏各县文书改革之建议》，《行政效率》第 2 卷第 6 期，1935 年，第 984 ~ 986 页。
② 《行政院行政效率促进委员会拟订〈改进各机关文书处理办法〉》（1937 年 7 月 16 日），《民国时期文书工作和档案工作资料选编》，第 304 页。
③ 《改进文书处理事项》，《内政公报》第 10 卷第 7 ~ 12 期合刊本，1937 年，第 88 页。
④ 《蒋介石关于公文改良的手令》（1942 年 5 月），《民国时期文书工作和档案工作资料选编》，第 378 页。

凡所报告统计，更应该力求确实。我希望以后，大家对于应造表册，总要竭力简化，不在名目繁多，但期字字实在，张张有用"。①

抗战胜利后，国民政府要求中央院部调查各自下发的调查统计表册种类及数量，并商讨解决表册滥发问题的对策。为此，教育部专门召开公文处理及其统计问题会议，对相关法令报表进行了简化，通过废止、归并、修正等方式对相关报表进行整理，制订出"各省市教育厅局应行呈报表册"，并根据报表的重要程度，对其执行情况进行计分评估。不难看出，简化工作完成之后，各省市教育厅局应向教育部呈报的表册也达 26 种之多（见表 5 - 4）。由此，不难想象简化之前地方教育机关应填表册的数量及相应的文书工作量了。

表 5 - 4　各省市教育厅局应行呈报表册给分标准

号次	表册名称	时间	主管单位	满分
1	教育厅局组织报告表	1946 年 12 月	统计处	20 分
2	教育厅局职员一览表	1946 年 12 月	人事处	20 分
3	教育施政计划及分月进度表	1946 年度	中等司	20 分
4	教育政绩比较表	1946 年度	中等司	20 分
5	教育经费岁出预算书	1946 年度	中等司	20 分
6	教育厅局工作报告	1946 年 3 月	中等司	20 分
7	教育厅局工作报告	1946 年 6 月	中等司	20 分
8	教育厅局工作报告	1946 年 9 月	中等司	20 分
9	教育厅局工作报告	1946 年 12 月	中等司	20 分
10	省市督学视导报告摘要	1945 年第 1 学期	中等司	20 分
11	省市督学视导报告摘要	1945 年第 2 学期	中等司	20 分
12	中等教育统计报告表	1945 年第 1 学期	统计处	40 分
13	中等教育统计报告表	1945 年第 2 学期	统计处	40 分
14	中等学校一览表	1945 年第 1 学期	统计处	30 分
15	中等学校一览表	1945 年第 2 学期	统计处	30 分
16	中等学校毕业生状况报告表	1945 年度	统计处	20 分
17	省市教育厅局督导师范学校、辅导地方教育检讨报告表	1945 年第 1 学期	中等司	20 分

---

① 《蒋介石在中央党政军提高行政效能行政三联制总检讨会议上的讲话（有关文书工作部分）》（1945 年 3 月 14 日），《民国时期文书工作和档案工作资料选编》，第 381 页。

号次	表册名称	时间	主管单位	满分
18	省市教育厅局督导师范学校、辅导地方教育检讨报告表	1945 年第 2 学期	中等司	20 分
19	师范教育实施情形报告表	1945 年第 1 学期	中等司	20 分
20	师范教育实施情形报告表	1945 年第 2 学期	中等司	20 分
21	中等以上学校训导概况调查表	1945 年度第 1～2 学期	训委会	20 分
22	中等学校毕业生成绩一览表	1945 年度第 1～2 学期	中等司	20 分
23	中等学校教职员一览表	1945 年度第 1～2 学期	中等司	20 分
24	实施国民教育工作成绩考核表	1945 年度	国民司	40 分
25	国民教育统计报告表	1945 学年度	统计处	40 分
26	国民教育师资短期训练班概况表	1946 年度	国民司	20 分
27	国民教育研究会工作报告表	1946 年度上半年及下半年	国辅会	20 分
28	社会教育统计报告表	1945 学年度	统计处	40 分
29	重要社会教育机关概况报告表	1945 学年度	统计处	20 分
30	社会教育人员训练机关概况报告表	1945 学年度	统计处	20 分
31	中小学办理社会教育工作计划	1946 年度	社会司	20 分
32	中小学办理社会教育统计报告表	1945 学年度	统计处	20 分
33	电化教育工作季报表	1946 年 3、6、9、12 月	社会司	40 分
34	设立各级边教机关及学校一览表	1946 年度	边教司	30 分

资料来源：《教育部文书处理及其统计问题会议记录、公文进行程序改进办法、清查伪教育部档案办法及有关文书》，中国第二历史档案馆馆藏教育部档案，档案号：五 - 1771（2）。

四　文书档案连锁法

实际上，在全面抗战前，南京国民政府在改进公文处理程序的技术层面还涉及文书处理完毕之后的流程——档案管理部分。甘乃光于 1932 年 5 月就任内政部次长后，发现当时内政部文书档案管理存在"收发文无总号数""行政不统一""遗产文书不易查考""新旧档案整理不能划一"等问题，据此内政部经过研究探索后提出"文书档案连锁法"。① 后人将其总结为三

---

① 甘乃光：《文书档案连锁办法之实验——内政部初期实验之报告》，《行政效率》第 10 号，1934 年，第 423～429 页。

个"统一"，即统一分类、统一编号、统一登记。① 其核心做法就是在内政部以集中统一的原则组织文书档案工作，机关总收发室按照既定的分类方案，② 将本机关全部收发文进行分类编号，采取三联单进行一次登记，然后把文件送至主办单位，经办完毕的公文，随即由机关档案室进行立卷归档。这个分类方案不仅在公文处理过程中使用，而且也在公文归档时使用，由此，收发处与档案处的职能合二为一，"往日收发处只负分司职责，现在收发处尚须负分公文之'司''类''目'之责"，从而实现了公文档案的一体化管理。③

龙兆佛认为文书档案连锁法在技术上存在"固定号码无伸缩性"、"统一收发文号码失去分类统计的效用"、"延缓文书收发时间"以及档案号码缺乏在电报上的应用性等问题。④ 不过正如甘乃光所言，"内政部的实验，大体上是已经开辟了一条大路。原则是树立了，在方法上，当然还有许多地方，需要修正"。⑤ 甘乃光所说的"原则"，即是对文书档案工作进行集中管理的基本原则。这一原则大大简化了机关公文收发、编号、登记等手续，符合当时国民政府行政改革的效率化取向。文书档案连锁法在内政部实施后，

---

① 周雪恒主编《中国档案事业史》，中国人民大学出版社，1994，第 450～452 页。

② 周雪恒曾对该分类方案进行过详细的描述：连锁法拟制的分类方案由司、类、目三级组成。以内政部为例，简列于下：第一层内政部六个司（总务司、民政司、土地司、警政司、礼俗司、统计司）为最大层级，以各司名称的第一字为类名代号，如总务司，则"总"字为代号。第二层即根据各司职掌范围设"类"，内政部各司所掌理之事务虽各有不同，但不同之中也有部分相同者，为便利记忆起见，将各司所有相同部分之类别号数划一。如各司相同事务以十类计，内政部共有六司，原须记忆六十个类别，现只需记住十类。其共同之十种类别为法规、组织、吏治、会议、条陈、调查、计划、工作报告、诉愿、征求刊物。除此之外，各司不相同之类别，则放于各司十类之后。第二层级以汉文大写数字为类名代号，如"壹"为法规，"贰"为组织，以下类推。第三层级则根据类下的档案性质设置，如民政司法规类下设"省法规目""中央法规目"等。目以阿拉伯数字为代号，如"1"为省法规，"2"为中央法规，以下类推。如《省政府组织法》这一文件，其分类号则为"民壹1"，即"民政司、法规类、省法规目"。参见周雪恒主编《中国档案事业史》，第 450～452 页。

③ 甘乃光：《文书档案连锁办法之试验——内政部初期试验之报告》，《行政效率》第 10 号，1934 年，第 423～429 页。

④ 龙兆佛：《文书档案连锁办法之商榷》，《行政效率》第 2 卷第 4 期，1935 年，第 835～843 页。

⑤ 甘乃光：《文书档案改革运动的回顾与展望》，《行政研究》第 2 卷第 5 期，1937 年，第 454 页。

又在教育部、实业部等中央机关推广，福建省政府则将文书档案连锁法称为"一条鞭制"，[①] 也积极加以推广使用。

此外，为了方便行政机关开展公文检查及调阅卷宗，1933 年内政部提议管理档案应设置总检查卡片，具体参照图书馆编制卡片办法，分为甲乙两种，甲种卡片专写分性质类之细目与机关及分地点之名称，乙种卡片专写旧档文件的案由、卷号及附件等。这一提议经行政院审议通过后，得到了广泛应用，对南京国民政府时期的机关文书档案工作产生了很大影响。1933 年 6 月至 8 月行政院召开的公文改良会议是南京国民政府早期公文改革的重要节点，此次会议上形成的《各部会审查处理公文改良办法》成为全面抗战前国民政府开展公文改革的纲领性文件。[②] 公文处理程序方面的技术性改革议案也多出自该文件，虽然有很多举措未能在整个国民政府行政系统内推广，但这些议案的导向性作用，却在此后一段时间发挥了重要作用。本节所述的多项改革措施与这一文件有密切的关联。

这份文件为何会在 1933 年出台呢？事实上，这也是南京国民政府经过数年的行政运作，[③] 对其所面临的内部行政管理及管理效能问题进行结构性与功能性的考察，以适应当时政治、经济、文化及军事发展的现实需要。1929 ~ 1930 年，通过蒋桂战争、蒋冯战争及中原大战，蒋介石逐步瓦解了桂系、晋系、冯系等地方实力派对中央政府的军事威胁，南京国民政府的统治逐步趋于稳定。中原大战结束后，蒋介石任国民政府主席兼行政院院长，试图建立一个强势的中央行政机构，与时任立法院院长的国民党元老胡汉民发生了"约法"之争，导致国民党内部的又一次大分裂，国民党各派系形成了反蒋大联合，蒋介石在 1931 年 12 月被迫辞去国民政府主

---

① 陈国琛：《文书管理与人事管理的改革》，《闽政三年》，第 34 页。

② 《行政院令发〈各部会审查处理公文改良办法〉》（1933 年 8 月 26 日），《民国时期文书工作和档案工作资料选编》，第 283 ~ 297 页。

③ 从 1928 年至 1932 年，行政院已历谭延闿（1928 年 10 月至 1930 年 9 月）、蒋介石（1930 年 11 月至 1931 年 12 月）、孙科（1931 年 12 月至 1932 年 1 月）、汪精卫（1932 年 1 月至 1935 年 12 月）四任院长，国民党中央党部、国民政府、行政院之间权力关系的转移与调整频繁，是国民党内部权力整合的重要时期。参见张静《南京国民政府成立初期的国民党政权——史学界对 1928 ~1932 年民国政治史的研究述评》，《南京大学学报》（哲学·人文科学·社会科学版）2014 年第 6 期；刘大禹《国民政府行政院的制度变迁研究（1928 ~ 1937)》，社会科学文献出版社，2012，第 82 ~ 143 页。

席和行政院院长等职务，此即为蒋介石的第二次"下野"。① 不过，由林森担任国民政府主席、孙科任行政院院长的"内阁"，面对混乱的局面"一筹莫展"，于 1932 年 1 月 24 日被迫宣布辞职，而经过短暂"下野"的蒋介石与汪精卫开始合作，先是汪被改选为行政院院长，接着蒋介石在国民党四届二中全会上被推举为军事委员会委员长兼军事参谋部参谋长，至此，形成了"蒋主军、汪主政，蒋汪共管党的局面"。② 九一八事变后，国难日益严重，再加上"围剿"红军的失败，包括蒋介石在内的国民政府高层日益认识到整顿行政工作、提高行政效率的必要性与紧迫性。从 1932 年开始，蒋介石将重点由军队建设转向政权建设。③ 此外，江苏江宁、山东邹平、湖南湘潭、浙江兰溪等地开展实验县建设过程中，公文处理程序的革新是其重要的内容。20 世纪初期在科学管理运动的影响下，西方行政学进入了正统时期并使效率主义盛行。④ 一批留学英美的政治学者在 20 世纪 30 年代初期将西方的行政学理论与经验大量介绍到中国，"行政效率"一时成为"时髦名辞"。⑤ 于是，一场公文改革运动应时而起，并从技术层面向制度层面推进。

第三节　分层负责制：公文处理的制度性改革

通常情况下公文的流转一般需要经过两个大的过程：一是在某一机关

---

① 关于这一过程的描述与分析，史学界研究成果颇多，如杨天石《"约法"之争与蒋介石软禁胡汉民事件》，《中国社会科学》2000 年第 1 期；金以林《蒋介石的第二次下野与再起》，《历史研究》2006 年第 2 期；金以林《胡汉民与"非常会议"》，《近代史研究》1991 年第 2 期；肖如平《宁粤对峙与蒋介石的第二次下野》，《民国档案》2009 年第 2 期；陈红民《"约法之争"的两个问题》，《安徽史学》2006 年第 3 期；李杨《胡汉民与蒋介石的"党权"与"军权"之争》，《开放时代》2011 年第 9 期。

② 张宪文主编《中华民国史纲》，河南人民出版社，1985，第 378 页。

③ 金以林结合蒋介石日记等资料综合分析后认为，在 1932 年，"蒋介石经过第二次下野后的深刻反省，无论是对怎样统治这个国家，还是治理国家需要采取怎样的手段和方法，都发生了明显有别于此前的变化，这为他此后在国民党内确立最高领袖地位奠定了重要基础"。参见金以林《蒋介石的 1932》，汪朝光主编《蒋介石的人际网络》，社会科学文献出版社，2011，第 203 页。

④ 参见傅荣校《南京国民政府前期（1928～1937 年）行政机制与行政能力研究》，博士学位论文，浙江大学人文学院，2004，第 150 页。

⑤ 陈之迈：《中国政府》第 2 册，第 81 页。

内部从收发、办稿到发文的过程，其中要经过办事人员、科员、科长、处长到机关总负责人等多人多层级的处理，目的是实现公文法定效力的生成；二是经过不同级别的行政机关的上呈下达，完成公文的层层传递，实现政令的传播。针对这两个不同的流转过程，国民政府分别制定了"分层负责制"与"分级负责制"① 两种文书处理原则。其中，"分级负责制"强调的是行政机构对外行文程式的变革，本书在第三章第一节已做过分析，在此不再赘述。本节重点阐述分层负责原则的产生及其应用于文书处理实践的过程。

分层负责制的提出与行政效率促进委员会的工作有直接关系。1937 年 7 月，行政院行政效率促进委员会拟订《改进各机关文书处理办法》，其中第一条明确指出："分级负责各机关文书，应就其性质，分为最要、次要、例行三类，由各机关长官指定该机关各级主管职员分别负责"，文书处理欲更求快捷，最要莫如分级负责，务使各机关切实做到"层层节制，级级负责"。② 此处提出的"分级负责"主要针对机关内文书处理问题，即此后的"分层负责制"，这也成为国民政府高层从制度层面推进文书处理程序简化与改进的开端。

分层负责制是国民政府为了提高战时政府管理效能而提出的一项举措，但这绝非随意提出的构想，而是希望通过行政制度层面的配套改革来进一步简化公文处理程序，从而达到提高行政效率的目的。这一办法与此前公文处理程序改革思路有本质区别。如前所述，行政院各部、会及地方政府为了减

---

① 在蒋介石推出"行政三联制"之前，行政院行政效率促进委员会和甘乃光都曾使用过"分级负责制"这一名称，此时的"分级负责"用以表示机关内文书处理原则。参见甘乃光《文书档案改革运动的回顾与展望》，《行政研究》第 2 卷第 5 期，1937 年，第 464 页。蒋介石在《行政三联制大纲》中分别提到"分层负责制"和"分级负责制"。前者就一机构内部而言，应规定机关内各级职员的职责，以使行政机关内部人员权责分明，遇事有效处理；后者就整个行政系统而言，各级行政机构（如中央政府或地方政府）应统筹规划，协调处理事务，以维持一级行政机构的完整性。参见总裁（蒋介石）《行政三联制大纲》，《训练月刊》第 1 卷第 6 期，1940 年，第 8 页。对此，萧文哲的总结颇为清楚："总裁（蒋介石）提出'分层负责制以匡救机关内部组织不合理之弊'，提出'分级负责'以匡救一级机关监督欠妥适之弊。"参见萧文哲《分层负责制与分级负责制之研究》，《训练月刊》第 2 卷第 6 期，1941 年，第 30 页。
② 《行政院行政效率促进委员会拟订〈改进各机关文书处理办法〉》（1937 年 7 月 16 日），《民国时期文书工作和档案工作资料选编》，第 304 页。

少公文数量、简化公文办理手续，采用了划定公文处理等级次序、制定"不复文"标准、推广印板稿以及倡导文书档案连锁办法等，实质上是"头痛医头脚痛医脚"的治标之术，未能从根本上触动当时"文牍主义"盛行的行政文化。因此，这些改革虽能在某些地方由于政治强人的介入取得较好成效，① 但并不能在更大范围内奏效。

主导当时文书档案改革运动的甘乃光个人改革思想的转变在分层负责制形成过程中发挥了颇为关键的作用。

早在 1934 年，甘乃光就开始意识到单纯的技术革新难以实现公文改革的根本性突破。他在《施政程序导论》一文中对行政院各部会内部职权不清、工作缺乏效率的状态提出了批评。他指出："各级公务员之权责规定不严，甚或漫无规定。一部会之权责尽萃于部长一身，政务与常务次长之权责规定模糊不清，司长以下之公务员有责而无权，尤为现行各部会规程显著之缺点。"甘乃光曾留学美国芝加哥大学，对西方行政学思想与实践比较了解，西方政府对公务员权责的明晰划分，给他留下了很深的印象。在同一篇论文中，他多次提到国外的做法，如新加坡"某类事务不须经审核，科员或科长即可径行办理"，英国文官"科长以至科员均可分为行政阶级，执行阶级与事务阶级三大类"，美国"分类较繁，然其用意均在于根据客观之情况，将各级职务划分清楚，俾易于因事择人"。② 1935 年 2 月，甘乃光转任国民政府军事委员会委员长武昌行营第五处处长，继续进行公文改革试验。两年之后，1937 年初，甘乃光对行政权责与文书处理的思想进行总结，正式提出了"分级负责"的概念。他在《文书档案改革运动的回顾与展望》一文中指出："我们最应该研究到分级负责的办法。现在各机关办事的情形。表面是层层节制，而级级实际不负责。"在该文中，甘还列举了日本县政府土木科科长全权处理的事务，总计 11 类 52 项，详细规定了该科科长职

---

① 例如，1933 年底"闽变"后陈仪主政福建，任用陈国琛等人对人事、文书等多方面进行改革，在公文处理方面颇见成效。具体参见陈国琛《文书管理与人事管理的改革》，《闽政三年》，第 33～66 页。

② 甘乃光：《施政程序导论》，《行政效率》第 9 号，1934 年，第 368 页。

责范围内可以审批办理的事务项目。① 而这一表述，与数月之后，行政院行政效率促进委员会的观点基本一致，这绝非巧合，反映出他在行政效率促进委员会的影响举足轻重。

分层负责原则的实施，则是一个相对缓慢的过程。最初实行分层负责制的措施之一就是强化文书的分类分级处理机制，减少核稿流程。1937 年 4 月，行政院拟定的《改进公文处理办法》规定，以下八类稿件，只需各组会主任核签后照办，不用送请秘书长、政务处处长复核：①收到院文之复文；②呈院存查或专备参考之件；③交件正在查办中或正在核议中之复文；④不属本院管辖之件（例如控告司法官、呈请特赦等）；⑤前已批存事件；⑥越级呈请不应受理事件；⑦不合投递书状规则不受理各件；⑧已据分陈主管机关而非重要事件。7 月，行政院进一步规定，各机关收到公文后，"应就其性质，分为最要、次要、例行三类，由各级机关长官指定该机关各级主管职员分别负责"。② 曾两度出任行政院政务处长的蒋廷黻回忆说："行政院院长办公厅办公人员约有三百人，其中三分之二都是书记人员。六十位是半书记半专门人员。二十名是专门人员……每天收文平均九百件，发文约五百件。收发文中有百分之五需要我过目，百分之五中，只有三分之一需要加注意见。其他需要我签字的，由一位参事代签，盖我的橡皮签章……我和翁所处理的公文，只有五分之一需要呈院长核夺。"③ 由政务处长签字但不需要加注意见的公文，实质上是不须政务处长亲自办理的公文，却仍未能交由相关主管职员直接办理，仍需由"参事代签"，盖其"橡皮签章"。由此可见，此时的行政院尚未完全施行分层负责。

全面抗战爆发后，由于国防最高委员会的设立以及党政军权力高度集中，国民政府各机关普遍出现政务官过于繁忙、公文积压，而一般公务员反而坐等公文、人浮于事、政令推行困难等现象，甚至蒋介石的手令执行也颇

---

① 甘乃光：《文书档案改革运动的回顾与展望》，《行政研究》第 2 卷第 5 期，1937 年，第 464 ~ 466 页。
② 《行政院行政效率促进委员会拟订〈改进各机关文书处理办法〉》（1937 年 7 月 16 日），《民国时期文书工作和档案工作资料选编》，第 303 页。
③ 《蒋廷黻回忆录》，第 193 页。

为不力。① 蒋介石曾对其部下说："你们不要当着委员长是一个字纸篓，什么公事都拿给我看，你们一点责任都不肯担负，那不是对待长官及对待自己的办法，有失政府设官分职的本意。"② 1938 年 4 月，国民党中央在《中国国民党抗战建国纲领》中号召"改善各级政治机构，使之简单化合理化，并增高行政效率以适合战时需要"。③ 为此，1940 年 3 月，蒋介石提出在党政军机关实施"行政三联制"。所谓"行政三联制"，是将国民党党政军各级机关分为计划、执行、考核三大部分。计划是对行政决策预先制定方案，作为行政执行的目标与规范；执行是指行政机关对计划、政策、方针的贯彻实施；考核是对行政机关执行效能的核实与监督。为了推行"行政三联制"，蒋介石决定仿照军队的参谋长制，在党政军机关普遍设立"幕僚长"，使"机关内部的任务，完全由幕僚长负责"，以便"主管长官，可以有时间去主持要务与考虑较大的问题"，并制定办事细则，施行"分层负责制"。④可见，蒋介石希望幕僚长制与分层负责制相配合，成为加快公文处理速度、提高行政效率的重要手段。蒋介石在《行政三联制大纲》中对"分层负责制"进行了专门解释：

> "分层负责制"，就是各级机关，无论大小职务，皆要订定办事细则，而各机关的办事细则中，对于各级员司的责任，应另立一章，详细规定，自秘书长、处长、科长、科员等均应有明显的法律上的权责，使功过有归，则事务的处理，不必通通由长官一人来决定。某种事件，到

---

① 曾任职行政院的陈克文在 1939 年 2 月 23 日的日记中曾经这样记载道："蒋委员长到重庆后，下了许多手谕。有些手谕都变成了纸片工作。譬如要各机关的公务员每周一次工作报告，每一个月由长官作一次总考核，公务员要分组开会讨论工作方法，要由长官指定书籍阅读，读后提出小组报告。这手谕用意很好，各机关虽然作成了很好看的呈复，说如何如何奉行，可是事实上并无此事，只是公文的奉行而已。"参见陈方正编辑、校订《陈克文日记：1937～1952》上册，第 570 页。此外，1942 年 11 月，蒋介石还因为他的手令常常"日久不复，或竟具文搪塞"等积习，专门发电文要求各机关对执行他的手令情形必须限期回复。《蒋介石要各机关对执行他的手令情形须限期呈复的电》（1942 年 11 月 7 日），《民国时期文书工作和档案工作资料选编》，第 379～380 页。
② 总裁：《行政三联制大纲》，《训练月刊》第 1 卷第 6 期，1940 年，第 7 页。
③ 《中国国民党抗战建国纲领（二十七年四月中国国民党临时全国代表大会通过）》，《教育部公报》第 10 卷第 8 期，1938 年，第 7 页。
④ 总裁：《行政三联制大纲》，《训练月刊》第 1 卷第 6 期，1940 年，第 7～8 页。

某层为止，法律上定得清清楚楚，不特可以避免推诿卸责之弊，而对于事务的处理，不必再重重叠叠去批核，必定比现在快当有效得多了。这样办法，不特可以得到执行上的敏捷，并且因为责任专一，功过分明，对于考核的工作，亦必比较现在容易着手。[1]

1941 年 2 月中央设计局制定的《各级机关拟订分层负责办事细则之原则与方式》经国防最高委员会审议通过后正式颁布，成为指导"分层负责制"的纲领性文件。该文件要求"各机关应于办事细则内订立专章，规定各级职员之责任……各级职员自第一级官起，以至次长、秘书长、司长、处长、科长、科员等，均应规定其职位之责任"。[2] 从该文件所制定的分层负责规则来看，其对第一级官吏的职权范围界定得颇为清晰，不过并没有完全贯彻"分层负责"的原则。例如，该文件第十二条有一条附注："司科批发文件虽以上列各款为标准，第一级官或幕僚长仍得因时因人量为伸缩（随时订定分层负责表交监印人员作为用印之根据）。"时人认为与西方国家"负责就负责到底"的做法相比，该附注充分体现了中国行政文化中"人治"的惯性。[3] 该文件下达后，中央机关及各部会、地方政府纷纷转发，不少地方对照规定制定了本机关的办事细则，[4] 但在具体实施过程中并不顺利。"各机关对于这件事情仍然有许多踌躇"，当时主持行政院日常工作的副院长孔祥熙与行政院秘书长陈仪、政务处处长蒋廷黻还因为推行分层负责制方案而发生激烈的争辩，[5] 后来尽管被采纳，却成为一纸"具文"。推行

---

[1] 《中央党部秘书处编印之行政三联制大纲》，中国第二历史档案馆馆藏国民党中央秘书处档案，档案号：711-226。

[2] 《各级机关拟定分层负责办事细则之原则与方式》，国防最高委员会党政工作考核委员会编《行政三联制文告、法令辑要》，正中书局，1943，第 86~88 页。

[3] 金陵：《分层负责制与西洋行文方式》，《地方行政》第 1 期，1941 年，第 133 页。

[4] 《各级机关拟订分层负责办事细则之原则与方式》发布后，司法院、国民党中央执行委员会、党政工作考核委员会先后在当年制定了本机关的办事通则或细则，而到 1943 年 5 月，全国已经有 17 个省份制定各省的分层负责办事细则。参见〔美〕卞历南著、译《制度变迁的逻辑：中国现代国营企业制度之形成》，浙江大学出版社，2011，第 226 页。

[5] 陈仪于 1941 年 12 月至 1942 年 12 月担任行政院秘书长，而关于这次论争，《蒋廷黻回忆录》和蒋授谦的《陈仪、孔祥熙冲突的因果》（全国政协文史资料研究委员会等编《回忆陈仪》，中国文史出版社，2012，第 98~102 页）等都有记载，但均未注明具体时间。

难的原因，一方面在于制定细则非常烦琐，"首先分层负责需要机关首长先决定他所主持的单位要作些什么工作。然后，必须再将工作固定的分配给各科室。预先筹划政府机关重要工作是很吃力的，这要比头痛医头脚痛医脚，遇事临时应付一下，然后推到其它单位的作法困难得多"。更重要的是，高级官员们担心权力受到侵蚀，"即使是相当有限度的授权"，也会引起他们的高度关注。① 因此，分层负责进展依旧缓慢。时人认为，"分层负责办事细则……只规定某单位主管对什么事可以处理，什么文可以发出，不要呈核……而对于处理事件所必不可少的人力和财力，丝毫没有指示"，因此具体处理事务的人"处处掣肘，一筹莫展"，根本谈不上"负责"，因此，没有"分层授权"，就无法实施"分层负责"。②

为了切实推进分层负责的公文处理机制，在国防最高委员会监督下，1942 年秋至 1943 年上半年国民政府多次召开"行政三联制检讨会"，其中 1943 年 5 月 26～29 日召开的会议，蒋介石出席开幕式，与会的核心成员有国防最高委员会秘书长王宠惠、副秘书长陈布雷和甘乃光，中央设计局秘书长王世杰，党政工作考核委员会秘书长陈仪。党政工作考核委员会根据教育部提出的改进分层负责制的意见和建议，提出《改进分层负责制实施办法案》，认为"在某种限度内，司科有直接对外行文之必要"，并就分层负责制进一步达成共识：

> 窃以我国行政效率之低下，原因固非一端，然办理公文手续之繁，实为重要原因之一，重要文件，自非各机关最高长官亲自批核不可，但其余之例行公事，实无此必要。现时各机关最高长官，日惟敝精疲神于无数不重要的公文之中，而对于大计大策，反无时间加以考虑。……故一般公文，类皆由僚属代为划行，而在行文时仍用各机关最高长官之名义，名实不符……故欲加提高行政效率，并使权责分明起见，必须减少许多无谓公文之承转，而赋予各司科对外行文之权，实为减少许多无谓

---

① 《蒋廷黻回忆录》，第 225～227 页。
② 刘光华：《分层负责与分层授权》，《考证学报》第 2 期，1945 年，第 13 页。

公文承转手续之必要措施。①

　　与此同时，1943 年 3 月国防最高委员会颁发《各机关处理公务及文书注意事项》，要求"各机关文书之处理应依分层负责原则切实办理"。② 不过，由于缺乏具体而可操作的实施细则，这一政策的实际效果仍不明显。1943 年底，教育部张炎等人在调查财政部、交通部、行政院秘书处等中央机关的文书工作后发现，"一般例行公文，多采'分层负责'之原则，得由主管单位之长官径行考核"，但不少机关在文书处理规程方面"均付阙如"。③ 甚至到了 1945 年初，"幕僚长制与分层负责办法，均行之而不实在，各机关虽均订有办事细则，大抵都成具文"，为此蒋介石在 1945 年 3 月的中央党政军提高行政效能及行政三联制总检讨会议上专门强调，"欲求程式简化、层次减少，对外则机关与机关间必须有良好的联系，对内则行文之层次须有具体之确定"，即"何种机关应分几层，何种公文，应由第几层主管处理"等都应确实详尽地加以规定。④ 根据蒋介石的指示，在这次会议上，形成了对分层负责制中"分层"的权威解释：各机关以主官，如正副院长、部、会、署正副首长，省主席（市长），厅长，局长，县长等，为本机关之第一层官；院、部、会、署以下的司、处、厅、组及同组主官为第二层官；科室或同等之主管人员为第三层官。并据此对行文进行了规定：重要文件（即非例行文件），应由第一层官判行；例行文件，得酌由第二、三层官代行或径行。重要与例行文件之分别，由各机关幕僚长负责核定并制定标准。⑤ 1945 年 8 月，行政院颁布《行政院所属各部会署局分层负责办事通则》，对三个层级的长官的权责进行了划分，要求"各机关应视职掌事项之

----

① 《教育部实施行政三联制的成绩与检讨意见等有关文件》（1942～1943 年），中国第二历史档案馆馆藏教育部档案，档案号：五-19（1）。
② 《国民政府转发〈各机关处理公务及文书注意事项〉的训令》（1943 年 4 月 3 日），《民国时期文书工作和档案工作资料选编》，第 323 页。
③ 《教育部张炎等参观国民党中央各机关文书档案事务报告及所订文书处理的一般方法（草案）》，中国第二历史档案馆馆藏教育部档案，档案号：五-1813。
④ 《蒋介石在中央党政军提高行政效能行政三联制总检讨会议上的讲话（有关文书工作部分）》（1945 年 3 月 14 日），《民国时期文书工作和档案工作资料选编》，第 381 页。
⑤ 《中央党政军提高行政效能及行政三联制总检讨会议决案》，《行政院公报》第 8 卷第 5 号，1945 年，第 36 页。

轻重，订定分层负责表"，并明确了幕僚长在文书处理方面的职责为：①督催本机关全部文件事项；②审核下层不能决定之重要文件。① 此后，各地方党政军机构加快推行分层负责制，例如台湾、北平、江苏等地先后制定了《台湾省各机关处理公文分层负责及简化公文办法》②、《北平市政府分层负责文书简化实施程序》③、《江苏省政府秘书处公务公文分层负责处理办法》④。

其中，浙江省在推行"分层负责制"方面的成绩颇引人关注。1948 年6 月，陈仪在被任命为浙江省主席后，文书档案改革专家陈国琛也追随陈仪来到浙江，任省政府参议并兼任秘书处第一科科长，从当年 8 月开始掀起了一场以推行"分层负责制"为核心的文书改革活动。⑤ 在基本原则方面，颁布《浙江省各级机关公务公文分层负责处理办法》和《浙江省政府暨所属各机关处理文稿规则》，前者规定了省政府、各厅处局、县（市）政府等机关分层及不同层级所负职责和代行职权的标准，⑥ 后者则提出机关办稿三原则：第一，手续经济化、单纯化、合理化；第二，处理简单化、明确化、迅速化；第三，表意责任化、肯定化、表格化。在具体实施方面，要求省政府

---

① 《行政院所属各部会署局分层负责办事通则》，《国民政府公报》渝字 836 号，1945 年，第1～2 页。

② 《台湾省各机关处理公文分层负责及简化公文办法》，《台湾省行政长官公署公报》夏字 42号，1946 年，第 668～669 页。

③ 《北平市政府分层负责文书简化实施程序（三十五年十月四日公布）》，《北平市政府公报》第 1 卷第 10 期，1946 年，第 11～13 页。

④ 《江苏省政府秘书处公务公文分层负责处理办法（三十七年十月八日核准施行）》，《江苏省政府公报》第 3 卷第 30 期，1948 年，第 4～5 页。

⑤ 浙江省政府在 1943 年就公布了《各厅处局分层负责办事通则》和《公文处理改进办法》等有关文书改革的法令，但收效甚微。因此，当 1948 年 5 月陈仪主政浙江以后，主持策划该省文书改革方案的陈国琛也决定以推行分层负责为核心推进公文改革。参见陈国琛《浙江省政府文书初步改革述要（续）》，《浙江省政府公报》春字第 18 期，1949 年，第 7 页。

⑥ 如以浙江省政府为主体，则省主席为第一层，各厅处局主管为第二层，各厅处局之科室主管为第三层。其中第一层官的权责包括：①本机关重要政策及工作计划之决定；②对于编制预算之扼要提示；③拟定法规时重要原则之提示及采择；④高级人员之任免及考核；⑤监督指挥及考核各单位之工作；⑥变更重要工作处理方式之决定；⑦重要案件之决定；⑧中央会议之主持及参加；⑨其他有关政务或重要事务之处理。而在幕僚长的文书职责方面，浙江省的规定比行政院多出一条，即"机要文件之处理"。参见《浙江省各级机关公务公文分层负责处理办法》，陈国琛主编《浙江省政府实施文书改革办法辑要》，浙江省政府秘书处刊印，1949，第 1～2 页。

所属的秘书处、民政厅、财政厅、教育厅、建设厅、浙江省保安司令部、会计处、统计处、社会处，以及地政局、田粮处、卫生处、军管区司令部等机关分别制定"公务公文分层负责处理办法"和"所属各科室代行稿件核定表"。① 为了防止行政上的越权、渎职现象发生，浙江省的政府文书改革方案中还设置了三道防线："第一道，代行印鉴——所有各级代行人员，一律呈送印鉴，留存本府监印室，随时核对；第二道，步哨监视——指派秘书一人，常用留驻监印室，合作检核；第三道，突击抽查——分派了解'文改'人员，分赴各机关抽查代行文稿，及其实施之成绩。"② 经过四五个月的改革，浙江省政府的公文处理工作有了比较明显的改善，"公文处理的时间，快了一倍以上，处理的手续和方法，简化了三分之二"，③ "承办府稿的二十四个大单位机关，和一百五十一个科室的办稿速率，从精确统计数字中，平均已达到了百分之九一·二阶级"。陈国琛自豪地称："仅花了四个月，又很侥幸的把中央一直喊了六七年的'分层负责'口号，硬干成功。"④ 当时的《今日画报》对此评价甚高：

> 今之浙江省主席陈公侠，上任伊始，即提倡"简化公文"，不但把"等因奉此"的调调儿尽量铲除，并且送稿、阅稿、会稿、划行等手续，亦一律免了，真是"轻便"之至。⑤

事实上，文中所说的各种手续"一律免了"有夸大之嫌，因为根据《浙江省政府暨所属各机关处理文稿规则》的规定，"各机关拟办文稿，及核稿、判行，均用签字，不盖章"，只是"凡特急稿件，或最机密稿件，应由其最高主官或授意秘书，径用打字机（另稿复写亦可）就实需件数，直接办发"，⑥

---

① 陈国琛主编《浙江省政府实施文书改革办法辑要》，第 27～138 页。
② 陈国琛：《浙江省政府文书初步改革述要》，《浙江省政府公报》春字第 17 期，1949 年，第 7 页。
③ 陈国琛：《浙江省政府文书初步改革述要（续）》，《浙江省政府公报》春字第 19 期，1949 年，第 7 页。
④ 陈国琛主编《浙江省政府实施文书改革办法辑要》，"篇首"，第 1 页。
⑤ 石江：《今日、今人、今语：公文革命》，《今日画报》第 3 期，1948 年，第 1 页。
⑥ 具体内容请参见《浙江省政府暨所属各机关处理文稿规则》第十五、十七条的规定，陈国琛主编《浙江省政府实施文书改革办法辑要》，第 5 页。

但处理起来确实"轻便"许多。不过可惜的是，1949 年 2 月，陈仪在浙江发动和平起义之事泄露，陈被蒋介石逮捕后，浙江省政府重组，陈国琛在省政府机关开展的分层负责制改革未来得及向全省推广，就戛然而止了。①

实行分层负责制，有两个层面的要点。第一是"以简驭政"，即对于主官及第一层官，一方面尽量减少其核阅、处理公文的数量，不被琐事、杂事羁绊，以便有时间和精力筹划重要事务；另一方面定期将重要公文的"摘由"整理成小册，呈送给主官核阅，从而让他对机关事务的整体状况有宏观的把握。第二是"以繁驭繁"，对第二、三层官应办事项及如何办理的流程应详尽地制定，并"设法使制度变成机械式"，② 使例行公文能快速准确地办理。③

当时民众对国民政府公文处理的速度抱怨颇多，"深望政府当局，对于处理公文的程序，亟须加以改善，并严加规定处理每文件的收到和发出的日期，以免人民受到意外的痛苦、增加意外的损失"。④ 因此，为了进一步加快公文处理速度，国民政府于 1945 年 7 月颁布《各机关稽催公文督导工作实施办法》，要求"各机关公文，依其性质，分为若干类（如最速件、速件、普通件等），规定办结时限……分层实施稽催"，并提出"单位稽催"和"统盘稽催"两种方式。⑤

尽管南京国民政府为提升公文处理效率采取了多种措施，但效果并不理

---

① 韩李敏：《陈国琛与民国时期南方三省的文书改革（二）》，《浙江档案》1989 年第 3 期。

② 杨端六：《政府文件及档案的处理方法》，《东方杂志》第 37 卷第 13 期，1940 年，第 55 页。

③ 时任甘肃省主席的谷正伦曾撰文指出："关于公文的核判，凡合于规定的条件时，例如各机关所赋予某单位职掌内的例行文件，依例备查及指令悉的文件，根据法令核示，而性质不关重要的文件，根据上级机关长官指示或核定办理的文件，以及因时间急迫，不及呈送上级核判而为权宜之处置，事后仍应补报或呈送补判的文件等等，都可以不经第一级官之核判，由主管司科长批发而已机关名义行之，这就是节省第一级官处理琐务的时间，加重属员的责任。"参见谷正伦《行政三联制的运用与分层负责办事细则拟定之商榷》，《甘肃省政府公报》第 502 期，1941 年，第 4~5 页。

④ 方正毅：《对于处理公文的观感》，《申报》1943 年 9 月 29 日，第 4 版。

⑤ 单位稽催与统盘稽催的区别主要在于其稽催的权限与范围不同，单位稽催由机关各单位指定人员对本单位未办理文件进行催办，而统盘稽催则由机关幕僚长指定人员对各单位承办文件随时稽催。参见《各机关稽催公文督导工作实施办法》，《教育部公报》第 17 卷第 7 期，1945 年，第 4 页。

想。例行文件办理迟缓在当时的国民政府各机关中是普遍存在的问题，却一直未能得到有效的解决。例如，行政院曾将"四川省三十三年度（1944年）政绩比较表"转发给教育部，要求从教育事务方面对四川省的政绩进行考核，不过迟迟未收到教育部的回复，行政院在1946年2月连续三次（6日、13日、27日）发出由行政院秘书长签发的"行政院催办案件通知单"，要求教育部尽快办理。[①] 为了提升公文处理效率，1946年底教育部部长发布谕令指出："近来公文仍觉迟缓，甚且有在传递中遗失者。盼经常依照督催公文办法实行催办，并请抽查若干文稿分电速件、普通件，注明自收文至发文所需时日、有无延搁等项具报。"而随后的统计数据显示，教育部各司每件公文平均处理时间在10天以上，处理较快的社会教育司平均用时10.5 + 天，处理最慢的国民司则需16.5天，而在公文处理的各环节中，"自司收发至拟到科长核稿"及"判后送还各司及科"所耗时日最多（见表5－5）。[②] 这在一定程度上表明"分层负责制"在教育部的实施情况并不理想。

表5－5　教育部处理公文时间登记及统计

主办单位	收文号	收送日期	自司收发至拟到科长核稿	司长核稿	会稿	呈判	判后送还各司及科	送缮	用印	封发	共计日数
社会教育司	2931	1月13日	13～16日	16～17日		17～19日	19～20日	20～21日	21日	21～22日	9
社会教育司	2610	1月12日	12～16日	16～17日		17～19日	19～20日	20～21日	21日	21～22日	10
社会教育司	3227	1月14日	14～17日	17日	17日	17～19日	19～21日	21日	21日	21～22日	8
社会教育司	89813	12月30日	30日至1月15日	15日		15～16日	16～19日	19～21日	21日	21～22日	22
……	……	……	……	……		……	……	……	……		……
每件平均日数			4	1		2 +	2 +	1.5 +			1 +	10.5 +

---

① 《教育部文书处理及其统计问题会议记录、公文进行程序改进办法、清查伪教育部档案办法及有关文书》，中国第二历史档案馆馆藏教育部档案，档案号：五－1771（2）。

② 《教育部文书处理及其统计问题会议记录、公文进行程序改进办法、清查伪教育部档案办法及有关文书》，中国第二历史档案馆馆藏教育部档案，档案号：五－1771（2）。

续表

主办单位	收文号	收送日期	自司收发至拟到科长核稿	司长核稿	会稿	呈判	判后送还各司及科	送缮	用印	封发	共计日数
国民司	1930	1月9日	9～16日	16～17日		17～19日	19～21日	21～22日	22日	22～23日	14
国民司	2634	1月12日	12～17日	17日		17日	17～21日	21日		21～22日	22～23日	11
国民司	4050	1月16日	16～19日	19日		19日	19～21日	21～22日	22日	22～23日	7
国民司	84563	12月10日	10日至1月17日	17日		17～19日	19～21日	21～22日	22日	22～23日	43
……	……	……	……	……	……	……	……	……	……	……	……
每件平均日数			10.5+		4	1.5+	2.5+	1.5+			1	16.5
蒙藏教育司	2277	1月10日	10～15日	15日	15～16日	16～19日	19～20日	20～21日	21日		21～22日	12
蒙藏教育司	87530	12月22日	22日至1月9日	9日	9～14日	14～15日	15～17日	17～21日	21日		21～22日	30
蒙藏教育司	1238	1月7日	7～10日	10～12日	12～14日	14～15日	15～17日	17～21日	21日		21～22日	15
蒙藏教育司	1942	1月9日	9～17日	17日		17～19日	19～21日	21～22日	22日		22～23日	14
……	……	……	……	……	……	……	……	……	……	……	……
每件平均日数			6.5+	1.5	2	2	1.5+	1.5-	1+		1.5	14+

地方政府的公文处理状况也不容乐观。1938～1940年，曾任后坪县县长的郭培师撰文指出，县级政府处理每件公文，须经过12～14道手续，时间最短两天，最长则要240天以上，耗费金钱最少1000元，最高可达20000元，此外耗费的簿册及人力数量也颇多。一件公文要消耗如此之多的手续、簿册、金钱、人力，其造成了以下十个方面结果：一是"失时效"；二是"不要下级及民众看"，"看不到、看不了、看不懂、看不透、看无趣、看无味"；三是将公文"送出门了事"，上行文送至邮局了事，下行文送至区乡驻县通讯处了事；四是"虎头蛇尾"，官场老手，对奉行政

令，有"先来挨打，后来挨骂，不来也罢"之秘诀；五是办文并不办事，收至发之手续无误即可，其他并不多管；六是推卸责任，办文即为办事，均照文承转；七是办文即不能办事，人力、物力用于办文，无余力办事；八是连文也办不好（因其手续繁杂、簿册繁多，不是专门学习公文管理的，不会办理）；九是"病君子而利小人"，办文期间，上下相互欺骗，敷敷衍衍；十为其他种类之结果。① 县级以下基层行政机关的公文处理状况更为糟糕。抗战期间，张国馨在调查中发现，分发到乡镇一级的公文，很少引起重视，更有甚者，一个任职半年的乡长，收到的公文不下数百件，经他手发出去的只有六件，其余不但没有发出去，没有照办，连拆封、登记，他也懒得麻烦，让它们原封不动乱七八糟地堆在一边。② 沈从文在《长河》中对此有过辛辣的讽刺：

> 油商伙里中却有个人翻案说："那里有什么银牌？我只听说烂泥乡约邀人出份子，一同贺喜那个去请赏的，一人五百钱，酒已喝过了，才知道奖牌要由县长请专员，专员请委员，委员请主席，主席请督办——一路请报上去，再一路批驳公文下来，比派人上云南省买金丝猴还慢得多！"③

1944年12月，行政院颁布《机关管理工作竞赛通则》，要求开展业务推行竞赛、人事管理竞赛、文书处理竞赛等，其中文书处理竞赛包括文书拟办竞赛、缮校竞赛、档案管理竞赛。④ 1947年2月，国民政府工作竞赛推行委员会通过《文书处理竞赛实施办法纲要》，主要从个人拟办文稿、各单位处理文件两方面开展竞赛，同时通过的还有《档案管理工作竞赛实施办法纲要》。⑤

---

① 郭培师：《公文改革实验谈（上）》，《政衡》新1卷第4期，1947年，第41~42页。
② 张国馨：《公文的新形式与新精神》，《新公务员》创刊号，1940年，第54~56页。
③ 沈从文：《长河（改订本）》，开明书店，1948，第180页。
④ 《为抄发机关管理工作竞赛通则仰参酌办理由》，《行政院公报》第8卷第2期，1945年，第30~32页。
⑤ 《文书处理竞赛实施办法纲要》，《北平市政府公报》第2卷第9期，1947年，第11~12页；《档案管理工作竞赛实施办法纲要》，《北平市政府公报》第2卷第9期，1947年，第12页。

与 20 世纪 30 年代的行政效率运动及文书档案改革运动一样，文书处理竞赛运动也是国民政府应对战时危机的一种紧急措施。根据工作竞赛推行委员会的要求，中央各部会及地方政府也制定了竞赛实施办法，比如教育部就于 3 月 10 日发布训令要求国立专科以上学校及各省市教育厅局尽快推行档案管理工作竞赛、文书处理竞赛。① 目前尚未有资料说明文书处理竞赛运动的实际效果，不过，这应该是南京国民政府推进文书处理改革的最后一项全国性举措。

总之，公文处理程序改革的主旨是在尽可能维护行文秩序的同时简化公文手续而提高公文处理的效率。然而，无论是技术性的举措还是制度性的分层负责制，都不能从根本上改善政府公文处理迟缓的弊端。对此，蒋廷黻的分析值得深思："依法，所有的文件都要由最下一层逐级呈到最上一层，然后再由最上一层退回最下一层。此种处理程序当然是很浪费时间的，同时还产生另外一种弊端：那就是冲淡了每个人的责任感。大家都处理了文件，至于一件工作是否已经做了、做得是否好倒没有人关怀了。"② 汪精卫曾坦言："将公文来长期旅行，是各级职员间通常易有的毛病，可是除了这件毛病之外，还有一件更大的毛病，便是将公事永远监禁。这件毛病，惟有长官乃有此威权。"③ 当时大多数办理公文人员的守旧心态也影响了公文的效率。当时有人对此做过深刻的揭露：

> 大衙门里秘书长以及科长、秘书的办公桌上，理应安放"尚未过目"的公文一束，达则"不吉"。办公桌上边的公文堆积如山，一则表示"公务羁身"，忙得"手不停挥""日不暇给"，"衙门"非"冷"可知；二则有"福寿绵绵""源源不绝"之意。公文益推得高，将来升迁的希望益大。④

---

① 《教部令饬所属实施工作竞赛》，《申报》1947 年 3 月 11 日，第 5 版。
② 《蒋廷黻回忆录》，第 235 页。
③ 《汪院长报告外交方针及"公文处理"改革经过：外交方针与内政方针一致》，《申报》1933 年 8 月 29 日，第 8 版。
④ 白丁：《公文的"监禁""旅行"及其他》，《十月谈》第 23 期，1934 年，第 13 页。

　　由此可见公文处理程序的效率化改革遭受的阻力之大。实际上，分层负责制等提高公文处理效率的举措，其核心在于明晰责任，而传统"公文政治"的诀窍在于推卸责任，因此一切试图改良"公文政治"的举措，都会遭到旧式行政文化的强烈抵制而将其积极作用化于无形。

结　语

从总体上看，南京国民政府构建了一套反映当时社会政治秩序、具有相当包容性的公文制度。正如美国学者塞缪尔·P. 亨廷顿所说："复杂社会中的政治共同性取决于该社会中政治组织和程序的力量……这种力量又依赖于这些组织和程序所得到的支持的范围及其本身的制度化水平。"[1] 在公文制度建设方面，南京国民政府充分考虑到了各种政治力量与社会力量的平衡，通过《公文程式条例》《中国国民党中央党部公文程式》《人民团体与党部往来程式》《蒙藏公文程式》等，以程式的权威性及公文所构建的权力关系和运行规则，将尽可能多的社会力量组织起来并遵从其政治程序，试图重建一种稳定的政治社会秩序。除非国家行政体制或施政程序发生巨变，南京国民政府不会轻易启动国家层面公文程式的修订工作，注重国家层面制度的稳定性，从而通过具有稳定性、规范性和可预期性的公文制度来强化行政组织秩序的权威性。此外，在公文程式由中央向地方推进的过程中，因为文种或行文秩序而引发权力与地位之争时，国民政府基本上能从维护行政秩序或政治形象出发区别处理。例如，省政府合署办公制度实施以后，蒋介石坚持省政府才有对外直接行文的权力，并反对中央各部会及省政府各厅处对县政府直接行文，就是为了维护一级行政机关职权的完整与统一，防止行文秩序的紊乱与行文数量的失控，从而控制"政出多门、政令不一"等影响政府形象的事件发生。在商会开展抵制区署制度下公文程式活动之际，国民政府又采取了一定的妥协策略，反映出政府对商人团体并非一味严加"管控"，也会采取较为缓和的管理方式，以维护其执政党"革新"的社会形象。在人

---

[1] 〔美〕塞缪尔·P. 亨廷顿：《变动社会的政治秩序》，张岱云等译，上海译文出版社，1989，第13页。

民团体之间及人民团体内部因为用"令"还是用"函"时起争端之际，国民政府还会善意地提醒它们要注意防止"团体机关化"的趋向。

从制度层面看，南京国民政府创建了真正现代意义上的新式公文。南京临时政府时期与北京政府时期虽然开创性地制定了具有现代意义的系列文种、署名、盖印及公布制度，但主要局限于文种的更名与设置，基本没有涉及公文内容与形式深层次的改革。当时语体文、标点符号等方面的推进工作主要是来自社会力量。南京国民政府成立后，官方的权力及资源全面介入并应用于公文领域。1928年5月，内政部颁发《暂行公文革新办法》，启动了涵盖公文用语、分段标点、简化结构等多方面的公文革新运动。与此同时，陈立夫在国民党中央党部，蒋梦麟在教育部，黄伯樵在上海市公用局，均开展了相应的公文革新工作，尤其是教育部制定的《划一教育机关公文格式办法》以详细的规则，提升了新式公文的可操作性，并促使国民政府全面介入新式公文的推广，从制度层面为新式公文在行政系统的铺开奠定了坚实的基础。南京国民政府对帝制时期繁杂多样的公文用语进行规范与简化，对体现"上尊下卑"官场礼仪的旧公文制度及其依附的传统行政文化形成了巨大的冲击。

南京国民政府顺应现代行政科学管理的时代需求，从技术和制度两个层面积极构建了一套科学有序、高效合理的公文处理及运作体系。与北京政府时期侧重于公文格式的标准化建设不同，南京国民政府借鉴西方国家先进的行政管理经验与公文制度建设经验，以提升政府的行政效率为导向，同步推行公文结构与公文处理的标准化、规范化。南京国民政府的高层集中了国民党政权的绝大部分精英，甘乃光等创建行政效率研究会，吸纳了周连宽、何鲁成等一批文书档案管理专家，发起文书档案改革运动，为公文处理改革的深化提供了方向。九一八事变以后，蒋介石倡导"专家政治"，吸纳了一大批自由派知识分子与政府合作，其中翁文灏、蒋廷黻、蒋梦麟等人成为蒋介石的心腹幕僚和亲信。[1] 翁文灏担任过行政院秘书长、行政院副院长及院长，蒋廷黻担任过行政院政务处处长，蒋梦麟先后担任教育部部长和行政院

① 陈谦平：《民国对外关系史论（1927~1949）》，生活·读书·新知三联书店，2013，第99~101页。

秘书长，蒋梦麟、蒋廷黻均在国民政府时期的公文改革工作中贡献甚多。抗战前后，国民政府仿照欧美和日本行政管理实践中详订办事规则、"分层授权"的做法，积极推行"分层负责制"，构建了三个层级的公文处理机制，并通过"分层稽催"等机制提高公文处理效率。

当然，这一时期的公文制度还存在一些值得总结的教训。比如，南京国民政府颁布《公文程式条例》时，延续了北京政府时期的做法，只对文种、署名、盖印、发布等方面进行规范，并未涉及公文的收发、编号、归档等处理程序。这些公文处理程序通常包含在行政机关的官制规定之中。这固然给予各行政机关在公文处理方面较大的自由权，却不利于国家层面公文处理程序的标准化、规范化建设，在一定程度上影响了各级行政机关公文处理工作的效率。对此，新中国成立后，政务院于1951年9月29日颁布了《公文处理暂行办法》，[①] 涉及文种、体式、办理程序、行文关系、催办检查、档案、保密等方面的内容，第一次将公文处理程序列入国家层面的公文制度规章。

客观地讲，为了维护政治秩序、提高行政效率，南京国民政府在公文制度建设方面做了最大的努力，它所创设的使用语体文、分段标点、简化结构的新式公文，以及技术改进与制度改革同步进行的公文处理机制，都极具现代意义，极大提升了中国公文制度现代化的整体水准。为了使国家的公文制度积极地适应现代化，南京国民政府运用法律、政策等多种手段在国家层面推动公文程式改革，试图改变传统的公文价值观与运作模式，并努力将那些产生于现代化并因现代化而发展壮大起来的各种社会力量吸纳入官方的公文运作体系当中，以改变中国长期以来形成的受专制思想影响的旧式行政公文文化与行为模式。但从更宏观的角度看，它的这些努力并未从根本上消除公文制度及其运作过程中的非现代性因素，远未建立有序、高效的现代公文运行系统，究其原因，包括以下层面的问题。

首先，中央政府的权威缺失是公文制度难以推广与真正执行的根本原因。南京国民政府虽然名义上实现了统一，但中央政府对各地的控制能力差

---

① 《〈公文处理暂行办法〉（1951年9月29日中央人民政府政务院颁发）》，中国人民大学档案系编《档案工作文件和论文选编》，内部资料，1979，第30～40页。

异很大，再加上中国地域辽阔，交通不便，公文制度在地方的推广与执行情况并不一致，国民党政权所制定的公文制度或者改革方案在很多省份其实流于形式，难以有效执行。抗战前后，从行政院乃至蒋介石三令五申要求进行公文改良而效果不著的情形，不难判断当时颁布的有关公文运转方面的规章制度很多情况下都只变成"具文"，难以实施。这种情况在南京国民政府时期屡见不鲜，一直未能根本改善。对此，有人主张废除现行公文程式，将公文当作一篇叙事文、议论文甚至一封信，如此一来，"任何人，他只要对于某一件事有清楚的认识，能够用文学把他自己的意思清顺的写出来，就可以办这一件公文"。① 比较激烈的人士甚至主张将现行的公文程式根本废除，一切均用公函处理。有人担心"公函"的严肃性较差，受文机关还有斟酌的余地，担心受文机关不愿意执行。对此，陈之迈认为："其实这种顾虑是不必的，因为政府机关本有系统，上下隶属，至为明显。故真正的上级机关只用公函，下级机关也必奉之维谨；若是不相隶属的机关，即使滥用命令，也不见得便可发生效力。"② 陈之迈的分析从一个侧面道出了国民政府公文制度推行不力的根源，即国民党政权在当时无法完全对各地方政府进行直接的控制，它所能掌控的省份是有限的，地方政权实际是在各地方军事实力派的手中。甚至在县以下的基层，"地方土绅能肆意涂改公文、拒收公文、把持地方事务"的案例不在少数。③ 因此，尽管国民政府、行政院三令五申要求对公文制度进行改革，但并没有得到地方特别积极的响应，公文改革开展比较好的福建、台湾及浙江，其成效均是在公文改革派代表人物陈仪主政时期取得的。对此，尚静波有过深刻的分析：

> 现在各省承军阀割据之后，仍不免遗留武人盘踞，恣肆自主的迹象，且各省拥有独立的财权……因此，在中央势力未能充分巩固的时候，各省对于中央的法令，即不免阳奉阴违，或竟置之一旁……如中央欲架设长途电话，各省则同时就同一路线亦为架设，于是有交通部与各

---

① 无我：《废除公文程式》，《经纬生活》第 1 卷第 5 期，1947 年，第 6 页。
② 陈之迈：《中国政府》第 2 册，第 90 页。
③ 樊英杰：《公文革新与基层政治——公文制度在民国荣县的实践》，里赞主编《法律史评论》第 10 卷，法律出版社，2018，第 43 页。

省之争……中央欲建筑某地铁路，而各省同时令筑其平行线，于是又有
铁道部与各省之争……就前述中央命令限制地方职权一点而论，因各省
实力的雄厚，暨省主席委员之政治的或私人的势力与地位的优越，中央
院部会虽得以法令剥削缩小其职权，亦往往遇事审慎，不欲动辄以法令
干涉。即省之立法命令与施政办法，显与中央法令抵触者，一经呈请，
中央亦每视为适应地方情形的"变通办法"，而暂准照办，或暂予备
案……从法令条文而论，中央和地方的权限分配，至少在方式上是中央
集权的；可是从事实来看，中央的控制权，则未能充分的行使。①

　　面对公文办理迟缓、行政效率低下的痼疾，以蒋介石为首的国民党集团
试图通过重建、强化中央政治权威的方式来提高公文处理的效率，而公文革
新在中央制度与地方基层实践之间的"名实难副"，反映出国民政府虽意在
改革，却忽略了中央对地方的把控能力以及地方威权对地方的实际掌控与把
持情势。国民政府高层在组织、程序化手段未能马上奏效的情况下，却通过
行政行为的方式重建了一套超越政府层级与程序的公文运作系统，打破了公
文运作的正常组织化、程序化建设，使公文程式强化行政科层制上级与下级
的等级性和权威性功能逐步丧失，官方主导的兼顾秩序与效率的公文制度改
革的合法性因此自我弱化。蒋介石控制国民党政权的手段主要是凭借其强大
的军事实力，并将以黄埔门生集团为核心的嫡系作为控制庞大权力系统的基
干。黄埔系对蒋的忠诚和蒋对黄埔系的信赖与扶持都是一种变形的宗法关系
纽带作用的体现。这些人视负有不同法定责任的上下级关系为师生关系，呈
报正式行政公文也常以"学生"二字签署。② 军事委员会委员长南昌行营、
武昌行营及国防最高委员会先后成为凌驾于国民政府之上的"太上政府"，
为了提高公文处理的效率，1936 年蒋介石将"剿匪"期间临时组建的"国
民政府军事委员会委员长侍从室"用法律的名义固定下来，作为个人控制
庞大权力体系的核心机构，其中侍从室第二处第四组主管党政、秘书工作，
成为蒋介石处理公文的"内廷"机构，制定了一套严格的文书处理程序，

---

① 尚静波：《我国地方行政动向论》，《民族》第 4 卷第 10 期，1936 年，第 1660 页。
② 陈廷湘：《论抗战时期国民党的政制建设》，《抗日战争研究》1992 年第 2 期。

有关党政军要务的公文均由其处理。① 南昌行营等"太上政府"的运转打破了正常的行政运行机制，实际上将行政院变为一种公文承转机构，不仅严重损害了政府的形象与威信，也增加了公文流转的层级，导致了公文运作体系的繁杂与紊乱。侍从室的建立，可以使蒋介石摆脱烦琐的政府行政程序，将个人旨意通过近侍直接下达给执行者，同时将各种情况通过近侍直接掌控。② 这些强化集中的特权行为虽然在一定程度上保证了蒋介石的集权，有利于他指令（手令）的传递与执行，但这种随意超越科层组织的行为破坏了公文运转体系的运行，从长远来看，又降低了政令的执行效率。蒋介石大权独揽在行文方面的严重后果，就是手令滥发，甚至直接干涉各级机关主管事务，各级机关长官因循守旧、敷衍塞责，办事效率更为低下。蒋介石强调要维护各级机关的职权完整性，推出"分级负责制"，自己却随意干涉各级机关长官的分内事务；他要求机关内部确定办事细则，各尽职守，"分层负责"，自己却大权独揽。现代行政组织运行规则与传统特权行为的冲突导致行文冗余，效率低下，成为国民党政权有效运作的主要障碍。抗战期间，行政院的公文办理迟缓，各省政府的行政计划与预算案，送院审查的往往半年不能完毕。陈克文在 1940 年 5 月 25 日的日记中写道："大概现在各机关行政效率之低落都不是一机关单独负责的，是互相牵连的。"③ 尽管蒋介石此后多次要求加强公文改良，提升公文处理效率，但依旧无济于事。

其次，新式公文制度推广的艰难，折射出从传统到现代转型的大环境下旧式行政文化与公文运作机制的惯性力量依然强大。南京国民政府时期依旧是中国新旧文化交替的过渡时期，传统文化与现代观念的冲突与共存是当时社会文化的常态，这也使得公文的形式及其处理规则具有新旧共存的时代痕迹。南京国民政府初期，表示帝制时代跪拜礼仪的"叩""伏乞"字样依旧很普遍地通用，秘书先生们还在大做特做"极尽雕琢之能事"的"骈四骊

---

① 参见秋宗鼎《蒋介石的侍从室纪实》，中国人民政治协商会议全国委员会文史资料研究委员会编《文史资料选编》第 81 辑，文史资料出版社，1982，第 103～153 页；文海编著《核心机密：侍从室的人与事》，中国文史出版社，2011；张皓《派系斗争与国民党政府运作关系研究》，商务印书馆，2006，第 334～350 页。

② 张皓：《派系斗争与国民党政府运作关系研究》，第 350 页。

③ 陈方正编辑、校订《陈克文日记：1937～1952》上册，第 570 页。

六"的"党八股"。对此有人大呼："天天喊着革命的人，却常常做出不革命的事来；挂了革命的招牌，其实却一切还是一仍其旧。"① 这应当与当时实际从事文书工作的人员组成状况相关。北京政府时期，行政机关的公文处理人员不少具有清朝科举功名，其中很多是由幕僚、书吏转变而来，尽管有新式公文程式，但公文处理"都是根据前清的习惯"，"走不出旧时的窠臼"。② 由于民国初期"社会上对于前清的科举功名，还是普遍的尊重"，③因此这一状况到了南京国民政府初期依旧未见太大改观。1927 年 5 月，国民政府颁布《国民政府秘书及科员任用规则》，对国民政府各机关任用秘书及科员的资格进行了规定，要求"秘书及科员须为中国国民党党员"，且有"国内外大学或专门学校以上毕业"，秘书、科员分别要求三年、四年以上文职经历。④ 受此影响，南京国民政府时期文书工作人员中科举出身的人数逐年减少，但并未完全绝迹。1928 年上海市政府秘书处暨各局职员中，清朝科举出身者有 281 人，占总数的 15.78%。⑤ 此后，清朝科举出身人员所占比例逐渐降低，例如，截至 1931 年 9 月，威海卫管理公署秘书处 16 人中，清朝科举人员为 2 人，占 12.5%；⑥ 而到了 1933 年 12 月，湖北省政府秘书处总共 121 人，清朝科举人员为 2 人，仅占 1.65%。⑦ 当然，在公文改革比较积极的地方，这一状况有很大的改变，比如 1935 年 12 月，在陈仪主政闽省之际，福建省政府各厅处 849 名职员当中，科举出身的仅有 10 人，其中 5 人还为编外人员，占总数的 1.18%，而秘书处的 176 名职员则无一人出身科举，接受过新式高等教育者 81 人，占总数的 46.02%。⑧ 省级行政

① 钦洛：《从文书革命所想到的几句话》，《新评论》第 9 期，1928 年，第 33～34 页。
② 邹炽昌：《公文处理法》第 3 版，第 133 页。
③ 吴家骐：《董必武同志早年活动点滴》，中国人民政治协商会议全国委员会文史资料研究委员会编《革命史资料》(2)，文史资料出版社，1981，第 167 页。
④ 《国民政府秘书及科员任用规则（十六年五月二十一日公布）》，《司法公报》创刊号，1927 年，第 67～68 页。
⑤ 上海市地方协会：《上海市统计》(1933 年)，"行政"，第 12 页，转引自何一民主编《近代中国城市发展与社会变迁（1840～1949 年）》，科学出版社，2004，第 353 页。
⑥ 《威海卫管理公署秘书处暨各科局职员出身统计表》，《行政公报》第 2～3 期合刊本，1932 年，第 239 页。
⑦ 《湖北省政府秘书处职员出身统计表》，《湖北省政府公报》第 36 期，1933 年，"调研及统计"，第 1 页。
⑧ 陈国琛：《文书管理与人事管理的改革》，《闽政三年》，第 62 页。

机关尚且如此，县级政府的文书工作人员出身清朝书吏的比例更高，民国政治学家张纯明调查后发现，"在内地各省的县政府，依然有不少旧式书吏窟穴其中"，比如 1935 年前后河北各县经手征收赋的人员还都是清朝遗留下来的书吏。① 此外，尽管当时科举制度废除已久，国民政府倡办新式学堂、限制与改造私塾的政策实行多年，但私塾与新式学堂、学校并存的情况依旧存在，根据 1935 年国民政府教育部的统计，当时江苏仍有书塾 24259 所，塾师 24299 人，学生 436647 人，占据江苏省教育的大半壁江山。② 由此不难看出，当时传统文化虽受到西方文化及民主思想的冲击，但依然具有较广的民众基础，因此何鲁成在 1934 年在《独立评论》撰文指出，包含公文改革的行政改革不仅是一个技术问题，也是一个社会心理问题。③ 从当时文化及教育的整体生态看，新旧文化并存的格局一时难以打破，行政组织体系当中新旧势力的冲突与斗争也在很大程度上决定了新式公文制度的方向及运行状况。在传统社会体系中生活惯了的民众一时难以适应突破旧文化体制的公文制度，而与新文化体制相联系的公文制度及其外在表征又无法满足具有新思想的民众的期待，那么民众对公文制度的不满和不信任心理就很容易滋生蔓延。

1947 年 11 月，刘福沅发表了一篇题为《论公文革命》的文章，疾呼：

> 尽管我们挂了三十六个年头的民主国家招牌，尽管经过了倒满、讨袁、北伐以及公布宪法一连串的民主史迹，而我们上下尊卑的封建观念和傲慢、谄媚的下流习性，依旧在官场中丑态毕露，依旧在公文用语中表现出来而不以为怪……民主国家的人民，应当有民主国家人民的风范，民主国家的政府，应当有适合民主国家政府的文书制度！国家政体变更了，公文的内容和形式也应当随政体之革命而革命！要在公文中充分表现出民主国家自由、平等、博爱的伟大精神！④

---

① 张纯明:《中国政治二千年》，商务印书馆，1940，第 53 ~ 54 页。
② 张倩如:《江苏古代教育生态》，凤凰出版社，2005，第 43 页。
③ 何鲁成:《行政改革上的技术与心理》，《独立评论》第 128 号，1934 年，第 932 ~ 935 页。
④ 刘福沅:《论公文革命》，《物调旬刊》第 29 期，1947 年，第 9 页。

　　政治制度是一个国家文化的体现，也是时代的产物。制度背后是一个国家和民族特定地域、特定生产方式、特定社会组织长期形成的政治文化的表现形式。历经近二十年的公文制度改革，南京国民政府的公文形态依旧"新旧并存"，难怪当时的民众发出这样的呼声。

　　简言之，从制度层面看，南京国民政府在建立符合现代政府职能及运作机制的公文制度体系上，确实做出了很大努力与尝试，但在实践层面却始终未能将其完整地融入现代科层组织运作系统，未能解决公文运作中秩序与效率的兼顾难题。公文程式背后的地位、权力纷争，阻碍着其在实践层面的转型，进而造成公文制度改革所形成的表面制度与地方基层实践之间的文化裂痕日趋扩大。这也说明，政治制度的改革是多层面、综合性的工程，单纯地进行表层的、技术层面的改革是无法达成其秩序重建与效率提升的目的的，更重要的是政治体制的变革与文化传统的除旧布新。

参考文献

一　档案、政府公报、期刊

台湾国民党中央党部党史馆国民政府档案

台湾"国史馆"国民政府档案

中国第二历史档案馆北洋政府档案

中国第二历史档案馆内政部档案

中国第二历史档案馆教育部档案

中国第二历史档案馆社会部档案

中国第二历史档案馆国民党中央秘书处档案

《大公报》

《国风报》

《立报》

《申报》

《时代日报》

《铁报》

《新闻报》

《中央日报》

《北洋官报》（1902～1911 年）

《南洋官报》（1904～1911 年）

《内阁官报》（1911 年）

《临时政府公报》（1912 年 1 月 29 日至 1912 年 4 月 5 日）

《临时公报》（1912 年 2 月 13 日至 1912 年 4 月 30 日）

《政府公报》（1912～1928 年）

《司法公报》（1915 年）

《中央党务月刊》（1930～1936 年）

《中华民国国民政府公报》（1927 年）

《国民政府公报》（1927～1948 年）

《行政院公报》（1928～1945 年）

《立法院公报》（1929～1944 年）

《考试院公报》（1930～1938 年）

《司法院公报》（1932～1934 年）

《监察院公报》（1931～1937 年）

《内政公报》（1928～1942 年）

《工商公报》（1928～1941 年）

《司法公报》（1927～1936 年）

《大学院公报》（1928 年）

《教育部公报》（1929～1945 年）

《外交部公报》（1936 年）

《交通公报》（1936 年）

《军政旬刊》（1933～1934 年）

《军政公报》（1933 年）

《上海市政府公报》（1930～1946 年）

《湖北省政府公报》（1930～1934 年）

《江西省政府公报》（1927～1940 年）

《河北省政府公报》（1928～1931 年）

《广西省政府公报》（1941～1942 年）

《甘肃省政府公报》（1927～1941 年）

《福建省政府公报》（1933～1937 年）

《河南省政府公报》（1936～1941 年）

《北平市政府公报》（1946～1947 年）

《广东省政府公报》（1930～1934 年）

《安徽教育行政周刊》（1928 年）

《绥靖旬刊》（1933～1935 年）

《京沪沪杭甬铁路日刊》（1933 年）

《地方行政》

《东方杂志》

《独立评论》

《法令周刊》

《法政杂志》

《观察》

《汗血月刊》

《暨南周刊》

《交大季刊》

《民族》

《清华周刊》

《师大学刊》

《十日谈》

《新公务员》

《新经济》

《新评论》

《新月》

《文艺杂志》

《文藻月刊》

《物调旬刊》

《行政效率》

《行政研究》

《行政与训练月刊》

《政衡》

《中兴周刊》

二 资料性书籍

北京图书馆编著《民国时期总书目（1911～1949）·语言文字分册》，书目文献出版社，1986。

蔡鸿源、周光培等编《南方政府公报》第 3 辑，河北人民出版社，1987。

陈方正编校《陈克文日记：1937～1952》上册，社会科学文献出版社，2014。

陈国琛：《文书改革在台湾》，台湾书店，1947。

陈国琛：《文书之简化与管理》，台湾新生报社，1946。

陈觉民：《现行公文作法》，大东书局，1932。

陈旭麓主编《宋教仁集》，中华书局，1981。

陈之迈：《中国政府》，商务印书馆，1946。

存萃学社编《中国近代史资料丛编·辛亥革命资料汇辑》第 1 册，香港，大东图书公司，1980。

戴渭清编辑《国民政府公文程式新编》，民治书店，1928。

董浩编《标点公文程式》，会文堂新记书局，1934。

杜冽泉、韩潮：《公文书程式分类详解》，会文堂书局，1913。

福建省县政人员训练所编辑课编《闽政三年》，福建省政府秘书处公报室刊行，1937。

高平叔、王世儒编《蔡元培书信集》（上），浙江教育出版社，2000。

高平叔撰著《蔡元培年谱长编》第 3 卷，人民教育出版社，1999。

故宫博物院明清档案部编《清末筹备立宪档案史料》，中华书局，1979。

《顾维钧回忆录》，中国社会科学院近代史研究所译，中华书局，2013。

顾震白：《文书处理法》，耕耘出版社，1946。

国家档案局明清档案馆编《戊戌变法档案史料》，中华书局，1958。

国民政府法制局编，葛建时校印《国民政府现行法规》，卿云图书公司，1928。

国民政府法制局编《国民政府现行法规》第 2 集，商务印书馆，1930。

国民政府文官处编《国民政府法规汇编》第 1 辑，国民政府文官处，1929。

胡颂平编著《胡适之先生年谱长编初稿》（3），台北，联经出版事业公司，1990。

胡瑗编纂，姚成翰校订《司法公文式例解》，商务印书馆，1914。

黄柏涯：《标点活用：时代公文程式大全》，东方文学社，1934。

黄彦、李伯新选编《孙中山藏档选编（辛亥革命前后）》，中华书局，1986。

姜义华主编《胡适学术文集·语言文字研究》，中华书局，1993。

教育部：《划一教育机关公文格式办法》，中华书局，1930。

金寒英编著《公文新范》，中华书局，1947。

黎锦熙：《国语运动史纲》，商务印书馆，1934。

李启成校订《资政院议场会议速记录——晚清预备国会论辩实录》，上海三联书店，2011。

梁上燕：《县政府公文处理与档案管理》，中国行政研究社，1942。

刘寿林编《辛亥以后十七年职官年表》，中华书局，1966。

吕彦深编《外交公文范》，中华书局，1938。

钱文忠编著《应用文讲话》，乐华图书公司，1934。

全国政协文史资料委员会编《中华文史资料文库》第 8 卷《政治军事编》，中国文史出版社，1996。

荣孟源主编《中国国民党历次代表大会及中央全会资料》，光明日报出版社，1985。

上海法学编译社编《标点公文程式》，会文堂新记书局，1946。

方闻编《清徐松龛先生继畲年谱》，台湾商务印书馆，1982。

韦维清：《新旧公文程式合述》，上海法学书局，1934。

徐望之：《公牍通论》，商务印书馆，1931。

许同莘：《公牍学史》，商务印书馆，1947。

姚啸秋：《最新标点公文程式大全》，大光明书局，1933。

苑书义、孙华峰、李秉新主编《张之洞全集》第 2 册，河北人民出版社，1998。

张纯明：《中国政治二千年》，商务印书馆，1940。

张锐、殷菊亭：《公文程式与保管》，商务印书馆，1935。

章开沅、刘望龄、叶万忠主编《苏州商会档案丛编》第 1 辑，华中师范大学出版社，1991。

中国第二历史档案馆、中国藏学研究中心编《中国第二历史档案馆所存西藏和藏事档案汇编》第 7 册，中国藏学出版社，2010。

中国第二历史档案馆编《国民党政府政治制度档案史料选编》，安徽教育出版社，1994。

中国第二历史档案馆编《民国时期文书工作和档案工作资料选编》，档案出版社，1987。

中国第二历史档案馆编《南京临时政府遗存珍档》，凤凰出版社，2011。

中国第二历史档案馆编《中华民国史档案资料汇编》第 2 辑，江苏人民出版社，1981。

中国第二历史档案馆编《中华民国史档案资料汇编》第 5 辑第 1 编"政治"（1），江苏古籍出版社，1994。

中国第二历史档案馆编《中华民国史档案资料汇编》第 5 辑第 3 编"政治"（2），江苏古籍出版社，1999。

中国第一历史档案馆编《光绪朝上谕档》，广西师范大学出版社，1996。

中国国民党中央委员会党史委员会：《最高国防委员会常务会议记录》第 5 册，台北，近代中国出版社，1995。

中国人民政治协商会议广东省委员会文史资料研究委员会编《广东文史资料》第 66 辑，广东人民出版社，1991。

中国人民政治协商会议全国委员会文史资料研究委员会编《革命史资料》（2），文史资料出版社，1981。

中国人民政治协商会议全国委员会文史资料研究委员会编《文史资料选编》第 81 辑，文史资料出版社，1982。

中国人民政治协商会议全国委员会文史资料研究委员会编《辛亥革命会议录》第 1 集，文史资料出版社，1981。

中国社会科学院近代史研究所《近代史资料》编辑部编《近代史资料》（总 105 号），中国社会科学出版社，2003。

中国社会科学院近代史研究所中华民国史研究室、中山大学历史系孙中山研究室、广东省社会科学院历史研究室编《孙中山全集》第 2 卷，中华书局，1982。

《中国国民党第一次全国代表大会宣言及决议案》，中央执行委员会，1924。

《中国国民党第二次全国代表大会宣言及决议案》，中央执行委员会，1926。

《中国国民党重要宣言训令集（十三年 1 月起十四年 12 月止）》，中国国民党陆军军官学校政治部，1925。

三　著作

〔美〕卞历南著、译《制度变迁的逻辑：中国现代国营企业制度之形成》，浙江大学出版社，2011。

陈谦平：《民国对外关系史论（1927～1949）》，生活·读书·新知三联书店，2013。

陈胜强：《中国近现代的中央官署变革：文化底蕴与制度表达》，武汉大学出版社，2013。

陈亚平：《清代法律视野中的商人社会角色》，中国社会科学出版社，2004。

迟云飞：《清末预备立宪研究》，中国社会科学出版社，2013。

丁身尊主编《广东民国史》上册，广东人民出版社，2004。

董霖：《战前之中国宪政制度》，台北，世界书局，1968。

段金生：《南京国民政府的边政》，民族出版社，2012。

〔美〕费正清、刘广京编《剑桥中国晚清史 1800～1911 年》下卷，中国社会科学院历史研究所编译室译，中国社会科学出版社，1993。

郭攀：《20 世纪以来汉语标点符号研究》，华中师范大学出版社，2009。

胡元德：《古代公文文体流变》，广陵书社，2012。

李昌远：《中国公文发展简史》，复旦大学出版社，2007。

李剑农：《中国近百年政治史：1840～1926 年》，复旦大学出版社，2002。

李俊清：《现代文官制度在中国的创构》，生活·读书·新知三联书店，2007。

李细珠：《地方督抚与清末新政——晚清权力格局再研究》，社会科学文献出版社，2012。

李细珠：《张之洞与清末新政研究》，上海书店出版社，2003。

李章程：《民国时期的公文改革与行政效率（1912～1949）》，中国社会科学出版社，2016。

刘大禹：《国民政府行政院的制度变迁研究（1928～1937）》，社会科学文献出版社，2012。

刘刚、焦洁编著《临时政府职官传略》，广州人民出版社，2003。

刘文杰编著《中国档案学文书学要籍评述（1910～1986）》，四川大学出版社，1987。

罗元铮编著《中华民国实录》，吉林人民出版社，1999。

倪道善编著《明清档案概论》，四川大学出版社，1990。

裴燕生：《历史文书》，中国人民大学出版社，2009。

钱实甫：《北洋政府时期的政治制度》，中华书局，1984

沈蕾：《民国时期公文程式研究》，世界图书出版公司，2014。

汪朝光主编《蒋介石的人际网络》，社会科学文献出版社，2011。

汪桂海：《汉代官文书制度》，广西教育出版社，1999。

王开玺：《晚清政治新论》，商务印书馆，2006。

王奇生：《党员、党权与党争——1924～1949 年中国国民党的组织形态》，上海书店出版社，2003。

王世杰、钱端升：《比较宪法》，商务印书馆，1999。

文海编著《核心机密：侍从室的人与事》，中国文史出版社，2011。

吴玉章：《辛亥革命》，人民出版社，1961。

袁晖、管锡华、岳方遂：《汉语标点符号流变史》，湖北教育出版社，2002。

张海鹏、李细珠：《中国近代通史》第 5 卷，江苏人民出版社，2005。

张皓：《派系斗争与国民党政府运作关系研究》，商务印书馆，2006。

张皓：《中国现代政治制度史》，北京师范大学出版社，2010。

张宪文主编《中华民国史纲》，河南人民出版社，1985。

张玉法主编《中国现代史论集》第 7 辑，台北，联经出版事业公司，1982。

章开沅、严昌洪主编《辛亥革命与中国政治发展》，华中师范大学出版社，2005。

中国社会科学院近代史研究所民国史研究室、四川师范大学历史文化学院编《一九一〇年代的中国》，社会科学文献出版社，2007。

周定枚：《公文程式详论》，法学编译社，1932。

周连宽编著《公文处理法》，正中书局，1945。

周庆智：《官治与民治：中国基层社会秩序的重构》，社会科学文献出版社，2019。

周锁洪主编《公文处理》，高等教育出版社，1996。

周雪恒主编《中国档案事业史》，中国人民大学出版社，1994。

朱伯郊：《文书处理程序》，中国文化服务社，1946。

朱英：《近代中国商人与社会》，湖北教育出版社，2002。

邹炽昌：《公文处理法》第 3 版，世界书局，1932。

四　研究论文

丁琳琳：《民国时期通用文种演变的规律研究》，《档案学通讯》2011年第 2 期。

丁之方：《清代的公文制度及其演变》，《史林》1989 年第 4 期。

董俭：《浅论南京国民政府的文书档案改革运动》，《档案学通讯》1989年第 5 期。

樊英杰：《公文革新与基层政治——公文制度在民国荣县的实践》，里赞主编《法律史评论》第 10 卷，法律出版社，2018。

冯惠玲：《我国封建社会文书抬头制度》，《历史档案》1985 年第 1 期。

傅荣校：《南京国民政府前期（1928～1937年）行政机制与行政能力研究》，博士学位论文，浙江大学人文学院，2004。

韩李敏：《陈国琛与民国时期南方三省的文书改革》，《浙江档案》1989年第2～3期。

何增光：《民国监督制度研究》，博士学位论文，浙江大学人文学院，2004。

侯吉永：《20世纪30年代"公文革命"思想一览》，《档案》2014年第4期。

侯吉永：《简论民国公文的旧式套语及其简化进程》，《档案与建设》2013年第6期。

侯吉永：《民国公文的白话化转型》，《汉语言文学研究》2014年第4期。

侯吉永：《民国公文体系设置与政治体制的互动关系——以命令性（令体）公文为例》，《档案》2014年第7期。

侯吉永：《民国时期的任命状文书考述》，《档案学通讯》2013年第2期。

侯吉永：《民国学人的公文白话化思想钩沉》，《档案》2014年第3期。

侯吉永：《民国政府的权威危机与公文革新的限度》，《档案》2015年第2期。

侯吉永：《中国公文程式的现代化转型研究（1912～1949）》，《档案学通讯》2014年第3期。

黄才庚：《清末"改题为奏"研究》，《档案》1987年第4期。

黄贵苏：《略析国民政府时期文书制度的因袭性》，《档案学通讯》1995年第1期。

纪浩鹏：《名实之间：清末预备立宪时期的公文程式之争》，《档案学通讯》2019年第2期。

姜德法：《国民党时期国家机关公文结构和用语简释》，《档案学通讯》1987年第1期。

蒋卫荣、郭添泉：《传统文书档案工作的近代转型完成于抗战时期》，《档案学通讯》2011年第5期。

蒋卫荣、郭添泉：《民国时期文书与档案工作的创新与演进——以各时期〈公文程式（令）〉的考察为中心》，《档案学通讯》2009 年第 6 期。

李章程：《民初（1912 年～1913 年）公文程式推行遇阻探析》，《档案管理》2015 年第 5 期。

李祚明：《袁世凯时期北洋政府文书工作制度》，《历史档案》1983 年第 2 期。

凌远征：《标点符号推行小史》，《语言教学与研究》1986 年第 3 期。

刘维开：《国防最高委员会的组织与运作》，《国立政治大学历史学报》2004 年第 21 期。

沈蕾、刘琪：《民国时期公文的盖印和署名》，《档案学通讯》2015 年第 6 期。

沈蕾：《民国时期公文文种演变评析》，《档案学研究》2010 年第 2 期。

王俊明：《民国时期印信制度初探》，《民国档案》1997 年第 4 期。

王铭：《论民国时期对文件的标点、分段》，《档案学研究》2002 年第 6 期。

王铭：《民国公文标点、分段的演变和意义》，《档案与建设》2002 年第 9 期。

魏文享：《制约、授权与规范——试论南京国民政府时期对同业公会的管理》，《华中师范大学学报》2004 年第 4 期。

杨述：《民国公文中人民诉求的表达》，《语文学刊》2016 年第 1 期。

袁晓川：《民国时期"公文程式"解读》，《档案学通讯》2013 年第 2 期。

袁晓川：《民国时期"公文程式"类图书的出版实践》，《编辑之友》2017 年第 9 期。

袁晓川：《南京国民政府时期推行公文标点符号的过程及成效》，《档案学通讯》2014 年第 1 期。

张静：《南京国民政府成立初期的国民党政权——史学界对 1928～1932 年民国政治史的研究述评》，《南京大学学报》（哲学·人文科学·社会科学版）2014 年第 6 期。

郑成林：《1926～1937 年国民政府与商会关系述论》，《近代史研究》

2003 年第 3 期。

郑海滨：《民国江西省政府的文书档案改革》，《江西社会科学》1997
年第 1 期。

周俊红、于淼：《近代中国公文传递方式的变迁及其原因》，《历史教
学》（高校版）2008 年第 9 期。

朱英：《再论国民党对商会的整顿改组》，《华中师范大学学报》2003
年第 5 期。

图书在版编目（CIP）数据

政治秩序与行政效能：南京国民政府时期公文制度
研究/袁晓川著．－－北京：社会科学文献出版社，
2021.8
ISBN 978 - 7 - 5201 - 8769 - 5

Ⅰ.①政…　Ⅱ.①袁…　Ⅲ.①国民政府 - 政治制度 -
研究 - 南京　Ⅳ.①D693.2

中国版本图书馆 CIP 数据核字（2021）第 156578 号

政治秩序与行政效能：南京国民政府时期公文制度研究

著　　者 / 袁晓川

出 版 人 / 王利民
责任编辑 / 李丽丽　石　岩
文稿编辑 / 徐　花

出　　版 / 社会科学文献出版社·历史学分社（010）59367256
　　　　　地址：北京市北三环中路甲 29 号院华龙大厦　邮编：100029
　　　　　网址：www. ssap. com. cn
发　　行 / 市场营销中心（010）59367081　59367083
印　　装 / 三河市龙林印务有限公司

规　　格 / 开　本：787mm × 1092mm　1/16
　　　　　印　张：18.5　字　数：298 千字
版　　次 / 2021 年 8 月第 1 版　2021 年 8 月第 1 次印刷
书　　号 / ISBN 978 - 7 - 5201 - 8769 - 5
定　　价 / 98.00 元

本书如有印装质量问题，请与读者服务中心（010 - 59367028）联系